高等教育跨境电子商务专业"校行企"协同育人系列教材

跨境电商网络营销

杨雪雁　孙建红　易建安　编著

电子工业出版社
Publishing House of Electronics Industry
北京·BEIJING

内 容 简 介

本书系统全面地介绍了跨境电商网络营销的相关内容，在融合网络营销基本理论基础上，探讨跨境电商的站内营销、社媒营销、独立站营销、搜索引擎营销、短视频与直播营销、许可电子邮件营销等，从而实现理论与实践的融合。本书既有理论阐述又有实践操作，每章设置学习目标，并且包含引例，结尾安排了课后任务。通过学习本书，学生能够掌握跨境电商网络营销基本概念和理论，在此基础上学习平台运营基础知识，再结合不同主流平台掌握站内营销推广方式和各种站外营销推广方式，形成完整的跨境电商网络营销知识体系。

本书适合作为普通高等教育本科院校、应用型本科院校及高职院校的国际贸易、电子商务、电子商务(跨境电商方向)、市场营销等经管类相关专业的教学用书，还可供电商行业工作人员及普通消费者了解行业发展、提高技能所用。

未经许可，不得以任何方式复制或抄袭本书之部分或全部内容。
版权所有，侵权必究。

图书在版编目(CIP)数据

跨境电商网络营销 / 杨雪雁，孙建红，易建安编著. —— 北京：电子工业出版社，2023.6
ISBN 978-7-121-45841-5

Ⅰ. ①跨⋯　Ⅱ. ①杨⋯　②孙⋯　③易⋯　Ⅲ. ①电子商务—网络营销　Ⅳ. ①F713.365.2

中国国家版本馆 CIP 数据核字(2023)第 115603 号

责任编辑：王二华　　　文字编辑：刘怡静
印　　刷：三河市君旺印务有限公司
装　　订：三河市君旺印务有限公司
出版发行：电子工业出版社
　　　　　北京市海淀区万寿路 173 信箱　　邮编：100036
开　　本：787×1092　1/16　　印张：13.25　　字数：339.2 千字
版　　次：2023 年 6 月第 1 版
印　　次：2025 年 7 月第 4 次印刷
定　　价：49.00 元

凡所购买电子工业出版社图书有缺损问题，请向购买书店调换。若书店售缺，请与本社发行部联系，联系及邮购电话：(010)88254888，88258888。
质量投诉请发邮件至 zlts@phei.com.cn，盗版侵权举报请发邮件至 dbqq@phei.com.cn。
本书咨询联系方式：wangrh@phei.com.cn。

序

随着互联网的普及以及数字经济时代的到来,许多企业已经纷纷从传统营销模式转向网络营销模式,正在或者打算尝试网络营销的创新。从传统的网络广告,到社交媒体营销、搜索引擎营销、电子邮件营销,再到今天的短视频营销、直播营销等,营销模式日新月异,全渠道营销模式和多元化营销模式已经越来越被企业和社会采纳。

跨境电商的发展不但推动了国家的产业经济转型升级,而且为国家经济发展创造了新的经济增长点。从 2015 年跨境电商元年开始,跨境电商交易额逐年快速增长,2020 年疫情短暂影响之后,中国的跨境电商交易额依旧保持较高增长速度。但面对不同于国内的海外市场,营销渠道明显不同,国内企业对于海外的社交媒体(如 Facebook)、海外搜索引擎(如谷歌)、海外短视频网站(如 TikTok)并不熟悉,因此从业者对跨境电商网络营销的学习需求正快速增长。

杨雪雁、孙建红、易建安等人编著的《跨境电商网络营销》正是这一背景下的优秀成果。该教材体系完善、视角独到,有兼顾科学性与前瞻性、专业性与通用性的特点,在理论体系基础上,突出跨境电商网络营销实践体系的完整性和有效性,主线清晰、重点突出、结构合理,便于学生掌握。此外,本书的配套资源开发完整,构建了独具特色的立体化教学资源库和互动性实训平台。本书全面贯彻教育部"科学规划、共享资源、突出重点、提高效益、持续发展"的指导思想,秉承"以实为主、以虚为媒、虚实结合"的建设思路,充分利用了杨雪雁的"跨境电子商务"省级一流课程教学经验、教育部高等学校电子商务类专业教学指导委员会孙建红的专业指导、易建安的企业实践优势。

总之,《跨境电商网络营销》一书具有创新性、实用性,值得其他高校借鉴和使用,特此推荐。

厦门大学教授 彭丽芳

前　　言

本书概况

在全球贸易规模不断扩张的背景下，跨境电商已成为促进外贸供给侧结构性改革、培育竞争新优势、建设贸易强国的重要动力。越来越多的中国企业借助跨境电商走出国门，并在国际上树立中国品牌形象和地位。教育部也将跨境电商列入专业目录中，已有一百多所高校设立跨境电商专业，还有更多高校开设跨境电商培养方向，或者在全校范围内开设跨境电商的选修课程或者实践环节等。

近几年，市场上跨境电商方面的学习教材越来越多，但涉及网络营销方面的教材相对较少，大部分高校采用的教材是在原有的网络营销基础上增加少量跨境电商元素。面向海外市场的网络营销与面向国内市场的网络营销，在手段、渠道、方法上均有很大的差异，在实践运用中更是大相径庭；另外，现有的网络营销教材编者对于海外营销手段、媒体等并非十分熟悉，由此造成跨境电商网络营销的知识体系与实践运用严重脱节。

正如书名所表述，本书尝试填补跨境电商网络营销这个缺口，专门介绍针对海外市场的网络营销相关理论与实践知识。

主要读者

本书主要面向跨境电商、国际贸易、商务英语等专业的大学本科和专科学生，同时也面向企业管理者、跨境电商运营人员、营销人员、硕士研究生和跨境电商或网络营销等课程的学习者。

本书特色

本书特色包含以下几点：
- 理论与实践深度融合，科学性强。目前市场上的同类图书，有些侧重理论，有些偏重实践。本书在内容上设计理论篇+实践篇，在融合网络营销基本理论的基础上探讨跨境电商的站内营销、社媒营销、独立站营销、搜索引擎营销、短视频与直播营销等，从而实现理论与实践的融合。
- 与企业对接紧密，应用性强。本书中涉及的各类网络营销实践采用与专业企业合作模式，在内容、案例、编撰上侧重实用性，如 TikTok 短视频营销，与具有多年 TikTok 短视频营销经验的团队合作，搜索引擎营销则与中国谷歌代理公司合作等，因此本书在营销原理、方法介绍、案例组织、数据分析等方面均会与社会实际应用紧密接轨，从而确保图书的应用性。
- 受众面广。本书不仅可以面向电商(跨境电商)、国际贸易、商务英语等专业的大学本科和专科学生，还可以面向学校以外所有有志于从事跨境电商行业的人士。
- 专业知识与思政融合。本书配有思政教育视频，将专业知识与育人元素融合。设计了思政育人元素与章节知识点融合的切入点，并提出教学实施路径。
- 教材配套完整系统。①在教材中将增加部分二维码，以展现一些操作过程；②借助中国大学 MOOC 平台的省级一流课程作为其配套资源之一；③教材将作为部分跨境电商相关竞赛的配套教材和资源。

结构与内容

本书共有 11 章，分为理论篇、实践篇。

理论篇，以 4P's 为主线介绍营销理论，其中第 1 章营销理念，介绍市场营销理念的演变以及网络营销理念的演变，希望读者可以从这些理念演变的进程中，了解当前跨境电商领域的网络营销的理念基础。第 2 章选品策略，介绍品类管理的原理、选品分析的方法、海外网络营销中的海外市场调研如何开展等。第 3 章定价策略，介绍定价中需要掌握的原理，以及一些常见的定价策略与定价方法。第 4 章渠道策略，介绍营销渠道建设的一些基本原理，特别是在互联网时代全渠道建设的重要性，由此引出对海外营销中跨境电商渠道建设的建议。第 5 章促销策略，在促销原理的基础上，介绍常见的推广促销策略，特别是跨境电商的推广促销策略，以及营销活动的效果衡量和计算等。

实践篇，围绕跨境网络营销渠道，分别介绍跨境电商第三方平台的站内营销、社媒营销、独立站营销、搜索引擎营销、短视频与直播营销、许可电子邮件营销。内容涉及速卖通、亚马逊、谷歌、Facebook、TikTok、店匠等最常见的营销渠道，形成了完整和系统性的海外营销渠道框架。实践篇的每章中都会针对性地介绍一些案例，以便读者更好地理解内容。同时在每章结尾均设置了部分思考问题，学习者可以在同行(或同学)之间讨论研究。

本书由浙江农林大学杨雪雁副教授统筹设计、编写，宁波大学孙建红教授对书稿进行了审核调整，杭州鑫之烁大数据科技有限公司的易建安总经理为本书提供了配套资源和视频。我们还要向下列人员表达诚挚的谢意：浙江农林大学嵇畑心、李丽娟、孙昌梅、王婷婷、李洁等；为本书提供资料和素材的店匠华东区总经理刘倩、谷歌中国官方讲师易诺等；文章中引用的参考文献的全体作者，提供部分案例的线上博客作者等。最后特别感谢浙江工商大学琚春华教授带领的国家级电子商务虚拟仿真实验教学中心的支持。

跨境电商网络营销发展日新月异，且对于国内研究者而言还是一个比较新的领域，跨境电商网络营销的相关概念和模式在不断发展变化，需要时间的沉淀才能形成共识。同时，由于作者水平有限、时间仓促，书中难免存在疏漏、不当之处，望广大同仁不吝指正。

目　录

理　论　篇

第1章　营销理念 ··· 2
- 1.1 营销理念演变 ·· 2
  - 1.1.1 营销理念发展 ·· 3
  - 1.1.2 产品策略 ··· 4
  - 1.1.3 定价策略 ··· 5
  - 1.1.4 渠道策略 ··· 5
  - 1.1.5 促销策略 ··· 6
  - 1.1.6 品牌策略 ··· 6
- 1.2 消费行为模型 ·· 8
  - 1.2.1 网络消费者心理动机 ·· 8
  - 1.2.2 AIDMA 模型 ··· 8
  - 1.2.3 AISAS 模型与 SICAS 模型 ·· 9
- 1.3 网络营销效果评价 ·· 10
  - 1.3.1 网络营销效果评价流程 ·· 10
  - 1.3.2 评价模型 ··· 12
  - 1.3.3 网站营销效果评价 ··· 14
  - 1.3.4 网店营销效果评价 ··· 17

第2章　选品策略 ·· 19
- 2.1 品类管理 ··· 19
  - 2.1.1 品类管理概念 ·· 20
  - 2.1.2 产品组合理论 ·· 21
- 2.2 选品分析原理 ·· 22
  - 2.2.1 网络营销产品特点 ··· 22
  - 2.2.2 数据分析 ··· 23
  - 2.2.3 新产品策略 ··· 28
- 2.3 海外市场调研 ·· 30
  - 2.3.1 海外市场调研内容及步骤 ·· 30
  - 2.3.2 海外市场调研资源 ··· 33
  - 2.3.3 调研信息的评估——REAP 评价体系 ·· 35

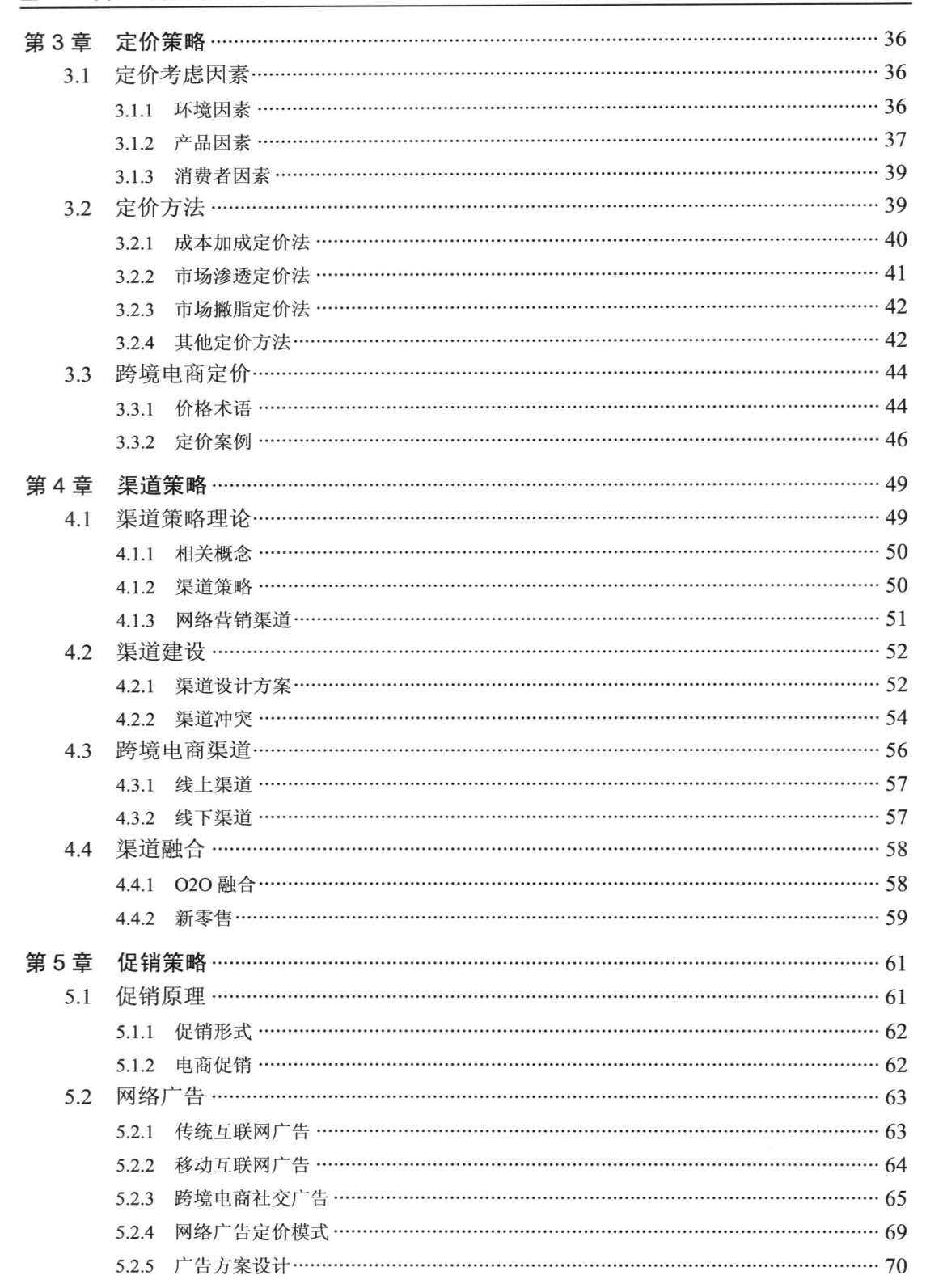

第 3 章 定价策略 36
3.1 定价考虑因素 36
3.1.1 环境因素 36
3.1.2 产品因素 37
3.1.3 消费者因素 39
3.2 定价方法 39
3.2.1 成本加成定价法 40
3.2.2 市场渗透定价法 41
3.2.3 市场撇脂定价法 42
3.2.4 其他定价方法 42
3.3 跨境电商定价 44
3.3.1 价格术语 44
3.3.2 定价案例 46

第 4 章 渠道策略 49
4.1 渠道策略理论 49
4.1.1 相关概念 50
4.1.2 渠道策略 50
4.1.3 网络营销渠道 51
4.2 渠道建设 52
4.2.1 渠道设计方案 52
4.2.2 渠道冲突 54
4.3 跨境电商渠道 56
4.3.1 线上渠道 57
4.3.2 线下渠道 57
4.4 渠道融合 58
4.4.1 O2O 融合 58
4.4.2 新零售 59

第 5 章 促销策略 61
5.1 促销原理 61
5.1.1 促销形式 62
5.1.2 电商促销 62
5.2 网络广告 63
5.2.1 传统互联网广告 63
5.2.2 移动互联网广告 64
5.2.3 跨境电商社交广告 65
5.2.4 网络广告定价模式 69
5.2.5 广告方案设计 70

5.2.6　广告效果评价 ·· 71
5.3　关系营销 ··· 76

实 践 篇

第 6 章　站内营销 ·· 80
6.1　平台流量与规则 ·· 80
　　6.1.1　第三方平台流量分析 ·· 80
　　6.1.2　第三方平台流量规则 ·· 82
6.2　跨境电商平台站内营销 ··· 89
　　6.2.1　速卖通平台 ·· 89
　　6.2.2　亚马逊平台 ·· 94

第 7 章　社媒营销 ·· 102
7.1　社媒营销原理 ·· 102
　　7.1.1　社媒理论 ·· 103
　　7.1.2　社媒分类 ·· 106
　　7.1.3　基于社媒的创新 ·· 107
7.2　海外社媒营销 ·· 109
　　7.2.1　Facebook ·· 109
　　7.2.2　LinkedIn ··· 114
　　7.2.3　Pinterest ·· 114
7.3　社交媒体战略 ·· 116
　　7.3.1　社交媒体营销战略 ·· 116
　　7.3.2　社交媒体营销步骤 ·· 117

第 8 章　独立站营销 ·· 121
8.1　独立站优势 ·· 122
　　8.1.1　独立站与第三方平台 ·· 122
　　8.1.2　独立站模式及优势 ·· 123
8.2　独立站建设 ·· 124
　　8.2.1　独立站要素与评价 ·· 124
　　8.2.2　自主建站流程 ··· 127
　　8.2.3　SaaS 技术建站 ·· 129
　　8.2.4　独立站流量 ··· 132
8.3　独立站营销案例 ·· 134

第 9 章　搜索引擎营销 ·· 139
9.1　SEO 和 SEM ·· 139
　　9.1.1　搜索引擎原理 ··· 139

9.1.2　SEO 与 SEM ·············143
9.1.3　关键词竞价排名 ·············145
9.2　谷歌搜索引擎营销 ·············148
9.2.1　谷歌算法 ·············148
9.2.2　Google AdWords ·············149
9.2.3　营销全漏斗(Full Funnel)与谷歌账户结构 ·············156
9.2.4　谷歌的其他产品 ·············158
9.3　谷歌营销案例 ·············159

第 10 章　短视频与直播营销 ·············162
10.1　站内直播营销 ·············162
10.1.1　直播营销理念 ·············163
10.1.2　直播营销的重要元素 ·············164
10.1.3　直播流程设计 ·············167
10.2　短视频营销 ·············169
10.2.1　短视频营销的优势 ·············169
10.2.2　全球短视频市场 ·············169
10.2.3　短视频营销策略 ·············172
10.3　网红营销 ·············175
10.3.1　网红营销的优劣势 ·············175
10.3.2　开展网红营销 ·············176
10.4　营销案例 ·············178

第 11 章　许可电子邮件营销 ·············183
11.1　邮件营销 ·············183
11.1.1　邮件营销现状 ·············183
11.1.2　邮件营销与电子商务 ·············185
11.1.3　跨境电商 EDM 代理机构 ·············187
11.2　许可电子邮件营销 ·············188
11.2.1　许可电子邮件营销 ·············188
11.2.2　许可电子邮件营销步骤 ·············191
11.2.3　电子邮件营销成效分析 ·············194
11.3　许可电子邮件营销案例 ·············197

参考文献 ·············200

理 论 篇

第1章 营销理念

【学习目标】

营销理念指导着营销人员开展跨境电商网络营销。本章首先介绍网络营销理念的演变，同时分析电商消费行为模型，最后探讨网络营销效果的评价。本章的知识点将作为全书的重要理论基础。通过本章的学习，读者可以掌握营销基本理念及其发展演变，了解不同消费行为模型基础上的营销策略，掌握网络营销效果评价方法和关键指标。

【引例】

2022年浙江省电子商务促进会发布了《中国跨境出口电商发展报告》，报告显示，2021年我国跨境电商进出口1.98万亿元，同比增长15%；其中出口1.44万亿元，增长24.5%。近5年来，我国跨境电商相关企业注册量逐年上升，我国现存跨境电商相关企业3.39万家，2021年新增1.09万家，同比增长72.20%。2020年在境外各大社交媒体上提及中国制造相关关键词的发帖总数达1.55万个，日均提及量为44个；而2021年1至10月，在境外各大社交媒体上提及中国制造相关关键词的发帖总数达1.78万个，日均提及量为59个。报告还提出，未来跨境电商行业发展存在五大趋势：一是多平台布局成为行业共识，二是独立站成为跨境电商出海未来风向，三是社交媒体平台日益成为重要的购买和营销渠道，四是海外直播电商方兴未艾，五是培养第一方有效触达受众数据的能力迫在眉睫。

1.1 营销理念演变

营销理念（Marketing Concept）从20世纪50年代提出，至今经历了几十年的演变。而随着互联网应用的不断深入，网络营销成为重要的营销方式。网络营销就是以互联网为主要媒体，用文字、图片、视频等信息和互联网的交互性来辅助营销目标实现的一种新型的市场营销方式，也就是说网络营销是以互联网为主要手段进行的、以互联网为载体达到一定营销目的的营销活动。网络营销更强调消费者的主导地位，因此以生产者为导向的4P's理论模型逐渐被4C's理论模型所替代。

1.1.1 营销理念发展

1. 4P's 的提出

4P's 营销理论(The Marketing Theory of 4P's)最早由尼尔·博登(Neil Borden)在1953年提出，1960年被美国密歇根州立大学的杰罗姆·麦卡锡教授概括为4个基本要素，即产品(Product)、定价(Price)、渠道(Place)、促销(Promotion)，1967年菲利普·科特勒提出以4P为核心的营销组合策略(Strategy)，简称为"4P's"。

产品策略注重开发功能，要求产品有独特的卖点，把产品的功能诉求放在第一位。定价策略则指的是根据不同的市场定位，制定不同的价格策略。渠道策略要求企业注重销售网络的建立。促销策略指品牌宣传(广告)、公关、促销等一系列的营销行为。

2. 6P's 到 10P's

20世纪80年代后，菲利普·科特勒提出"大市场营销"的概念。此概念在原先4P组合基础上，增加了政治权力(Political Power)、公共关系(Public Relations)。

政治权力指的是公司应该了解各个国家的政治状况，懂得怎样与其他国家打交道才能有效地向其他国家推销产品。公共关系则指的是如何在公众心中树立良好的产品形象。

此后，菲利普·科特勒又提出新的4P：探查(Probing)，即市场营销调研，包括市场组成、细分、需求、竞争对手是谁以及怎样才能使竞争更有成效；细分(Partitioning)，即进行市场细分，识别差异性顾客群；优先(Prioritizing)，即明确目标市场和顾客的优先级；定位(Positioning)，即企业在顾客心目中的形象和企业的产品声誉，与后期市场营销提出的品牌策略类似。

3. 网络营销理念 4C's

网络营销概念的英文表达方式很多，有 Cyber Marketing、E-Marketing、Internet Marketing 和 Network Marketing 等。网络营销是企业整体营销战略的一个组成部分，它是通过互联网等基本工具创造性地满足顾客需要，以实现一定市场营销目标的一系列市场行为。

1990年，美国学者劳特朋(Lauterborn)首次提出了用4C's取代传统4P's，为营销策略的研究提供了新的思路。与市场导向的4P's相比而言，4C's更注重以消费者需求为导向，在理念上有了很大进步与发展。它以消费者需求为导向，重新设定市场营销理论的四个基本要素：消费者(Consumer)、成本(Cost)、便利(Convenience)和沟通(Communication)。

4C's强调企业首先应该把追求顾客满意放在第一位，其次是努力降低顾客的购买成本，接着要充分注意到顾客购买过程中的便利性，而不是从企业的角度来决定销售渠道策略，最后还应以消费者为中心实施有效的营销沟通。

网络营销策略是企业对其内部与实现营销目标有关的各种可控因素的组合和运用。影响企业网络营销目标实现的因素是多方面的，但影响网络营销的基本因素主要有5个，即除"产品、定价、渠道和促销"之外，品牌策略也是网络营销的一个重要组成部分。

1.1.2 产品策略

产品策略(Product Strategy)是指企业以向目标市场提供各种适合消费需求的有形的和无形的产品的方式来实现其营销目标。其中包括对同产品有关的品种、规格、式样、质量、包装、特色、商标、品牌以及各种服务措施等可控因素的组合和运用。因此运用这一策略需要回答几个问题：企业生产什么产品？为谁生产产品？生产多少产品？也就是说产品策略包括产品组合、新产品开发、产品周期、品牌等内容。

网络营销与传统营销一样，在虚拟的网络市场上，营销者必须以各种产品，包括有形的和无形的产品，来实现企业的营销目标。理论上来说，在网络上可营销任何形式的产品和服务。当然，也有相对于传统营销更适合网络营销的产品，以产品信息含量与产品品种、价格、方便性为基准，对消费者重要性越强的产品越适合网络营销，如证券、图书等。网络营销优先选择范围如图1.1所示。

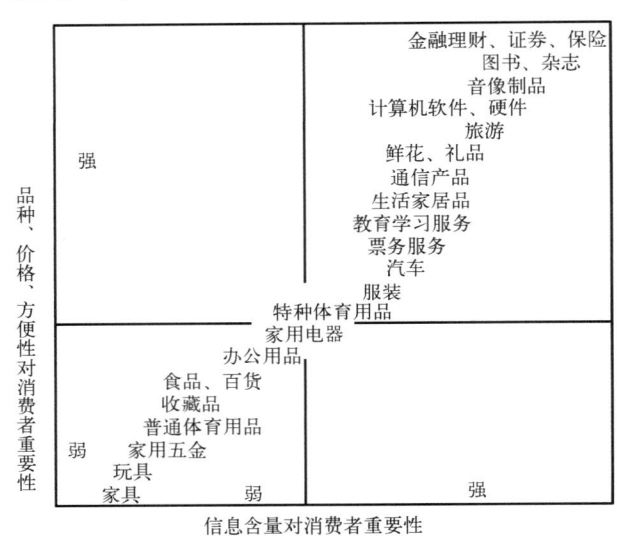

图1.1 网络营销优先选择范围

因此，企业在进行选品和规划产品策略时，可以做到以下几点。

(1)优先选择可鉴别性产品或标准化产品。根据信息经济学对产品的划分，产品可大致划分为两类：一类是消费者在购买时就能确定或评价其基本质量的产品，称为可鉴别性产品，如图书、计算机等；另一类是消费者购买后才能确定其质量的产品，称为经验性产品，如服饰、食品等。也可以把产品分为标准化产品或个性化产品。可鉴别性产品或标准化产品信息比较透明，消费者可以比较容易地从网络上获取足够的信息，并据此做出购买决策。而对于经验性产品或个性化产品，消费者仅凭网络信息难以全面了解商品，因此难以做出购买决策。因此，企业应该选择可鉴别性产品或标准化产品进行经营。

(2)充分考虑实物产品的营销范围及配送区域。选择适合企业资源能力的营销范围，可以取得最好的营销效果。而考虑实物产品的配送范围，是为了保证产品能在合理的物流费用范围内及时地送达消费者。

(3)可以尝试将实体产品转变为虚拟产品开展网络营销。无形的虚拟产品不需要物流成本,更方便购买,且更便于实现"病毒扩散"式传播,如软件服务商。网上软件服务商可以利用"免费"策略,即提供一段时间的试用期或者免费期,允许用户在使用一段时间后再决定是否正式购买。可以尝试模式创新,将实体产品转变为虚拟产品或者服务,如音乐 CD 销售可以转变为音乐下载,公园门票可以转变为电子门票等。

1.1.3 定价策略

定价策略(Pricing Strategy)是指企业以按照市场规律制定价格和变动价格等方式来实现其营销目标,其中包括对同定价有关的基本价格、折扣价格、津贴、付款期限、商业信用以及各种定价方法和定价技巧等可控因素的组合和运用。企业需要在特定的定价目标指导下,依据对成本、需求及竞争等状况的研究,运用价格决策理论对产品价格进行计算。

网络营销与传统营销的定价形式有差异。网络营销中较多采用声誉定价、折扣定价、免费定价、拍卖竞价等形式。

声誉(信用)定价:因为网络购物支付与物品交付的不同步,消费者对网上购物存在着种种疑虑和担心,例如,在网上订购的商品,质量能否得到保证、货物能否及时送到、卖家是否可靠可信等。形象、声誉、信用比较好的企业在进行网络营销时,价格相应可以高一些;反之,价格则要低一些。

折扣定价:是指卖家为回报或激励消费者的某些行为(如批量购买、提前付款、淡季购买),将其产品基本价格调低,给消费者一定比例的价格优惠,具体办法有数量折扣、现金折扣、功能折扣和季节性折扣等。在网上市场中这也是一种常采用的价格策略。

免费定价:该策略在互联网上经常使用。各类企业实施免费定价策略的目的不尽相同。对于网络信息服务商来说,免费是为了换取人气的增加,达到扩大网站影响力的宣传效果。当他们的网站平台成为人气很旺的重要媒体时,就可以寻找广告商和投资人,从而使网站平台迅速发展壮大。对于软件制造商来说,免费是为了吸引消费者下载和试用,但由于试用软件的时间和功能都有一定的限制,消费者进一步使用需要向软件制造商支付费用。

拍卖竞价:网上拍卖是目前发展比较快的领域,经济学家认为市场如果想形成最合理的价格,拍卖竞价是较好的方式。传统的英式拍卖是网上拍卖的主要形式,即厂家或卖家只规定一个起拍价,由消费者通过互联网公开竞价,在规定的时间内出价高者赢得该物品。

1.1.4 渠道策略

渠道策略(Placing Strategy)主要是指企业以合理地选择分销渠道和组织商品实体流通的方式实现其营销目标,其中包括对同分销有关的渠道覆盖面、商品流转环节、中间商、网点设置以及储存运输等可控因素的组合和运用,特别是渠道模式制定、中间商的选择、协调和冲突管理等。在网络营销中,渠道功能、特点和建设方法都与传统渠道有着较大差异。

以互联网作为支撑的网络营销渠道不仅具备传统营销渠道的功能,还具备订货功能、结算功能和配送功能。

(1)订货系统。它为消费者提供产品信息,同时方便厂家获取消费者的需求信息,以求达到供求平衡。一个完善的订货系统可以最大限度地降低库存，减少销售费用。

(2) 结算系统。消费者在购买产品后可以使用多种方式进行付款，因此厂家(商家)应设置多种结算方式。目前国外付款结算方式主要有信用卡、电子货币、网上划款等；而国内付款结算方式主要有邮局汇款、货到付款、网上划款等。

(3) 配送系统。一般来说产品分为有形产品和无形产品，无形产品(如服务、软件、音乐等)可以直接在网上下载；有形产品的配送涉及运输和仓储问题。

网络营销渠道可以分为直接渠道和间接渠道。

(1) 网络直接渠道指通过互联网实现的从生产者到消费(使用)者的网络直接营销渠道(简称网上直销)。企业可以直接通过互联网与消费者连接与沟通(如联想、Nike 等公司都有自建网站或者 App)，消费者可以通过这些直销渠道购买。

(2) 网络间接渠道。传统中间商融合了互联网技术，并通过再中介模式形成新型中间商。新型中间商将对传统中间商产生冲击，如家电连锁企业京东转变为互联网商城，成为新型中间商。与传统间接分销渠道有多个中间环节不同，网络间接渠道只需要一个中间环节。

1.1.5　促销策略

促销策略(Promotion Strategy)是指企业利用各种信息传播手段刺激消费者的购买欲望，从而促进产品销售实现其营销目标。网络促销是指企业通过现代化的网络技术向网络虚拟市场传递有关商品和服务的信息，激发消费者购买欲望和购买行为的各种活动，有以下几种方式。

(1) 网络折扣策略。网络店铺不设店面，因此商品库存较少或没有，较低的运营成本使其可以将节省下来的费用通过折扣的形式转移到消费者身上，从而达到促进销售的目的。这种方式既让利于消费者，又培育了市场，有利于实现薄利多销的双赢局面。以折扣价进行网络促销是目前网上最常采用的方式之一，电商交易平台大多长期采用网络折扣策略。

(2) 网上积分促销。网上积分促销即在消费者购买商品时赠送相应的有一定效用的积分(如淘宝上的各类积分)，以此增加网站消费者重复访问或购买的次数，提高其对网站的忠诚度。

(3) 网上赠品促销。网上赠品促销在网站推广、新产品推出试用、产品更新、品牌竞争、开辟新市场的情况下，可以起到比较好的促销效果。

(4) 网上抽奖促销。抽奖促销被广泛应用在网络上，消费者通过购买商品或参与其他活动可以获得抽奖机会，以此带动销售。双十一、618 年中大促、年货节等都是大型促销活动。

(5) 在线交叉销售。在线交叉销售指在消费者浏览或购买某一商品时，网页会在明显的位置提醒或推荐消费者购买其他相关商品。据统计，有多达 76% 的在线零售商使用至少一种交叉销售方法进行促销。网络营销使用这种在线交叉销售模式更为方便，如满减活动就是在线交叉销售的一种有效手段。

1.1.6　品牌策略

品牌(Brand)是一种名称、属性、标记、符号或设计，或是它们的组合运用，其可以借以辨认某个销售者或某群销售者的产品或服务,并使之同竞争对手的产品和服务区别开来。所谓网络品牌是企业品牌在互联网上的存在形式。网络品牌有两方面的含义:一是通过互联网建立起来的品牌;二是互联网对既有品牌的影响。两者对品牌建设、推广的方式和侧重点有所不同,但目标是一致的,即企业整体形象的创建和提升。

建立和推广网络品牌主要有以下几个途径。

(1)企业网站。企业网站是建立和推广网络品牌的基础,在企业网站中有许多可以展示和传播品牌的机会,如网站的Logo设计、网站的域名、网页广告、公司介绍、企业新闻等有关内容。

(2)电子邮件。企业每天都可能会发送大量的电子邮件,通过电子邮件向用户传递信息也是传递品牌信息的一种重要手段。利用电子邮件传递品牌信息要注意使用企业电子邮件而不是免费邮箱或个人邮箱、电子邮件要素要齐整、对外联络的电子邮件格式要统一、为电子邮件设计合理的签名档等一些要点。

(3)网络广告。网络广告在品牌推广方面具有针对性和灵活性,可以根据需要设计和投放相应的品牌广告,如根据不同节日设计不同的广告内容、采用多种表现形式投放于不同的网络媒体。

(4)利用搜索引擎。使用优化搜索引擎或者是创建关键词广告的方法,尽可能地增加网页被搜索引擎收录的数量,并提高网页在搜索引擎搜索结果中的排名,可以增加企业信息的曝光率和可见度,这是网络用户能够获取、了解和认知网络品牌的一个重要基础,是网络营销的一项重要基础工作。

(5)病毒性营销。病毒性营销(Viral Marketing)是一种常用的网络品牌推广方法,它利用用户口碑传播的原理,使网络信息可以像病毒一样迅速蔓延,因此病毒性营销是一种高效的信息传播方式。而且,由于这种传播是用户之间自发进行的,因此病毒性营销几乎是不需要费用的网络营销手段。常见的病毒性营销的信息载体有免费音视频或Flash节目、电子邮件、电子书、节日电子贺卡、在线优惠券和免费软件等。

(6)电子刊物和会员订阅。定期通过电子邮件发布电子刊物或向注册会员邮箱发送会员通信信息,可以使消费者不需要浏览网站即可了解企业的最新信息,对于加强企业的品牌形象和增进消费者关系都具有重要价值。

(7)虚拟社区。利用网络社区进行营销对于大型企业,尤其是有较高品牌知名度并且消费者具有相似爱好特征的企业来说作用尤为明显,如大型化妆品公司、汽车公司、箱件公司和房地产公司等,这些公司有大量的消费者需要在企业网站上获取产品知识,并且消费者需要在网络社区里与同一品牌的消费者相互交流经验。企业可以借助网络社区发布消息,获取消费者反馈,提供服务,以及增进消费者关系,为企业营造和提升品牌形象。

除以上几种建立和推广网络品牌的途径之外,还有其他多种对传播网络品牌有效的方法,如发布以企业为背景的成功案例、充分利用社交网络等。与线下的品牌建设一样,网络品牌建设也不是一蹴而就的事情,重要的是充分认识网络品牌的价值,并在各种有效的网络营销活动中兼顾网络品牌的推广和建设。

1.2 消费行为模型

1.2.1 网络消费者心理动机

网络消费者的购买行为对网络营销有重要的影响。网络营销环境中，消费者既是购买者，又是一个"社会消费者"，起着引导社会消费的作用。因此，网络消费者的购买行为是个人消费与社会消费交织在一起的复杂行为，而这些购买行为背后有以下心理动机。

(1) 理智动机。网络消费者反复比较各个网上商店的商品，对所要购买的商品的特点、性能、价位和使用方法早已心中有数，也就具有较高的分析判断能力。

(2) 感情动机。感情动机是由人的情绪和感情引起的购买动机。一是由于喜欢、满意、快乐、好奇而激发的购买动机，因此一般具有冲动性、不稳定性的特点。例如，人们在网络上突然发现一件价格低廉的新奇产品，很容易产生冲动性的感情购买动机。二是由于人们的道德感、美感、群体感所引起的购买动机。

(3) 惠顾动机。这是基于理智、经验和感情之上的，人们对特定的网站、网络广告、商品产生特殊的信任与偏好，而重复地、习惯性地前往访问并购买的一种动机。具有惠顾动机的网络消费者，往往是某一站点的忠实用户，他们不仅自己经常光顾这一站点，对众多网民也具有较大的宣传和影响作用。

1.2.2 AIDMA 模型

1898年，美国广告学家 E. S. 刘易斯最先提出了 AIDMA(Attention Interest Desire Memory Action)模型，如图 1.2 所示，他用这一模型来描述广告在消费者购买产品的过程中起到的作用。这个模型中提出传统消费行为流程：A(Attention)消费者注意到商品——I(Interest)消费者对商品产生兴趣——D(Desire)消费者产生购买欲望——M(Memory)消费者形成记忆或留下记忆——A(Action)消费者最终做出购买行动。

图 1.2 AIDMA 模型图

结合 AIDMA 模型，网络消费包含需求认知、搜集信息、评估产品、购买决策、购后评价五个阶段。

(1) 需求认知阶段。消费者通常通过两个场景产生需求，第一个场景是消费者由于广告和邮件营销产生了新的需求，第二个场景是消费者由于对现有产品的不满产生了需求。

(2) 搜集信息阶段。消费者主要通过以下三个方面来搜集信息：①信息来源于个人，如家庭、亲友、邻居、同事等；②信息来源于商业，如广告、测评、电商、分销商等；③信息来源于经验,比如实际经验、过往经验等。

(3) 评估产品阶段。分为有意识地评估产品和无意识地评估产品,有意识地评估产品又会影响到购买决策。

(4) 购买决策阶段。购买决策分为价值决策和认知决策。价值决策是指消费者依据内心的价值标准,对资源或任务进行管理,确定事物的轻重缓急以及执行的先后顺序,它包括短期决策、长期决策和权衡决策。认知决策是指消费者对已经接收到的信息经过一个记忆、储存的阶段,形成相应的态度,并结合个人的行为准则、社会的行为准则等因素,整合为购买商品的决策,最后决定是否购买该商品,它包括最高认同、最小风险和最小后悔三个方面。

(5) 购后评价阶段。消费者进行商品的购买之后,最后要进行的就是购后评价,购后评价可以简单地分为满意、不满意以及中间的过渡地带。当消费者很满意商品时,他们会更愿意留下好评,这有利于产品获得其他消费者的认可。当消费者十分不满意时,相应地,企业需要对其进行售后管理以避免差评的产生。消费阶段模型如图1.3所示。

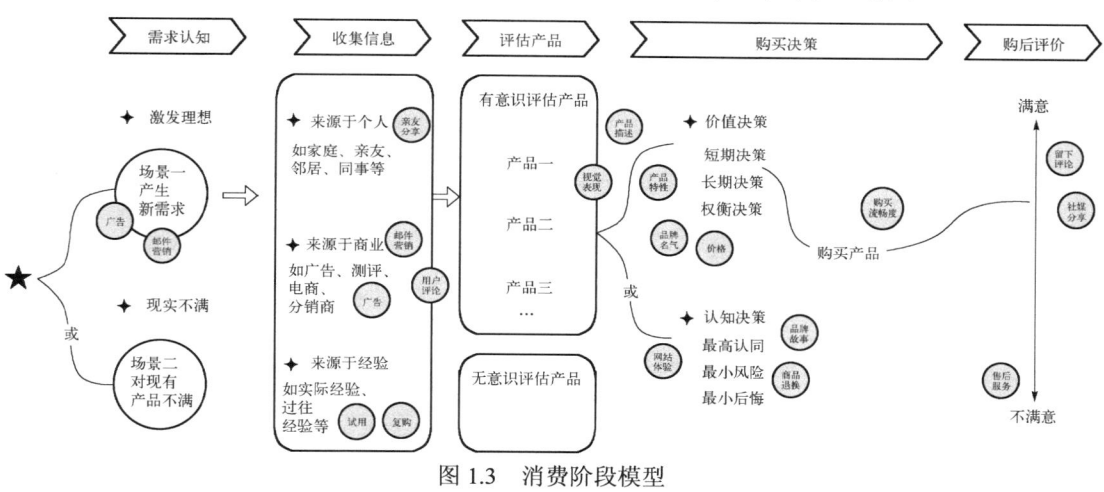

图 1.3 消费阶段模型

1.2.3　AISAS 模型与 SICAS 模型

21 世纪以来,互联网越来越普及,人们的消费行为也发生了极大的变化,AIDMA 模型越来越不适应互联网时代的消费模式。针对互联网与无线应用时代消费者生活形态的变化,电通公司提出了一种全新的消费者行为分析模型:AISAS 模型(Attention Interest Search Action Share)。这种模型在 AIDMA 基础上增加了 Search(搜索)和 Share(分享),指出了互联网时代下搜索和分享的重要性,而不是一味地向用户进行单向的理念灌输,充分体现了互联网对于人们生活方式和消费行为的影响与改变。互联网影响下消费者行为模式如图 1.4 所示。

随着社交网络、自媒体等营销媒体的不断发展,消费行为中的搜索与分享越来越重要,如在中国互联网数据中心(Data Center of China Internet,DCCI)提出的 SICAS 模型(Sense-Interest & Interactive-Connect & Communicate-Action-Share)中,也强调了搜索与分享的重要性。SICAS 模型特别针对在 Web 2.0 时代和移动互联的全数字时代下网络社区中的用户行为和消费触点变革。SICAS 模型如图 1.5 所示。

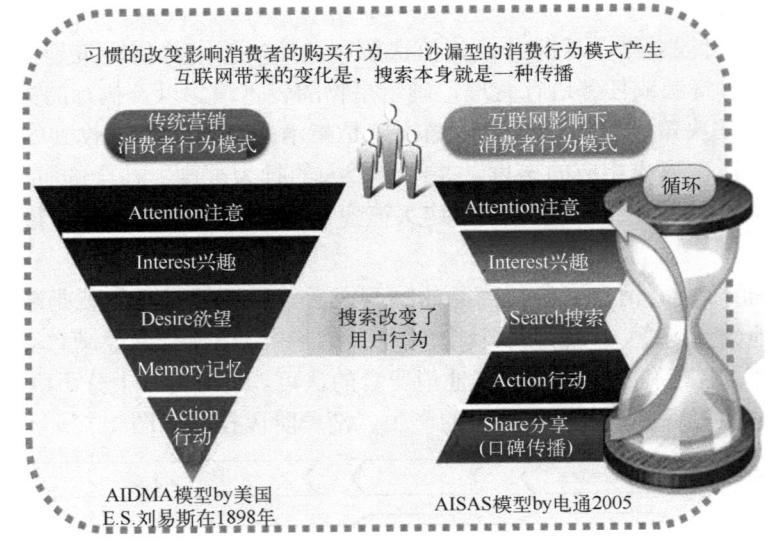

图 1.4 互联网影响下消费者行为模式

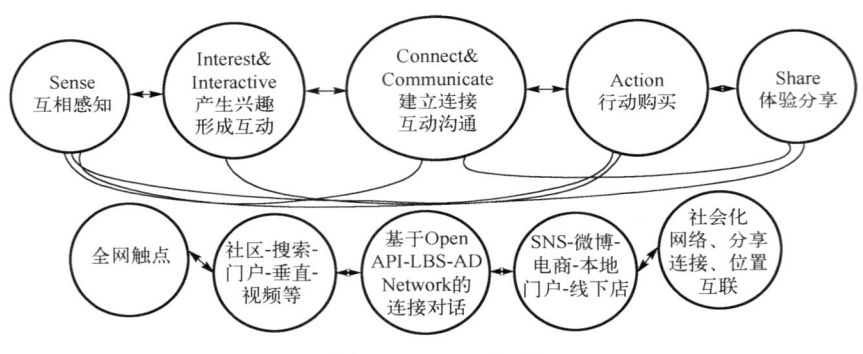

图 1.5 SICAS 模型

1.3 网络营销效果评价

对于开展网络营销的企业,对网络营销的效果进行评价是一项必不可少的工作。

1.3.1 网络营销效果评价流程

网络营销效果评价的一般模式流程通常分为 4 步。

1. 确定网络营销目标

首先确定网络推广目标,设定关键绩效指标(Key Performance Indicator)。网络营销目标必须明确且可以衡量。例如，对于一个电商网站来说，其目标可以是一个确定的网上销售额或者网站流量；对于一个网店来说，其目标则可以是流量增长百分比、销售额提高率、转化率提高比例、电子邮件的送达率和回应率、网络优惠券的下载量和兑现量等。

当然，网络营销活动的效果并不都表现为销售额或者流量的增加，网站运营者需要根据情况制定出可测量的网站目标，如网络广告的点击率和转化率、电子邮件的送达率和回应率、网络优惠券的下载量和兑现量等。

2．计算网络营销目标的价值

确定网络营销目标后，还要计算出目标达成时产生的价值。

例如，网络营销目标是增加网上销售额，其目标价值也就是销售产品所产生的利润。如果网站目标是吸引用户订阅电子杂志，其目标价值就要根据以往统计数字计算出电子杂志订阅者有多大比例转化成为付费用户，这些用户平均带来的利润是多少。假设每100个电子杂志用户中有1个会成为付费用户，平均每个用户会带来100元的利润，那么这100个电子杂志用户将产生100元利润，也就是说一个电子杂志订阅者的价值是1元。如果网络营销目标是增加访客数，则目标价值是根据以往统计数字计算出新增访客有多大比例转化成为付费用户，这些用户平均带来的利润是多少。其他指标的计算方法与此类似，都是先计算访客转化成付费用户的转化率，然后计算平均每次转化带来的利润，据此计算目标达成时网络营销为企业带来的价值。

3．记录并统计网络营销目标达成的次数

借助网络访问统计系统或者其他方法记录并统计网络营销目标达成的次数，是对网络营销效果进行综合评价的一个基础。记录的工具可以是平台自带的统计系统，也可以是非网站访问统计系统。最常使用的是网络访问统计系统，如电商网站，每当有用户来到付款确认网页，流量分析系统都会记录，网络营销目标即可统计达成一次；如果有用户访问电子杂志订阅确认页面或感谢页面，流量系统也会相应记录网络营销目标达成一次。另外，还有非网站访问统计系统能够记录并统计的情况，需要借助相应的方法来实现。例如，有用户打电话联系客服人员，客服人员应该询问用户是怎么知道电话号码的，如果是来自网站，也应该记录并统计网络营销目标达成一次。

4．计算网络营销目标达成的成本

计算网络营销目标达成成本，最容易在PPC(Pay per Click)计价模式下实现。这种模式对每次点击的价格、某一时间段的点击费用总额、点击总数都有清晰的记录和统计，并且成本非常容易计算。对有些网络推广手段，则需要根据具体方法进行一定的估算。例如，网站流量是来自基于自然检索的搜索引擎优化(Search Engine Optimization，SEO)，那么就需要计算出外部SEO服务商的顾问或服务费用以及内部配合人员的工资成本。

5．营销效果评价案例

(1)网络营销的投资收益率(ROI)。

案例：假设网站目标是直接销售，网站一天内销售额达到1万元，扣除成本9000元，毛利为 1000 元，那么这个网站广告的投资收益率就是 10%。

如果是速卖通跨境电商卖家做直通车，那么投资回报率（ROI）=直通车带来销量提高的利润/直通车花费×100%。

案例：搜索引擎竞价排名推广的 ROI=网站获得的回报/竞价总投入×100%。竞价投入由系统自动得到，网站回报部分则需要通过统计得出。比如购买了"果酱"这个词指向销售瓶装果酱的网店页面，并且每月固定消费 5000 元。通过统计，瓶装果酱这个月总共销售了 100 瓶，每瓶利润 20 元。竞价 ROI=2000/5000×100%=40%。投资回报率为 100%的时候说明投入与回报持平，就是不赔也不赚，上面 ROI 为 40%说明网站只收回了投资的 40%，另外的 60%打水漂了。

案例：提高登录页面转化率的推广，优化现有谷歌竞价关键词的登录页面，提高访问者的转化率。假设有 1 万元广告预算，3000 名访客，转化率为 20%，那么每位访客回报 20 元，共计 12000 元。ROI=（3000×20%×20）/10000×100%=120%。

（2）引流效果评价。

网络推广效果如何以及网络推广计划的目标是否实现，除了可以通过计算 ROI 综合评价外，还可以分不同阶段进行评估，如结合漏斗模型进行推广的引流效果评价。

分析广告的引流效果可以基于 1.3.2 节的漏斗模型，从广告展现量——广告点击量（广告展现量×点击率）——入站次数（广告点击量×广告点击到达率）——跳失数（入站次数×跳失率）几个步骤来分别解读引流目标在各个阶段的流失情况，以此判断广告在哪个阶段具有较大的优化空间，从而提高广告引流效果。

1.3.2 评价模型

1. 效果层次模型

推广效果的评估，首先要明确何为效果。行动取决于态度，态度有三要素：认知、情感、意动（行为倾向），态度三要素又取决于其他因素，也就是效果层次模型，如图 1.6 所示。

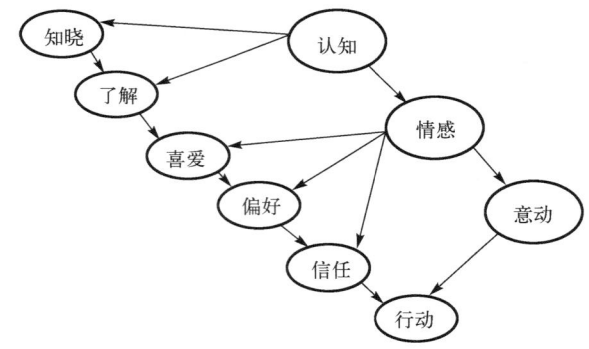

图 1.6 效果层次模型

2. 漏斗模型

当网站或者网店进行推广活动时，其推广效果可以用漏斗模型来检验。网站和网店通过各种途径将活动展现给意向人群,这阶段可以考核的指标是展现量;当展现内容让网民感兴趣,打动意向人群点击广告链接,这阶段可以考核的指标就是点击量;网民点击了广告内容访问网站或者与客服进行了沟通,这阶段考核的指标就是访问量和咨询量;企业最终的目的是获取订单,成交量或者订单量就是最终的考核指标。

这一模型与网民搜索行为和购买行为正好吻合,网站营销的转化漏斗模型如图 1.7 所示。

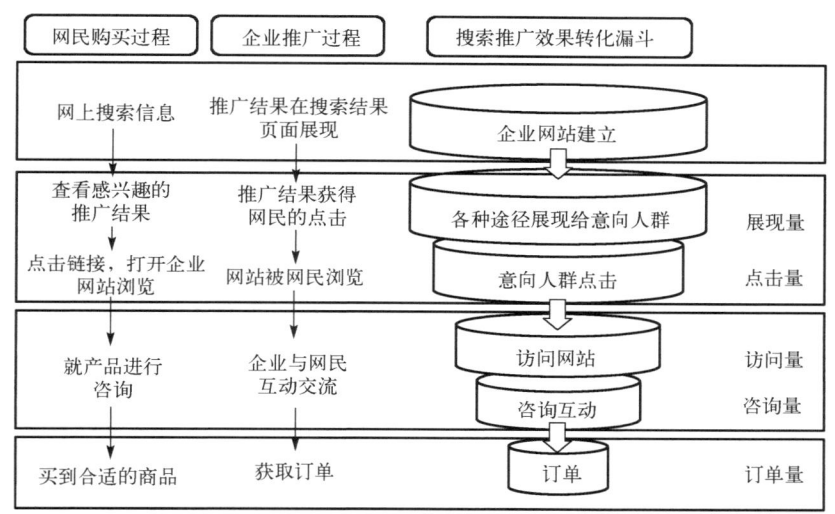

图 1.7　网站营销的转化漏斗模型

结合网站营销的转化漏斗模型,可以分阶段分析推广方案合理性和进行推广效果评估。

(1)如果展现量不足,那么可能存在以下几个问题:选择推广网站或渠道不合理、提交搜索引擎的关键词过少、关键词设置不合理、推广区域设置不合理、预算设置过低等。网站需要解决以上问题,让推广信息尽可能多地在不同类型的潜在客户面前展现,全面提升推广覆盖面,提高展现量。

(2)如果展现量足够,但是点击率很低,如展现了 1000 次,只有 2 个人点击,那么可能存在以下问题:网站推广链接的文字描述无新意,太平淡无奇;或者主图不够吸引人,如直通车的主图与竞争对手相比缺乏吸引人的卖点;也可能是价格与同类商品价格相比没有优势等。针对以上问题,网站需要对文字描述和主图进行优化,尽量使用具有吸引力的文字,突出产品差异化特点,提高点击率。

(3)如果网民点击了广告,但是网站访问量还是很低,或者咨询量很少,那么可能存在以下问题:企业网站访问速度太慢让网民不愿意等待;或者是页面 Listing 缓慢;或者是咨询渠道不畅通等。因此需要优化网站、Listing,并从网民角度提供信息解除疑问。

(4)如果展现量、点击率、访问量和咨询量都达到目标,但订单率很低,也就意味着推广的最终转化率还是很低,没有达到推广目标。这时就需要再次检查原因,如网络服务有无到位、总客单价有无吸引力、差评问题是否严重等。

1.3.3 网站营销效果评价

1. 网站营销效果评价的内容

网站营销活动的评价没有一个公认的、完善的评价体系和评价标准，但大致可分为以下几个方面。

(1)对网站设计的评价。网站是企业在互联网上的形象化身，是开展网络营销的基础，因此应当把对网站设计的评价放在首位。

在网站设计方面，除了要对网站的结构、内容、功能、服务、网页布局、网页类型、整体风格设计、视觉效果、可信度进行评价之外，还要把页面下载时间、链接有效性、浏览器兼容性、使用方便性等作为评价的内容。

(2)对网站推广的评价。网站推广的深度和广度决定了网站的知名度，是网站设计的专业性尤其是网站优化水平的综合反映，也在一定程度上说明了网络营销人员为之付出的努力。网站推广评价指标主要包括：网站被各主要搜索引擎收录的网页数量及其排名、获得其他网站链接的数量和质量、注册用户的数量、网站访问量、网站活跃用户的数量等。

(3)对网站流量的评价。网站流量代表了一定时间内访问网站的网民数量，是网站设计和网站推广两方面工作效果的综合反映。常见的网站流量指标有独立访问者数量、重复访问者数量、页面浏览数、每个访问者的页面浏览数等。

2. 网站营销效果评价指标

网站营销推广可以量化的评价指标绝大部分来自网站访问统计系统。常见指标为：浏览量、访问次数、访客数、新访客数、新访客比例、IP 数、跳出率、平均访问时长、平均访问页数、转化次数、转化率。这些指标可以分为以下 3 类。

1)流量数量指标

(1)浏览量(Page View，PV)，用户每打开一个页面就被记录 1 次，用户多次打开同一页面，浏览量值累计；有缓存功能时脚本统计与后台日志统计的 PV 值会不同(前者因为缓存页面可能直接显示而不经过服务器，请求不会记录为一个 PV)；从页面角度衡量加载次数统计指标，还可以得到每个访问者的页面浏览数(Page Views per User)。

(2)访问次数/会话次数(Visit/Session)，从访客角度衡量访问的分析指标。访客在一次会话中可能浏览多个页面，如果访客连续 30 分钟内没有重新打开和刷新网站的网页，或者访客关闭了浏览器，则当访客下次访问网站时，访问次数加 1 次。如果网站的用户黏性足够好，同一用户一天中多次登录网站，那么访问次数就会明显大于访客数。网页访问时间轴如图 1.8 所示。

(3)访客数也称为独立访客数(Unique Visitors，UV)。同一访客一天内多次访问只计算为 1 个访客，当客户端第一次访问某个网站服务器的时候，网站服务器会给这个客户端的电脑发一个 Cookie，记录访问服务器的信息，当同一客户端下一次再访问服务器的时候，服务器就可以直接找到上一次对应的 Cookie，如果一段时间内，服务器发现两个访问对应的 Cookie 编号一致，那么这些访问就是一个 UV。与此指标相对应的是重复访问者数量(Repeat Visitors)。

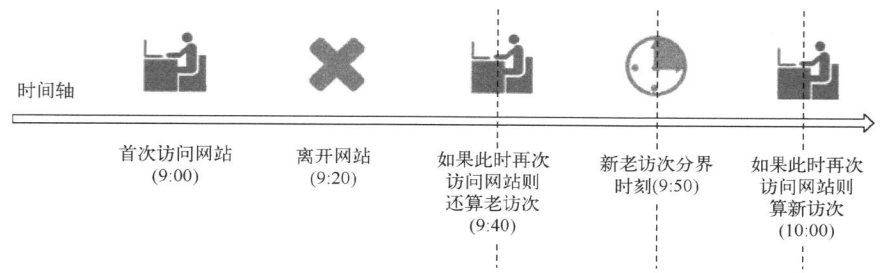

图 1.8　网页访问时间轴

(4) 新访客数，即在一天的独立访客中，历史上第一次访问网站的访客数，新访客数可以衡量营销活动开发新用户的效果。新访客比率=新访客数/访客数，即一天中新访客数占总访客数的比例。新访客比例较高能体现网站运营在不断进步。

(5) IP 数，从 IP 数的角度衡量网站的流量，一天之内访问网站的不同独立 IP 个数加和，同一 IP 无论访问了几个页面，独立 IP 数均为 1。

(6) 粉丝增加数量，粉丝数量的多少、粉丝的构成都是考核 SNS（Social Network Services，社交网络服务）推广效果的重要指标。

2) 用户行为指标

入口页，又称着陆页（Landing Page），是从外部（访客点击站外广告、搜索结果页链接或者其他网站上的链接）访问到网站的第一个入口，即每个访问的第一个受访页面。这部分页面对访客后续的访问行为影响很大，甚至是决定性的。

用户客户端信息指标，包括用户上网设备的操作系统名称和版本、用户浏览器的名称和版本、用户上网设备分辨率显示模式、用户显示器的屏幕尺寸、用户所在地理区域分布状况、用户所使用的 Internet 接入商等。

此外，指标还有搜索引擎及其关键词、用户来源网站、用户在网站的停留时间、用户页面浏览情况等。

3) 流量质量指标

(1) 跳出率=只浏览了一个页面的访问次数/全部的访问次数汇总。跳出率是非常重要的访客黏性指标，它显示了访客对网站的兴趣大小，可以衡量网络营销的效果，可以反映出推广媒体选择是否合适，广告语的撰写是否优秀，以及网站入口页的设计是否使用户体验良好等。

(2) 平均访问时长=总访问时长/访问次数，是说明访客黏性的指标。

(3) 平均访问页数=浏览量/访问次数，说明访客对网站的兴趣大小。

4) 流量质量指标

(1) 转化次数，访客到达转化目标页面或完成网站运营者期望其进行操作的次数。转化就是访客做了任意一项网站运营者希望访客进行的操作，与网站运营者期望达到的推广目的和效果有关。

(2) 转化率=转化次数/访问次数。转化率即访问转化的效率，数值越高说明越多的访客完成了网站运营者期望访客进行的操作。访问数据计算如图 1.9 所示。由图可知，浏览量=4 次，访客数=1 个，访问次数=2 次；平均访问时长=5 分钟，平均访问页数=2 个，跳出率=50%；如果 C 页面是设置的转化目标页面，则转化次数为 1 次，转化率=50%。

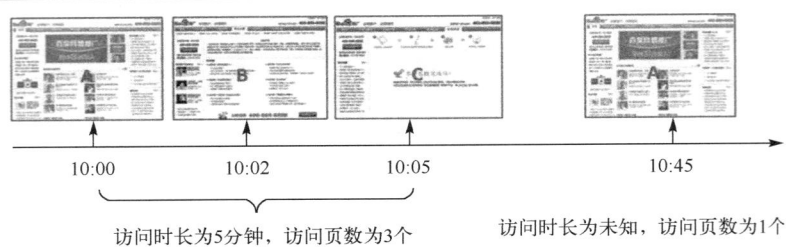

访问时长为5分钟，访问页数为3个　　　访问时长为未知，访问页数为1个

图1.9　访问数据计算

这些访问统计指标是客观评价和统计网站访问情况的工具，如果企业在第三方平台开店，第三方平台后台会提供这些数据。如果企业采用的是自行建站的方式，那么可以通过购买一些日志分析软件来获得网站访问统计分析数据，常见的日志分析软件有WebTrends、AWStats和Webalizer等，这种方式获得数据的成本低廉，数据实时，但是非第三方企业数据。如果企业要利用这些数据进行融资或者寻求合作伙伴，则需要采用第三方企业进行网站访问情况的统计，很多第三方企业提供在线网站访问统计服务。使用这种方式需要在该类型网站上注册账号并绑定需统计网站的域名，接着将统计代码加入需要统计的网页代码中即可。

3. 网站营销效果评价指标的获取途径

网站访问统计系统也常称为网络流量统计系统。通常说的网站流量（Traffic）是指网站的访问量，网站访问统计系统则是用来记录并描述访问一个网站的用户数量及用户所浏览的网页数量等指标的统计系统，常用的统计指标包括网站的独立用户数量、总用户数量（含重复访问者）、网页浏览数量、每个用户的页面浏览数量、用户在网站的平均停留时间等。

网站访问统计系统为网络营销效果评价提供了系统的参考指标，也是网络营销评价体系中最有说服力的量化指标。网站访问统计指标是最为客观统计和评价网站访问情况的工具，是每个网站运营人员必须重视、每日必看的数据统计报表，它对于网络营销活动非常重要。现阶段获取这些数据主要有以下几种方式。

1）企业自购或者自行开发日志分析软件并开展网站访问统计

日志分析软件是通过对网站应用服务器（Web Application Server）产生的访问日志（Access Log）进行数据挖掘分析，产生网站访问统计分析报表的软件，分析内容一般包括Visits、Unique Visitor、Page View、hit、流量、页面访问排行等。如果是多频道多域名的网站，那么还可对各频道日志进行整合分析得到频道访问排名，以了解用户对网站产品的喜爱程度等。

这种方式的优点是可以比较准确地获取详细的网站统计信息，并且除可能需要支付购买访问统计软件（AWStats是免费软件）或者软件开发的费用之外无须支付其他直接的费用，但由于这些信息都出自自己的服务器，因此在对外提供网站访问数据时缺乏说服力。

2）委托第三方企业开展网站访问统计

通过第三方企业进行网站访问情况的统计也是一种常见的方式。它的优点是无技术门槛，形式上方便、快速、不受任何限制；缺点是这种统计方式属于临时、短期性行为，不能长期、持续为企业服务，且不具有常规性，这与网站访问统计分析的要求是相悖的。

3) 使用第三方提供的在线网站访问统计服务进行网站访问统计

目前，国内外很多网站提供免费或者付费的在线网站访问统计服务，这种方式简单易行，成本低，实现速度快，对外提供网站访问数据时也比较有说服力；缺点是网站访问统计服务水平取决于第三方，网站信息容易泄露，或者要为这种统计服务付费。

1.3.4 网店营销效果评价

1. 网店营销效果评价指标与数据获取

许多企业并不自己构建网站，或者除自建网站之外，还会通过入驻一些第三方电商平台开设网店进行网络营销。这些平台的后台会提供尽可能详尽的数据，企业可以结合这些数据，对企业的网络营销活动进行效果评价。

前面的大部分流量指标在网店中也存在，不同的是转化指标。网店的转化目标包括注册、收藏、加入购物车、下单、支付，因此涉及的指标有注册用户数、注册转化率、收藏量、收藏用户数、推车访客数、推车率、下单用户数、下单率、确认订单数、成交订单数、支付率、成交用户数、成交转化率、成交金额(客单价)等。

以网店推广为例，涉及的指标包含以下几个。

(1) 展现量(推广内容被展现的次数，可理解为该内容的 PV 数)与展现时长；

(2) 点击量与点击率(在统计周期内，推广内容点击量占推广内容展现量的比例)；

(3) 点击到达率(通过推广内容来源到达网站登录页的次数占推广内容点击量的比例)；

(4) 点击转化率(在统计周期内，推广内容引导成交订单数占广告点击量的比例)；

(5) 投资回报率(通过投资返回的价值，即企业从一项投资活动中得到的经济回报)。

除以上指标外，网店还可以关注以下指标。

(1) 流量指标：包含访客数、回访客数、浏览量、访问深度、人均浏览量、入站次数、跳失率、停留时间。

(2) 转化指标：包含注册转化率、收藏量、推车访客数、下单率、成交转化率等。

(3) 服务指标：包含咨询访客数、咨询响应率、咨询响应时间、咨询下单率、咨询成交额、订单处理时长、物流耗时、发货准确率、退款订单率、投诉订单率等。

(4) 用户指标：包含新成交用户数、用户获取成本、成交回头客数、成交回头客占比、重复购买率、成交频次、最近成交日期、客单价等。

这些数据来源主要来自两个渠道：直接来源和间接来源。直接来源一般为第一手或直接的统计数据，如直接调查得到的数据；间接来源为第二手或间接的统计数据，如他人调查并将这些数据进行加工和汇总后公布的数据。这些数据的统计可以采用多种采集方式和工具，常见的数据采集工具有八爪鱼、后羿采集器、火车采集器、Python 和 R 语言等。

2. 指标数据的分析方法

跨境电商从业者得到各类数据后，常常不知如何进行深入分析和挖掘，数据分析方法可以帮助分析人员顺利地开展分析活动，辅助分析人员做出决策。常见的分析方法有以下 9 种。

(1)对比法：只有通过参照物的对比才能了解行业现状和发现问题，通过横向和纵向的对比找到自己所处的位置。

(2)拆分法：将大问题和相关的指标拆解成多个小问题和多个相关指标，通过拆解问题和指标可以快速找到产生问题的原因。

(3)分组法：将数据依据某些维度进行分组统计，通过观察分组后的结果洞察事物的特征。

(4)排序法：基于某个度量值对数据进行递增或递减的排列，排序后的结果可以清晰地反映所有观测值的情况。

(5)交叉法：将数据进行两个及以上的维度交叉分析，如通过产品特征和价格区间两个维度的交叉分析找到更符合企业定位的细分市场。

(6)降维法：分析问题时指标过多，采用业务梳理的方式选择核心指标进行分析、减少过多指标的干扰，在统计学上也可以使用主成分分析或因子分析的方法达到降维的目的。

(7)增维法：分析问题时指标不足，通过计算派生出新的指标，使其包含更多的信息量。

(8)指标法：在分析时采用分析指标的方式分析结果，一般通过制成表格来查看分析结果。

(9)图形法：在分析时采用制作图形的方式更加直观地分析结果。

【课后任务】

1. 比较分析4C's 与 4P's 理念上的本质区别。
2. 用 AISAS 或 SICAS 模型举例分析一次日常交易或消费行为。
3. 参考图1.7，分析网店营销的转化漏斗模型中的各项转化指标。

Chapter 2

第2章 选品策略

【学习目标】

从琳琅满目的供应市场中选择适合目标市场需求的产品,是跨境电商网络营销的重要环节。本章首先从品类管理的原理出发,介绍完全产品、品类和SKU等概念,以及产品组合理论;继而介绍选品分析原理,包括网络营销产品特点、数据分析,以及新产品策略;最后学习海外市场调研。通过本章的学习,掌握和熟悉选品策略,能进行品类调研、分析竞争者和行业产品,能根据市场对产品做出合理调整;学会对海外市场调研并形成调研报告,撰写调研报告,发现新的市场机会。

【引例】

敦煌网新品类助推计划选择了食品、家电和母婴三大门类。国外采购食品需求属于常规需求,通过 Google Trends 分析,国外每年食品采购需求都很平稳且在年底呈上升的趋势。但结合海外市场规则,食品类在跨境电商出口平台中被严格要求遵循食品安全法的规定,如卖家必须有实名认证的企业资质、必须有食品类和相关品类营业执照、生产型企业须提供授权证明及进货证明等;家电类产品则在"一带一路"倡议、互联互通项目建设、企业合作机制等项目的不断推进下,出口规模明显加快;母婴类的海外需求增长更快,敦煌网预计到2023年全球孕产妇护理市场将达到90亿美元,复合年增长率将达到2.15%。

2.1 品类管理

从事跨境电商的企业,一部分是生产制造企业,采用前店后厂形式,通过跨境电商交易平台销售工厂生产的产品。另外一部分是电商运营商,自身并没有生产车间或者作坊,而是从供应市场中挑选产品进行跨境电商销售,或者根据跨境市场的需求,寻找供应商组织生产并进行销售;再进一步电商运营者还可以通过市场需求分析与预测,开发新产品,组织生产并进行销售。两类企业都面临品类管理的问题。

2.1.1 品类管理概念

1. 完全产品（整体产品）

现代营销学观点将产品的整体概念分为五个层次：核心产品、有形产品、期望产品、延伸产品和潜在产品，如图 2.1 所示。

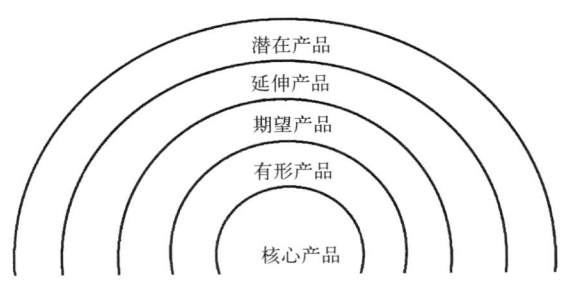

图 2.1 完全（整体）产品的五个层次

（1）核心产品——基本功能，是指向顾客提供的产品的基本效用或利益，反映了顾客核心需求的基本效用或利益。

（2）有形产品——表现形式，指核心产品的现实形式，即品质、式样、特征、商标及包装。即使是无形的服务产品，也应有有形的产品表现形式。

（3）期望产品——产品属性和条件，指顾客在购买产品时期望得到的与产品密切相关的一整套属性和条件，如旅店顾客期望房间设施干净、环境相对安静等。这些产品基本属性的满足并不能带来额外的顾客好评，但如果顾客没有得到这些，可能会带来差评。

（4）延伸产品——附加产品，指顾客购买有形产品和期望产品时附带获得的各种利益的总和，包括产品说明书、保证、安装、维修、信贷、送货、技术培训、售后服务等。

（5）潜在产品——产品发展，指一个产品最终可能实现的全部附加部分和新增加的功能。潜在产品所给予顾客的不仅仅是满意，还有顾客在获得这些新功能时感受到的喜悦。

2. 品类与品类管理

品类（Category）是指消费者认为相关且可相互替代的一组特殊产品或服务。它有很多定义，如"确定什么产品组成小组和类别，与消费者的感知有关，应基于对消费者需求驱动和购买行为的理解。"——AC 尼尔森调查公司；"品类即产品的分类，一个小分类就代表了一种消费者的需求。"——家乐福。

在电商平台上，平台会事先划分好品类结构中的大类目，速卖通的大类如图 2.2 所示。

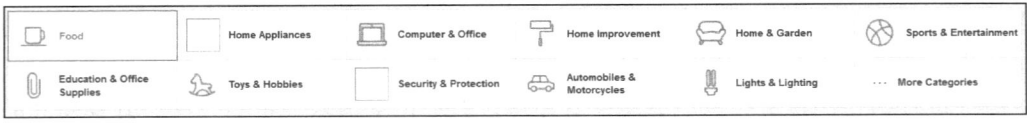

图 2.2 速卖通的大类

品类管理（Category Management，CM）是把所经营的产品分为不同的类别，并把每一类产品作为企业经营战略的基本活动单位进行管理的一系列相关活动,需要分销商和供应商合作,品类管理通过创造商品中的消费者价值来创造更佳的经营绩效。

3．SKU 与 SPU

(1) SKU:英文 Stock Keeping Unit(库存量单位)的缩写,即库存进出计量的基本单元,以件、盒、托盘等为单位。SKU 作为最小库存单位,是大连锁超市 DC(配送中心)物流管理的一个方法,当下 SKU 已经被引申为产品统一编号的简称,每种产品均对应有唯一的 SKU 号。

SKU 指的是单独的某一种产品,或者是包含特定的自然属性与社会属性的产品种类。这里的种类区分未沿用传统的产品类目划分方法,而是当产品的品牌、型号、配置、等级、花色、包装容量、单位、生产日期、保质期、用途、价格、产地等属性与其他产品存在不同时,均可称为一个单品,如某品牌啤酒,单听销售的啤酒和整扎销售的啤酒可以视为两个单品。

(2) SPU:英文 Standard Product Unit(标准化产品单元)的缩写,是产品信息集合的最小单元,表示一组易于检索的标准化信息的集合,这一集合可以描述一个产品的基本特性。即属性值基本特性相同的产品可以成为一个 SPU,如 iPhone13 就是一个 SPU,它与颜色、款式、套餐无关。

SPU 的作用就是区分产品品种,同时也可以更好地进行电商平台的后台数据管理。如果电商平台的后台数据按照 SKU 来保存和检索,就会出现庞大的数据量,而且不同企业的 SKU 设置不同,会造成数据紊乱。因此品类管理要实行标准化,也就是要一品多商。

4．产品生命周期

企业的品类和产品需要不断更新和变化,企业才能具有生命力,而产品是有市场寿命的,即产品生命周期。新产品从开始进入市场到被市场淘汰的整个过程分为开发期、导入期、成长期、成熟期和衰退期五个阶段。与传统销售方式相比,网络营销的产品生命周期相对缩短,因此企业需迅速、及时、准确地了解和掌握市场的需求状况,在开发期和导入期将产品引入市场,拓展销售渠道,先发制人;在成长期重点实施差异化策略和品牌策略,培养消费者忠诚度;在成熟期重视产品改革创新,维护消费者关系,巩固市场。

2.1.2　产品组合理论

产品组合理论包含几个重要概念:宽度、深度、长度和关联度。宽度是指企业生产经营的产品线的多少。深度是指产品线中每一产品有多少品种。长度则是指企业所有产品线中产品项目的多少。关联度是指各产品线在最终用途、生产条件、分销渠道和其他方面相互关联的程度。

结合产品组合理论,企业的品类管理包含以下内容。

(1) 确定并拓展宽度,也就是拓展企业所经营全部产品的宽度或者产品线,对电商平台和店铺而言就是子类目的拓展。在大类确定的前提下拓展品类的宽度,即开发子类目的维度,能全面满足消费者对该类别产品的不同方面的需求,如假设一个做 shoes(鞋子)大类产品的店铺,可以针对目标客户的年龄、性别、鞋子使用场所等不同的维度进行产品的宽度开发。

(2) 拓展品类深度，品类深度的开拓需要基于对目标市场的细分进行深入研究，开发针对每个目标市场的产品，考虑从规格、颜色等不同维度开发更多 SKU，扩展子类目数量规模；销售能满足更多层次消费者需求的有梯度的产品；开发新产品或改进原有产品（使其具有新的特点和新的突破）。

(3) 产品线拓展，一般有两种方式：产品线延伸和产品线填补。产品线延伸指企业在现有范围内，在市场上向上延伸，以追求更多的增长、实现更高的边际利润或将自身定位为全线生产商；引入价格更低的产品线向下延伸，以吸引追求性价比的消费者、打击低端竞争者；双向扩展，即为服务于终端市场而兼具高端和低端。产品线填补指企业为增加利润、充分利用过剩生产力等，在现有产品线范围内增加产品项目。

(4) 提升品类间的关联性，关联销售是重要的营销手段，其可以在不增加流量成本的前提下提高客单价和销售量，因此提高产品品类之间的关联性是产品组合策略之一。

2.2 选品分析原理

选品分析原理是依托跨境电商平台和互联网上形成的大数据，借助各种数据分析工具对各种指标进行定性、定量分析。选品分析管理可以为正在或者将要开展跨境电商业务的卖家和企业决策者提供行业、类目、品类和关键词等各项选择的科学依据。

2.2.1 网络营销产品特点

互联网及网络营销的出现和发展并未使产品的性质发生变化，而是使产品从外在形式到内在价值、从研发生产到市场开拓发生了不同程度的变化，因为电商平台上交易的不仅仅是能实现诸多功能的产品，而且是能满足购买者或消费者需求的商品。

网络营销产品具有以下特点。

(1) 产品表现形式的数字化、标准化、兼容虚拟和现实的特征。图片、文字、视频等都是产品的数字化表现形式；因为消费者无法触摸产品，标准化的网络产品更容易让消费者理解并接受；网络营销产品通过打破时间和地域的限制进行远程购物，实现虚拟和现实融合。

(2) 产品设计式样的全球性和独特性特征。跨境电商网络营销向不同国家的不同消费者提供个性化产品，企业可以针对全球市场设计式样和包装，以符合全球消费者的消费习惯；企业也可以针对不同国家设计差异性包装，以符合销售国家的消费习惯或宗教信仰等。

(3) 产品品牌包装的显著性特征。因消费者无法体验实体产品，且需要在互联网众多的信息中识别某产品品牌，网络营销产品应拥有明确、醒目、有识别性的品牌形象，给人以深刻记忆。

(4) 产品价格服务的竞争性特征。相比传统营销，网络营销的消费者更容易快速比较同类竞争产品，互联网上也有不少工具帮助消费者快速比价，因此同等性能的产品的价格竞争力显得尤为重要。

2.2.2 数据分析

1. 数据来源

从数据来源看，选品分析所需的数据分为内部数据和外部数据。

1）内部数据

内部数据是指企业内部经营过程中产生的数据信息，及跨境电商平台后台生成的店铺、行业、平台的各项数据(如速卖通平台的访客数占比、浏览量占比、成交额占比、成交订单数占比、供需指数等)，这些数据可以帮助平台商家更好地进行选品分析。

2）外部数据

外部数据是指平台以外的其他公司、市场等产生的数据，如 Google Trends、KeywordSpy、Alexa 网站等产生的各项数据。

2. 分析工具

结合数据来源，分析工具也分站内工具、站外工具，以及整合了诸多功能的第三方工具。

1）站内工具

速卖通的站内数据分析工具主要是数据纵横。在数据纵横中，有行业情报、选品专家和店铺分析三大板块，每个板块中都有重要的指标供用户进行分析。如行业情报中的访客数占比(在统计时间内该行业访客数占上一级行业访客数的比例)、浏览量占比(在统计时间内该行业浏览量占上一级浏览量的比例)、成交额占比(在统计时间内该行业支付成功金额占上一级行业支付成功金额的比例)、成交订单占比(在统计时间内该行业支付成功订单数占上一级行业支付成功订单数的比例)、供需指数(在统计时间内该行业中商品指数/流量指数，越小说明行业竞争越小)等。

亚马逊平台也有一些自带的数据工具，不过与速卖通将数据整合在一个工具中不同，亚马逊的数据工具分散在平台的各个地方，因此平台商家更需要对平台有深入的了解，才能利用好这些工具。这些工具包括亚马逊搜索框"Amazon Search"、亚马逊热销榜"Amazon Best Seller"、亚马逊热门新品"Amazon Hot New Releases"、亚马逊波动趋势"Amazon Movers & Shakers"、亚马逊愿望清单"Amazon Most Wished For"、亚马逊礼物榜单"Amazon Gift Ideas"等。

2）站外工具和第三方工具

站外工具可以分为免费和付费两种。免费的有 Google Trends、Google Insight For Search、eBay Plus、Watcheditem、Watchcount 等产品，付费的有 Google AdWords、Junglescout、AMZ Tracker、BigTracker、米库等。

3. 行业分析

正式开展跨境电商业务之前，卖家首先需要选择行业(以自有资源开展跨境电商的卖家除外)，要了解哪些行业在哪些国家和地区最受欢迎，哪些行业在各国和地区又是属于蓝海市场等。

行业分析方面，比较全面的数据工具是速卖通的数据纵横，其中的行业情报汇聚和分析了大量的行业数据，如行业概况中可以查询到不同行业最近7天/30天/90天的各项数据（如行业流量、交易、供需指数占比以及周涨幅、行业趋势、行业国家分布等明细数据）。

此外如2016年后Wish的行业分类也很值得参考，因为如果行业能被Wish进行分类，将可能带来较高的回报。在2016年以前，Wish平台卖家并不需要特别注意和选择所售产品的行业问题，因为Wish的产品是根据标签进行推荐的，由卖家填写产品的10个标签，产品在一定规则下与买家的各种消费行为标签匹配并推送给买家，买家达成购买、完成交易。但随着Wish平台上的产品数量越来越多，特别是一些产品上新工具的诞生，导致Wish平台的产品爆发式增长，大量重复标签的出现使得产品与标签之间、买家和卖家之间的匹配度下降，并且一些买家也开始通过行业类目筛选产品。为更好地进行产品匹配和推荐，Wish进行了行业划分，2016年Wish划分了15个顶级品类：时尚、钱包手袋、家居、服饰、手表、手机配件、母婴、美妆、鞋子、上衣、内衣、下装、个人爱好、饰品、小工具。

而Google Trends等工具也可以帮助卖家去把握不同类目的全球产品需求趋势。相比而言，亚马逊平台在行业分析方面并没有特定的辅助工具，这是因为亚马逊平台更倾向于精准需求把握，一般希望卖家在上新时必须确定两个分类节点，而且是叶节点（不能再细分的节点）。

4．选品分析（站内+站外）

总体而言，选品一般从两个方向切入。一是站内选品，二是站外选品。两者都有很多的数据分析工具可以帮助选品，卖家切勿只根据自己的感觉判断，而是要用数据说话。

1）站内选品分析

（1）速卖通的数据纵横。

① 热销与热搜。卖家根据国家和行业的组合，选择出热搜和热销的商品品类；之后可以根据竞争度的大小选择适合的商品，并且根据热卖国家特点发布对应商品。还可以针对选择的热卖品类查看关联属性的组合，在发布商品时完整填写属性组合可以优化商品的曝光转化率。除本身商品的销量以外，卖家还可以查看买家关联产品的销量，选择竞争度适中的关联产品进行关联商品推荐，提升店铺客单价。

将以上有效素材排列组合起来，根据热销属性组合功能得到最热销产品的最终组合，如图2.3是T-Shirt（T恤）分析。还可以得到属性组合的详情，从中选取重要的商品特征。

② 搜索词分析。速卖通平台的完整热搜词数据库是制作产品标题的利器，标题是系统做排序时对于关键词进行匹配的重要依据，专业的标题能提升卖家的可信度。

关键词严重同质化造成关键词竞争度高，设置的关键词被搜索到的概率反而小了。这时候卖家应该更多地运用飙升词库提供的数据来优化标题，在飙升词库中应该关注搜索指数飙升幅度、曝光商品数增长幅度、曝光卖家数增幅。这些数据均可以下载原始数据，可以将其制作成Excel表进行深入分析。

③ 速卖通选品其他方法。除了数据纵横，速卖通平台的卖家还可以通过一些诀窍来了解目前速卖通平台热卖的产品，从而有助于选品。比如，点击首页的"Best Selling"可以看到"Hot Product（热卖商品）"和"Weekly Bestselling（每周最热销的商品）"。这是根据

速卖通平台大数据得出的热销产品，或者是平台工作人员根据数据的商品，这些推荐有助于卖家的选品决策。

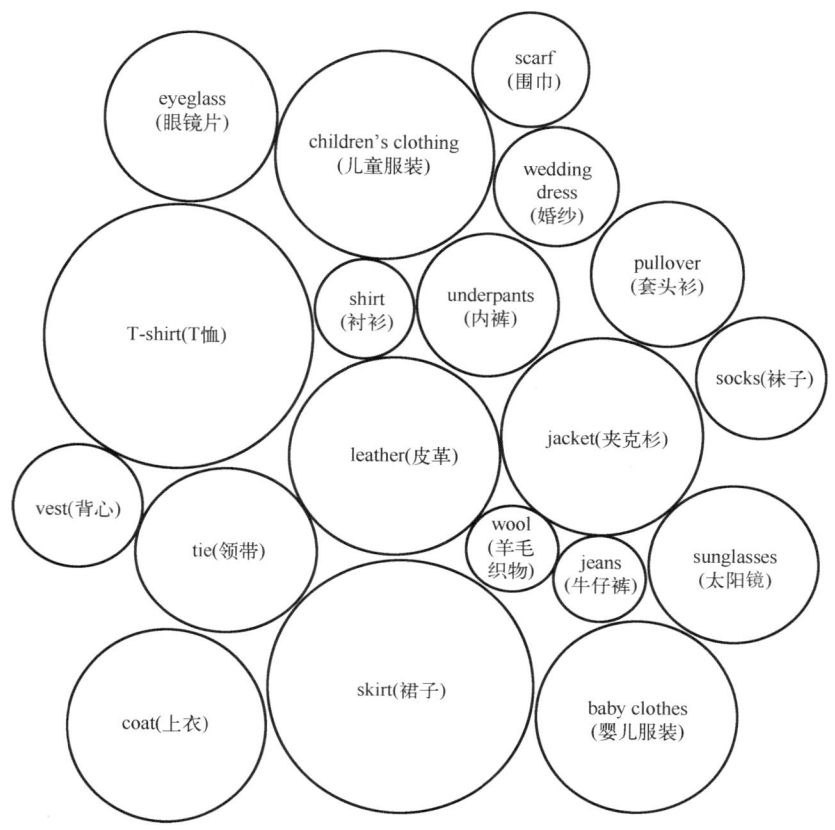

图 2.3　T-shirt（T 恤）分析

2017 年以后，速卖通平台无线端流量大增。平台无线端为更好地提升活动流量，给产品带来更多的曝光位，提升用户体验，速卖通平台在 2017 年平台周年大促时，将"无线抢购"及"Super Deals"活动合并升级，推出"Flash Deals"频道，这里都是行业工作人员认可并经过品类审核的商品，值得卖家们深入研究。

最后，在价格上，卖家还可以通过数据纵横工具，在行业国家分布中找到支付金额的数据情况，从而可以分析出目标国的消费能力，根据这个数据进行选品；而在物流上，速卖通正在各地建海外仓，但在这些海外仓建成并投入使用之前，速卖通平台订单大多是国内直发的，因此在选品上要注意产品的体积和重量，选择销售价格高且体积小的产品最佳。

（2）亚马逊的站内选品。

① 亚马逊搜索框（Amazon Search）：亚马逊搜索框汇聚了精准的搜索词，是买家搜索产品的主要工具，所以作为卖家选品的工具有很大的参考意义。当卖家在亚马逊搜索框输入关键词时，搜索框会跳出一列热搜长尾词，点击搜索后，在左侧细分类目栏上方可以看到该类产品的总数，从而得到该类产品的市场大小，市场越大竞争也就越大。同时还可以利用搜索框发现热门长尾词，寻找市场机会；或者进入一个类目层层筛选，哪个产品排在

类目的前面，且 Review 数量较少，就是一个很好的选品。

② 亚马逊热销榜（Amazon Best Seller）：在亚马逊热销榜这里，可以看到每个品类热销前 100 名产品的 Listings，卖家可以根据自己的产品方向、资源渠道、资金等，通过参考热销榜找到适合的产品进行销售。

③ 亚马逊热门新品（Amazon Hot New Releases）：这是亚马逊基于产品销量得出的热门新品榜单，每小时更新一次，这个榜单是一系列在亚马逊上热销或预计会热销的新品。这个榜单的产品上架时间较短，但排名上升速度快，与那些竞争激烈的产品相比更值得卖家快速出手，需要注意的是，卖家进行分析的时候要结合节日、热点以及各种推广等因素的影响。如果说亚马逊热销榜展示的是当下亚马逊上最热门的产品，那么这个榜单能够让卖家看到新的、预计会大热的产品。

④ 亚马逊波动趋势（Amazon Movers & Shakers）：这个榜单是亚马逊上各品类受欢迎的前 100 名产品的受欢迎趋势，这前 100 名产品都会有箭头标识，分别是表示人气呈上升趋势的绿色箭头和表示人气呈下降趋势的红色箭头。这些箭头后还会有波动的百分比，让卖家能够准确清楚一个利基市场的最新动态，卖家们可以通过该榜单了解最新的流行趋势和找到潜力产品。这个工具与亚马逊热门新品有一定相似性，不同的是它反映了 1 天内同类目涨幅最快的产品。

⑤ 亚马逊愿望清单（Amazon Most Wished For）：一些顾客可能会很喜欢某产品但因价格因素无法立刻"剁手"下单，为此，亚马逊推出了愿望清单。通过搜集顾客的访问数据，亚马逊将符合条件的产品加入愿望清单的榜单。当榜单内的产品降价时，顾客就会收到来自亚马逊的邮件提醒。对于卖家来说，愿望清单是挑选未来热卖品的重要依据，如果企业的产品可以上榜，那么企业通过小幅度的减价促销就会获得更多的销量，赢得商机。

⑥ 亚马逊礼物榜单（Amazon Gift Ideas）：销售礼物商品的卖家千万不要错过这个榜单，这是亚马逊通过顾客礼物选购数据得出的榜单，榜单里的产品可以提前购买，并在指定的时间送货，因此很多顾客给朋友或家人选择礼物时都会通过这个榜单来购买。特别是在旺季，这些作为礼物的产品销量会大幅度增长。卖家可以通过这个榜单了解到哪些产品作为礼物会比较受欢迎及哪些礼物可以组合捆绑销售，还可以在节日来临前更有针对性地备货。

⑦ 亚马逊选品的其他方法：亚马逊与速卖通不同，亚马逊平台重产品轻店铺，重质量和品牌、轻推广营销，因此，在亚马逊平台上做跨境电商，选品环节至关重要。选品有以下步骤。

首先是要有合适的卖家定位，并且按平台特性选品。亚马逊最忌讳侵权产品；且亚马逊更鼓励卖家专注于一个类目，不做杂货铺；卖家要优先考虑自己熟悉的产品，优先考虑有一手资源和能够满足市场需求的产品。亚马逊的市场主要在欧美，消费人群为 18 岁以上的成年人以及收入水平较高人群，因此质量好、价格适中、有商标的产品更受欢迎。

其次要摸清市场容量和趋势。借助前文提到的平台内工具来查看市场竞争情况、最新最热产品、24 小时销量最高的产品等，重视各类热门话题产品，如世界杯、新上映电影等。注意各国偏爱的主题元素，如意大利人喜欢蓝色，但不送别人护身符，忌讳珍珠；非洲人喜欢颜色艳丽的产品、欧美喜欢颜色对比度很强的产品等。关注季节性产品，比如夏季的户外用品，冬季的圣诞节用品等。

最后要深入分析某行业或某类别。大致确定选品品类后，借助"Best Match"工具，找出 5～10 个想售卖产品的最精准关键词，搜索查看前 6～7 页的产品，分析其销售价格、产品评论、产品是否能够被跟卖(有品牌不能跟卖)、产品是否需要认证等；也可以查看"推荐销售"了解关联度高的相关产品。

2) 站外选品分析

谷歌搜索工具对于跨境电商卖家而言是一个很有用的工具。通过 Google Trends 工具分析品类的周期性特点，通过 Keyword Spy 工具发现品类搜索热度和品类关键词，通过 Google Analytics 工具获得已上架产品的销售信息，分析哪些产品销售状况好，整体动销率如何等，通过 Google Keyword Analysis Tool 进行 SEO 优化搜索结果。如果有资金，还可以试着使用 Google AdWords 投放关键词广告。

站外选品分析有以下几种工具。

(1) 谷歌趋势(Google Trends)。

Google Trends 是谷歌推出的一款基于搜索日志进行分析的应用产品，它通过分析数以十亿计的搜索结果，告诉用户某一搜索关键词在谷歌被搜索的频率、相关统计数据和搜索趋势。从选品角度来说，Google Trends 是卖家分析整体类目的需求情况、跟踪产品发展趋势的重要工具，卖家可以在 Google Trends 跟踪某个关键词的发展趋势，对比不同关键词的热度，对自己的产品和关键词进行优化。

(2) 谷歌规划师(Google AdWords)。

Google AdWords 提供了谷歌搜索引擎的历史搜索数据，对这些数据进行深度的研究就可以挖掘到顾客关注的关键词和相关关键词的海外搜索量，并从中找到热卖的品类，Google AdWords 可以为选品提供很好的参考。

(3) Google Insight For Search。

可以查询产品关键词的海外搜索量排序，以及产品在不同地区、季节的热度分布及趋势。

(4) 关键词工具(MerchantwoRds)。

卖家想要进入陌生的品类，或是想要开发新的产品的时候往往难以预判市场需求，因此可以借助关键词工具搜索关键词的热度，了解市场需求情况；也可以对不同产品的热度进行调研，从而选出适合的产品或品类。

(5) eBay Plus。

可以方便地查看美国 eBay 35 个大类目下被顾客搜索次数最多的前 10 名关键词，同理进入某个大类目下可以查看二级、三级、四级……类目下被顾客搜索次数最多的前 10 名关键词。

(6) Watcheditem。

可以方便地查看美国 eBay 各级类目下热卖的商品。

(7) Watchcount。

可以查看 eBay 各国站点关注度最高的商品。

(8) 第三方选品工具。

还有一些第三方工具是免费的，如 Unicorn Smasher(免费的 Chrome 扩展程序，它提供了一个有组织的数据面板，让卖家能够研究想要销售的产品。而且该免费的选品工具会提供亚马逊销售数据，能帮助卖家快速找到有潜在商机的产品）、CamelCamelCamel（可以追踪亚马逊特定产品价格的免费工具，它还能让卖家获取想采购的产品的价格更新）。

不过大部分第三方选品工具都需要收取年费，如 Junglescout 是专门针对亚马逊的 FBA 业务开发的第三方选品工具，其他平台跨境电商卖家都可以作为参考，如其中的产品数据库汇总亚马逊的整个产品目录，卖家可以根据需求、价格、预计销售量、评级、季节性、尺寸等多个条件进行过滤筛选，从而选择最好的产品出售；商机猎人会计算所有商机的得分，显示前 10 名卖家的各类信息；产品跟踪器则可以监视竞争对手的活动、定价和库存等。

这一类的软件工具还有很多，专门针对亚马逊平台的选品工具还包括 AMZ Tracker、BigTracker 选品酷、国内开发的米库等。此外还有 HelloProfit（可以搜索产品、获取相关销售数据、获取销售该产品的现有卖家数据，并查看类似的产品）、Sellics（可以研究亚马逊每个品类最畅销的 5000 个产品）、Keyword Tool Dominator（可以在亚马逊上寻找有利可图的长尾关键词）、KeywordInspector（可以让卖家查找所有亚马逊消费者正在使用的关键词）、Keyword Tool（可以让卖家研究潜在的产品关键词，它提供了搜索量、CPC 费用和竞争方面相关数据）、AmaSuite（帮助卖家发现能在亚马逊上盈利的产品和关键词）、Ali Inspector（帮助卖家生成利基关键词，分析热门产品并发现好的 Drop Shipping 产品）、ASINspector（帮助亚马逊卖家获取实时销售数据、研究畅销产品、预估特定 ASIN 的营收等）、CashCowPro（亚马逊管理工具，允许卖家获取关于产品、竞争对手和关键词的实时销售数据）、ZonGuru（分析关键词和竞争对手的产品）、AMZScout（研究新产品商机，查看产品的季节性销售趋势）、AmazeOwl（让卖家了解卖什么以及什么产品配送费用低，什么产品竞争少等）、FBA Wizard（帮助卖家研究 Drop Shipping、批发和创建自有品牌的产品）。

(9) 本土网站

除以上站内和站外、免费和付费的工具之外，要做好选品还要深入了解目标国家的本土文化和本地需求。而获得这些信息的最佳渠道是目标国家本土网站，如目标市场为美国，即便是速卖通卖家，亚马逊、eBay、Wish 都是要首先熟悉的；而如果目标国家是英国，那么 tesco、欧洲亚马逊等都是需要熟悉的电商购物网站，还有德国的 otto、法国的 zalando。

2.2.3 新产品策略

1. 新产品的概念

新产品的概念广泛，具体包括新发明产品、改进的产品和新的品牌。从企业角度指研发的新产品或经过修改调整后的产品或品牌；从市场角度指首次出现的产品；从消费者角度指能带来新的效用或利益的产品。具体可以从以下角度对新产品开发分类。

1) 按创新程序分类

(1) 全新新产品。指利用与原来截然不同的技术和原理生产出来的产品。

(2) 改进新产品。指在原有产品的技术和原理的基础上，采用相应的改进技术，在外观、性能上做出改善的产品。

(3) 换代新产品。指采用新技术、新结构、新方法或新材料在原有技术基础上有较大突破的新产品。

2）按所在地的特征分类

（1）地区或企业新产品。指在国内其他地区或企业已经生产但在该地区或该企业首次生产和销售的产品。

（2）国内新产品。指在国外已经研制成功但在国内尚属首次生产和销售的产品。

（3）国际新产品。指在世界范围内首次研制成功并投入生产和销售的产品。

3）按开发方式分类

（1）技术引进新产品。指直接引进市场上已有的成熟技术制造的产品。

（2）独立开发新产品。指从消费者所需要的产品功能出发，探索能够满足功能需求的原理和结构，结合新技术、新材料的研究独立开发制造的产品。

（3）混合开发的产品。指在新产品的开发过程中，既有直接引进的部分，又有独立开发的部分，将两者有机结合制造出的新产品。

2．新产品开发决策过程

新产品开发是指从研究选择适应市场需要的产品开始，到产品设计、工艺制造设计，直到投入正常生产的一系列决策过程，如图 2.4 所示。

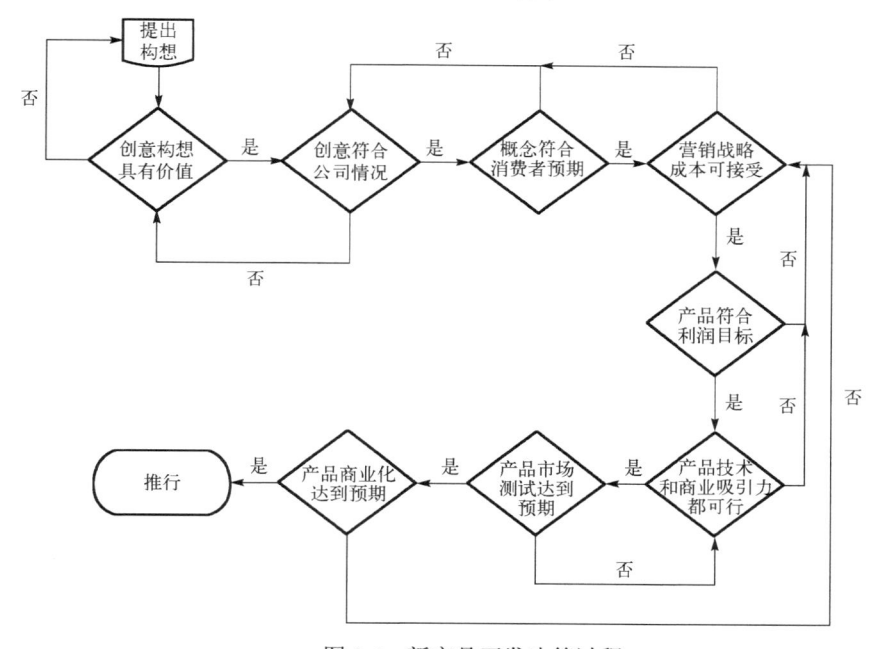

图 2.4 新产品开发决策过程

（1）提出构想：新产品创意构想的最佳来源是未满足的消费者需求或技术创新的最佳可能组合。

（2）创意筛选：新产品开发后续阶段成本增长，因此必须剔除不理想的创意。公司应估计每个新产品创意的整体成功概率，并选择具有较高成功率的产品进入后续开发阶段。

（3）创意开发和测试：提供给市场一个精准的产品定位，确定使用人群、提供的主要利益等，并将产品概念转化为品牌概念，以实体或符号展示的方式向目标消费者介绍产品，并记录他们的反应。

(4) 营销战略：创意测试成功后，新产品必须制定初步营销战略规划，这是管理层进行商业分析的基础。

(5) 商业分析：公司通过预测备选产品的预期销售收入、成本和利润来评估新产品的商业吸引力，以确定它们能否满足公司的目标。

(6) 产品开发：将目标消费者的要求转化为工作原型，研发部门开发具有产品概念关键属性的产品原型，通过一系列严格的功能测试和消费者测试后才能进入市场。

(7) 市场测试：管理层对产品的性能和预期表现满意后，就可为新产品选择名称、图案和包装，并在市场环境中进行测试，一般公司要评估四个要素，试用、首次购买、采用和购买频率。

(8) 商业化：大部分公司会根据市场潜力、本地声誉、填充市场空缺的成本、沟通媒介的成本、所选择地区对其他地区的辐射力及市场竞争渗透情况来制定新产品首次进入市场的方案，此阶段成本最高。

> **案例**
>
> 表情包衍生品正成为年轻人的新宠。几乎每位职场年轻人的办公桌上都会摆放几个公仔玩偶，而作为公仔形象创意来源的表情包也正在衍生为互联网上的一种新的商业生态。据统计，2018年淘宝二次元市场的增幅接近40%，消费者中"95后"和"00后"约占50%，商品从手办、模型越来越多地延伸到日用百货类周边产品：水杯、收纳盒、背包、毛巾、抱枕……表情包正在被富有创造力的国内年轻人玩出更多的可能，从产品研发到跨品类授权，从线上造热点到线下做品牌，从内容生产到达人服务，一个集合了表情包作者、专业孵化机构、品牌与商家在内的全链路商业生态已经在互联网上形成。二次元行业正以各种方式影响着产品与市场需求，促使企业摒弃传统的思维，并在产品开发中尽可能地融入网络时尚元素。

2.3 海外市场调研

跨境电商的目标市场都在海外，但是不同的国家和地区在电商市场规模、消费习惯、购物倾向、支付方式、风土人情等方面均有差异，且不同国家的政策也有较大不同。因此要做好跨境电商，必须深入调研和分析目标国家和地区的市场，做好国际市场调研，真正做到长远可持续发展。

2.3.1 海外市场调研内容及步骤

1. 海外市场调研内容

国际市场调研是指运用科学的调研方法与手段，系统地搜集、记录、整理、分析有关国际市场的各种基本状况及其影响因素，以帮助企业制定有效的市场营销决策，实现企业经营目标。一个企业要想进入某一新市场，往往要求国际市场调研人员提供与此有关的一切信息——该国的经济发展、社会或政治局势、法律制度、文化属性、地理环境、市场竞争者、科技发展等。如一家做 B2B 跨境电商的企业要进驻某海外地区，从国际贸易角度来看，国际市场调研主要包括市场环境调研、市场商品情况调研、市场竞争者情况调研等。

(1) 市场环境调研：国外经济环境，如一国的经济结构、经济发展水平、经济发展前景、就业、收入分配等；国外政治和法律环境，如政府结构的重要经济政策、政府对贸易实行的鼓励、限制措施，特别是有关外贸方面的法律法规，如关税、配额、国内税收、外汇限制、卫生检疫、安全条例等；国外文化环境，如使用的语言、教育水平、宗教、风俗习惯、价值观念等；此外还需要了解国外人口、交通、地理等情况。

(2) 市场商品情况调研：国外市场需求的商品品种、数量、质量要求等；国际市场商品的价格、价格与供求变动的关系等。

(3) 市场竞争者情况调研：竞争产品质量、价格、政策、广告、分配路线、占有率等。
国际市场调研可以从以下方面为跨境电商卖家提供帮助。

(1) 识别并制定正确的国际经营战略，如确定、评价和比较潜在的国际商业机会及其相对应的目标市场的选择等；

(2) 能够制定正确的商业计划，确定市场进入、渗透和扩张所需要的各种必要条件；

(3) 为进一步细化和优化商业活动提供必要的反馈；

(4) 正确预测未来可能发生的各种事件，采取必要的措施，并为各种即将发生的全球性变化做好充分准备。

> **案例**
>
> 2020 年以来，亚马逊平台调整了系列新规，如 FBA 封仓，暂停非必要商品入库，亚马逊将生活必需品、医疗用品和其他高需求的产品优先分配到配送中心。再如，运往部分地区需征收订单税，亚马逊表示，根据夏威夷、伊利诺伊州、密歇根州和威斯康星州的州税法的变化，将于 2020 年 1 月 1 日开始计算订单税，收取和汇出（作为纳税人）所有发送给夏威夷、密歇根州和威斯康星州客户的订单的销售和使用税，以及伊利诺伊州的使用税。

2．海外调研步骤

1) 确定调研目的

确定市场调研目的是开展调研活动的首要步骤，调研目的不同，在行动时所需的内容和方法会有差异。可通过以下几方面确定调研目的。

(1) 海外市场容量及趋势。调研的内容是互联网用户的数量；互联网普及率；移动电话、智能手机、平板电脑等设备普及率；网购人群规模、年龄段；电商销售额、年增长率、移动电商销售额等。

(2) 各地区电商平台状况。调研内容是关键跨境电商网站的各地区流量占比，如在美国，亚马逊的流量占到所有网站的 65.83%，速卖通占到 14.06%；而在俄罗斯，亚马逊的流量仅占到 3.36%，速卖通则占到 15.41%。全球 12 大跨境电商平台流量数据如表 2.1 所示。

表 2.1　全球 12 大跨境电商平台流量数据

流量排序	平台	第一流量市场	第一市场占比
1	亚马逊	美国	27.00%
2	速卖通	俄罗斯	16.00%
3	eBay	美国	55.00%
4	Mercadolibre(ML)	巴西	45.45%
5	shopee	中国台湾	25.80%
6	lazada	马来西亚	16.85%
7	Souq	埃及 沙特阿拉伯	44.70%
8	Wish	美国	16.00%
9	VOVA	法国	13.00%
10	JOOM	俄罗斯	42.00%
11	jumia	尼日利亚	48.00%
12	Kilimall	肯尼亚	74.00%

(3)海外顾客者购物习惯。调研内容是目标地区顾客的网站使用习惯(常用的综合性购物网站、顾客体验最佳的购物网站)、搜索习惯(用户量最大的购物搜索引擎)、支付习惯(信用卡是美国电商顾客最常使用的支付方式)、购物时间(如美国网上购物高峰期为感恩节前一周到元旦;电商打折力度最大的时间为感恩节后一天"黑色星期五")。

(4)海外电商风险情况。调研内容是隐私和数据保护、海关和关税、知识产权和标签、在线和移动诈骗。

(5)海外市场竞争者。调研内容是网络竞争者识别(行业角度、市场角度、企业竞争角度)、网络竞争者优劣势分析(产品、研发能力、渠道、资金实力、市场营销、组织、生产经营、管理能力)。

2)制定调研方案

(1)确定调研目标。有些调研是探索性、描述性或解释性的,在调研中应使调研目的具体化,不能过于宽泛,也不能过于狭窄。根据调查目标整理调查内容、设计调查问卷、确定调查范围等。

(2)明确调研对象。市场调查的对象一般为顾客、零售商、批发商,顾客一般为使用该产品的消费群体,零售商和批发商为经销产品的商家。以顾客为调查对象时,要注意有时某一产品的购买者和使用者不同,另外要侧重调查主要消费群体。

(3)选择调查方法。调查人员需判断调研所需的资料来源、类型和数量,以此选择调研方法和技术。具体有案头调研法(第二手资料调研或文献调研,如企业内部有关资料、本国或外国政府及调研机构的资料、国际组织出版的国际市场资料、国际商会和行业协会提供的资料)、实地调研法(国际市场调研人员采用实地调研的方式直接到国际市场上搜集情报信息,包括询问法、观察法和实验法)、抽样调查(简单随机抽样法、系统抽样法、分层抽样法、整群抽样法、多阶段抽样法)。如今调研活动多采用网上市场调查方法(诱导访问者访问、利用电子邮件询问访问者、在企业站点调查)、网上德尔菲调查方法(利用企业站点搜集市场信息,选择搜索引擎,再利用数据库在互联网上寻找适合的市场信息调查内容)。

(4) 制定工作计划。在正式行动前,需要制定明确的工作计划,包括组织领导及人员配备、调研人员的招聘及培训、工作进度安排表、费用预算等,具体实施时应根据实际情况进行调整。

3) 搜集调研信息

(1) 网络营销调研,利用搜索引擎、商业数据库、网上调查网站等工具搜集一手资料和二手资料。如果搜集的是一手资料,需要设计调查程序,编写调查问卷,设计和抽取被访者样本,发布调查问卷,监控调查过程,存储反馈的调查信息。如果搜集的是二手资料,需要采用各种工具对不同的数据源进行搜索查询,并将获取的信息进行比较分析。

(2) 实地调研要对目标国市场环境、商品及营销情况进行调查,一般可派出推销小组深入国外市场以销售、问卷、谈话等形式获得一手资料;或者通过报刊、杂志、新闻广播、计算机数据库等方式寻找信息获得二手资料;或者委托国外驻华或我国驻外商务机构进行调查。

4) 分析调研数据

通过调研获得数据,整理搜集已填写的调查表后,由调查人员对调查表进行逐一检查,剔除不合格问卷,将合格调查表统一编号,以便统计数据。无论是一手资料还是二手资料,调查人员将多种渠道获取的资料综合起来,应用统计软件、分析模型系统对前一阶段搜集到的信息进行统计分析,选择适用的数据统计方法将分析结果以文字、图表、图示等形式给出。

5) 撰写调研报告

调研报告的撰写要求调研人员在数据分析的基础上,对资料的正确性和合理性进行评估,并归纳提炼出与营销策略相关的结论。调研报告的基本要求为客观真实、实事求是、调查资料和观点统一、突出市场调查的目的、语言简明准确易懂。调研报告格式一般由标题、目录、概述、正文、结论与建议、附件等几个部分组成。调研报告的内容包含调研目的、调研背景、调研对象、调研数据与分析、调研结论与理由、解决方案建议、风险预测。

2.3.2 海外市场调研资源

海外市场的线下调研成本较高,因此可以利用互联网,通过各类 Web 网站的丰富资源降低调研成本,这些 Web 网站包含以下几类。

1. 政府机构网站资源

世界各国政府都有相应的部门搜集国内外的市场资料,这些部门通过相关机构的网站向进出口企业提供有用的资料,包括各国进出口贸易统计资料、贸易机会、贸易政策、惯例、进出口代理商和经销商名单、供求商品的名称和数量等。

2. 国际组织网站资源

许多经济和贸易的国际组织和机构网站已成为跨境电商企业寻找新机会和市场营销活动的重要调研渠道，相关国际组织与机构如表2.2所示。

表2.2 相关国际组织与机构

机构名称	机构名称
联合国	石油输出国组织
世界贸易组织	国际海关组织
世界银行	世界粮食计划署
国际货币基金组织	亚太经合组织（APEC）
国际经合组织（OECD）	欧洲自由贸易联盟
联合国贸易和发展大会	欧盟委员会
联合国开发计划署	欧洲联盟
联合国粮农组织	东南亚国家联盟
联合国环境署	亚洲开发银行
联合国难民署	欧洲投资银行
联合国工业发展组织	亚洲基础设施投资银行
联合国采购网	美洲国家组织
世界旅游组织	英联邦
世界卫生组织	77国集团
世界知识产权组织	万国邮政联盟
世界工商协会	国际商会（ICC）

3. 专业咨询公司与调研机构

不少专业咨询公司与调研机构都会定期发布不同行业不同维度的调研报告，企业可以通过其网站付费或免费获得这些调研报告用于海外调研分析，国外部分专业咨询公司与市场调研机构如表2.3所示。

表2.3 国外部分专业咨询公司与市场调研机构

机构名称	业务涉及的主要行业领域
道琼斯公司（Dow Jones &Company,Inc.）	金融、证券、资本、外汇、商品和能源市场
麦肯锡咨询公司（McKinsey & Company）	金融、商业流通、高新科技、电信、物流
波士顿管理咨询公司（The Boston Consulting Group Inc.）	金融服务、快速消费品、工业、医疗保健、高新科技、电信、能源、物流
埃森哲咨询公司（Accentur）	高科技、公用事业、金融、商业流通、传媒、旅游、娱乐
科尔尼咨询有限公司（A.T.Kearney）	电信、商业流通、金融、高新科技、汽车、交通运输、石油化工、公用事业、机械制造
盖洛普咨询有限公司（Gallup Consulting）	商业流通、金融、物流、制药、电信、能源、化工、汽车、电子、公用事业
益普索市场研究咨询有限公司（Ipsos）	金融服务、快速消费品、制造业、高新科技、电信、能源、物流
罗兰贝格咨询公司（Roland Berger Strategy Consultants）	汽车、商业流通、高新科技、金融、信息电信、资本市场、政府与公共机构、交通运输

AC 尼尔森市场研究公司(Acnielsen)	快速消费品行业及汽车、金融服务、电信等行业
捷孚凯市场研究集团	大型产品制造、商业零售
邓百氏集团(DUN&BRADSTREET)	与各国的商业数据库连接,是全球最大的国际联机情报检索系统之一

2.3.3 调研信息的评估——REAP 评价体系

在互联网时代,人们更容易获取资讯,但这也影响了某些信息真实、理性的传播过程。网络营销中的市场调研与传统调研一样,需要对获取的数据进行评估。目前,对调研信息的评估并无统一的标准,美国阿拉斯加大学教授爱德华·弗瑞斯特(Edward J. Forrest)提出的 REAP 评价体系具有一定参考价值。

1. 可靠性(Reliability)

信息可靠性与数据可靠性密切相关。数据可靠性包括数据的完整性、一致性和准确性,通常可以通过以下几个线索判断。(1)信息的提供者,需要确认来源的权威和负责程度。(2)信息源,考察网站问卷内容与宣传主题是否相关,查看原创内容是否占比较多,查看来源的合法性。(3)评级,调研人员需要利用专业评估工具和指标对样本及数据来源进行大量的筛选工作。

2. 有据性(Evidence)

被调查者主观看法对网络调研的影响不容小觑,判断有据性可以通过求证信息的真实性、准确性或搜集相关的支持证明。应重视证据的多样性,谨慎对待"乐观"的数据,尽量披露真实的信息。

3. 准确性(Accuracy)

数据的准确性会随时间、地点、条件的变化而变化,因此调研人员应从多渠道搜集与某个信息相关的资料,全面分析数据,并注重数据和信息的时效性,及时更新数据库。注意所搜集的数据与同一领域的其他调查数据是否具有可比性。

4. 适当性(Propriety)

网络时代给予了人们更为自由开放的讨论环境,然而这并不代表现有的信息都是真实可信的,特别是针对产品、品牌及服务等商业信息的评价。调研人员应该合理分辨信息是不是对客观事实的合适评价,是否带有个人情感偏见,是否具有不正确的目的性。

【课后任务】

1. 登录跨境电商平台如亚马逊、eBay、敦煌网、速卖通等,比较分析这些平台的大类目设置的异同。
2. 结合产品组合理论,以速卖通上某一网店或者某公司网站为例,分析这个网店或网站的产品组合情况。
3. 假设你是一位跨境电商创业者,你会依据哪些因素选择行业?
4. 结合 2.3.1 节,选择欧洲、非洲或者某一国家,开展市场容量与趋势调研。

Chapter 3

第 3 章 定 价 策 略

【学习目标】

定价不仅关系到企业的利润，更关系到产品的市场竞争力，因此定价策略是市场营销的重中之重。如何制定一个既能获得市场承认又能使消费者愿意支付的价格，需要企业进行调研、分析。影响产品定价的因素有很多，包括环境因素、产品自身的因素与消费者因素，在此基础上出现了成本加成定价法、市场渗透定价法和市场撇脂定价法等多种定价方法。通过本章的学习，学会结合不同因素考虑定价问题，并掌握多种定价方法，掌握电商的定价计算等。

【引例】

杭州某个经营农产品的企业准备扩大自己的市场，并制定了通过阿里巴巴国际站进行跨国销售的计划。然而企业在实施计划的进程中遇到了难题——企业应该为产品制定什么样的价格呢？毫无疑问，企业当然希望产品售价越高越好，但是产品价格太高就会失去竞争力，所以定价不能太高；但产品定价过低企业就无法获得利润，无法维持正常的商业运转。由于缺乏制定跨国销售产品价格的相关经验，该企业决定参照市场中其他同行的售价来制定销售价格。经过一年的运营和发展，该企业终于在海外市场中有了自己的一席之地。

3.1 定价考虑因素

价格并不只是标签上的一个数字，它有多种形式，发挥着不同功能。同时，价格受多种因素的影响，这些影响因素变化复杂且迅速，因此选择合适的定价策略是企业进行市场营销的重中之重。随着市场环境的日益复杂，企业选取合适的定价策略的难度也越来越大。影响产品定价的因素有很多，有企业内部因素和企业外部因素，也有企业主观因素与企业客观因素，概括起来，大体分为环境、产品和消费者等几个方面。

3.1.1 环境因素

定价环境因素包括承销商、信息披露、政治联系和媒体报道等因素。

1. 承销商

承销商对于商品定价有着很大的影响。在进行定价时，相较于承销商声誉和线下有效配售比例等长期利益，承销商会更关注产品成本和销售数量规模等短期利益，同时，由于市场中很可能会出现消费者预期购买价格低于或高于公允价格的现象，承销商往往会随市场情况选择降低或提高商品的售价。在消费市场中，还存在着由多个承销商联合销售的承销团销售方式，与单一的主承销商相比，承销团销售方式在降低风险和信息不对称方面做得更好，对商品的定价更接近该产品的内在真实价值。

2. 信息披露

在交易中卖家、消费者和中间商掌握的信息并不对等，因此定价的信息披露因素主要基于信息不对称理论。随着商品上市时间的延长，它的真实价值信息会变得日益明晰，其定价也就会变得更加准确合理。由于信息披露因素，公共信息与商品的利润率之间呈现负相关的关系。

3. 政治联系

在某些情境下，行政干预会降低商品溢价，但行政干预也会扩大商品在各级市场中的分歧和降低商品的定价效率。相关研究发现，在实际消费市场中，政治联系可以有效帮助企业获得政治资源的配置权和树立良好的品牌形象，由此会更容易影响其商品的成本价格，进一步影响其商品的最终售价。因此，政治联系是影响定价或调节价格的重要因素。

4. 媒体报道

在消费市场中，企业会通过媒体将想要传达的信息散播在一、二级市场中，通过宣传造势的手段提高商品售价和商品的溢价程度，这就是媒体报道对定价的影响。媒体报道按照具体内容分为正向报道和负面报道，负面报道会减弱消费者的消费预期和消费欲望，导致商品的售价向下调整；正向报道则相反，会刺激消费者的消费欲望，进而导致商品的售价向上增加。当然也有研究者指出，媒体报道如果因为利益等因素丧失商业原则，没有起到第三方监督作用，最终很可能会诱导消费者做出非理性的购买决策。

3.1.2 产品因素

产品具有生命周期，且不同阶段的产品在企业中处于不同的地位，这些都将影响到产品定价。

1. 波士顿矩阵

美国著名的管理学家、波士顿咨询公司创始人布鲁斯·亨德森在1970年提出了波士顿矩阵来说明一个企业的产品或者服务的结构问题。

波士顿矩阵认为企业的产品结构的基本因素有两个，即市场引力与企业实力。市场引力包括整个市场的销售（额）增长率、竞争对手强弱及利润高低等，其中最主要的是反映市场引力的综合指标——销售增长率，这是决定企业产品结构是否合理的外在因素。企业实力包括市场占有率、技术、设备、资金利用能力等，其中市场占有率是决定企业产品结构的内在要素，它直接显示出企业竞争实力。销售增长率与市场占有率既相互影响，又互为条件：销售增长率高且市场占有率高，可以预示产品的良好发展前景，也说明企业具备相应的适应能力、实力较强；如果仅有高销售增长率而没有相应的高市场占有率，说明企业尚无足够实力，该种产品也无法顺利发展；相反，企业实力强而销售增长率低，预示了该产品的市场前景不佳。

以上两个因素相互作用，会出现四种不同性质的产品类型，形成不同的产品发展前景，如图 3.1 所示：(1)销售增长率和市场占有率"双高"的产品群(明星产品)；(2)销售增长率和市场占有率"双低"的产品群(瘦狗产品)；(3)销售增长率高、市场占有率低的产品群(问题产品)；(4)销售增长率低、市场占有率高的产品群(金牛产品)。

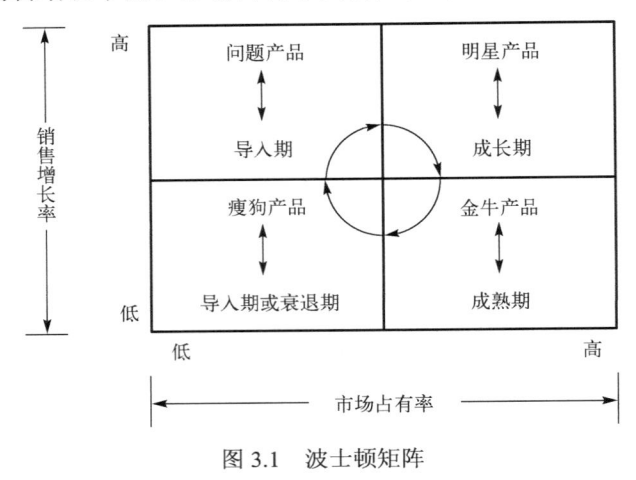

图 3.1 波士顿矩阵

2．跨境电商产品结构

不同阶段的产品群并非固定不变的，产品结构会随着产品群的生命周期发生演变，因此企业需要提前做不同类型的产品群的部署和培养。

跨境电商卖家可以结合波士顿矩阵系统梳理自己店铺的产品结构，从而能保证店铺有产品可以提供可持续的现金流量(利润款或金牛产品)；有产品可以保证持续的用户流量(引流款或明星产品)；有产品有很高的市场引力，也就是整个市场的销售增长率很高，这样的产品可以作为店铺的爆款来处理(如果是问题产品，还需要找到问题所在)，因此爆款经常产生于明星产品或者问题产品之中；卖家还可以通过相对市场占有率和销售增长率来淘汰瘦狗产品。

基于以上的产品结构调整思想，跨境电商店铺中不同结构类型的产品需要有不同的定价政策，也就是说引流款、利润款、爆款的产品定价和折扣力度是不同的。

(1)引流款是为了引流存在，一般在店铺中出单占总订单的半数以上。引流款产品大致要占到总产品数量的20%左右；要达到引流效果，引流款需要有较高的折扣力度，一般在 20%～40%之间。因此引流款的利润空间比较少，不过也要保证有10%～20%的利润，否则加上损耗等因素，不仅不能盈利，反而会亏本。

(2)利润款是指出了单能赚到满意的利润的产品，这类产品不需要拼价格，客单价一般；产品数量占到总产品数量的 70%～80%，是店铺利润的主要贡献者。利润款的利润空间需要达到 25%～30%以上。

(3) 活动款(爆款)主要是为了参加平台活动或者打造爆款而存在的，活动款需要一定的时间培养，通过观察店铺内产品的出单情况进行选择，主要看与同行相比有明显价格或者特点优势、消费者评价不错、消费者认为性价比很高的产品。活动款一般占到产品总数量的10%，折扣力度看平台活动要求设置，利润空间一般只有10%~15%。

3.1.3 消费者因素

以往的经济学研究中，人们大多认为消费者只是价格的接受者，但在市场营销学中，消费者的推荐或在各种信息渠道的交流会积极影响到朋友家人对商品的判断，进而影响消费者的购买，因此企业定价时需要考虑到消费者的心理因素。企业需要了解消费者对商品价格的看法是如何形成的，它由三部分构成，分别是参考价格、价格—质量推断和价格尾数。

(1) 参考价格(Reference Prices)是指消费者在不清楚一个商品的价格时，通常会使用参考价格(如标出来的"常规零售价")进行比较，商家通常也会设定锚点，给消费者一个参考价格(如制造商建议售价、专柜价格、最近一次的支付价格、竞争者的历史价格等)从而影响消费者的感知价格。如果产品的定价低于感知价格，消费者会比较乐于购买，反之可能直接放弃购买。

此外，消费者预期在定价方面也发挥着重要作用。如在eBay拍卖网站上，如果消费者知道还有许多卖家将来会出售类似商品，这些商品的拍卖价格将相对较低。

单位商品价格的高低也影响消费者心理，聪明的营销人员会将价格设定在最能反映其商品价值的水平。如将商品价格分成几个小单位，使得相对昂贵的商品在单位价格上显得更便宜，如音乐网站每年需要300元的年费，营销人员在宣传中打出"1天不到1元即可尽情享受音乐"，可以吸引更多消费者进行消费。

(2) 价格—质量推断是指消费者认为价格暗示着质量，基于品牌形象定价对于关乎到面子的商品是非常有效的，独家生产、限量生产这类词被用来显示商品独特性、独享性，从而可以拉高商品的价格。如一瓶价格为500元的身体乳，相对另一瓶价格为50元的身体乳更容易被送礼者购买，尽管两者的功效可能相似或者相近，消费者还是愿意购买500元的身体乳，这不仅仅是对其价格代表质量的一种认可，同时也表达了消费者对接收礼物的人的重视。一些品牌使用独家或限量生产来展示其独特性，使其可以名正言顺地溢价。对于那些想要独特奢侈品的消费者来说，因为他们认为很少有人买得起这些独一无二的商品，他们的需求实际上提高了商品的价格。

(3) 价格尾数是指消费者对商品价格末尾数字的敏感度。许多消费者会将一个199元的商品看成是100元而非200元的价位，因为消费者看价格的习惯是从左到右的，而不是四舍五入。还有一些产品定价以0或者5结尾，这便于消费者处理和记忆。

3.2 定 价 方 法

企业可以通过多种方式进行定价，不同规模的企业拍板定价的人员也不一样。规模较小的企业往往是老板的一言堂，定价全凭老板说了算。规模较大的企业，则由部门经理或产品经理在考虑中低层管理人员所提议的价格后共同商议决定。一些价格至关重要的行业（航天业、铁路业、石油业），企业通常会设立定价部门，以制定或协助其他部门进行价格决策。在此介绍几种典型的产品定价方法。

3.2.1 成本加成定价法

成本加成定价法：以全部成本（固定成本+可变成本）作为基础的一种定价方法。成本加成定价法是企业比较常用的一种定价方法。

1. 成本组成

商品成本的种类有固定成本（Fixed Costs）、可变成本（Variable Costs）和总成本（Total Costs）。固定成本又称为固定费用，是指成本总额在一定时期和一定业务量范围内，不受业务量增减变动影响而保持不变的成本。可变成本又称变动成本，是指在总成本中随产量的变化而变动的成本项目，主要是原材料、燃料、动力等生产要素的价值；当一定时期商品的产量增大时，原材料、燃料、动力的消耗会按比例相应增多，所产生的成本也会按比例增大，故称为可变成本。总成本指的是一定产量下可变成本和固定成本之和。

跨境电商的成本分为交易前期成本、交易中期成本和交易后期成本，如表 3.1 所示。在交易前期，跨境电商的交易成本包含固定成本、搜寻成本、信息成本、协调成本、激励成本、仓储费用、管理费用等；在交易中期，跨境电商的成本包含沟通交流成本、合同签约成本、营销费用、分销渠道的建设成本、销售费用、管理费用、资金流的交易成本、物流与仓储成本等；在交易后期，跨境电商的交易成本包含退货成本、管理费用、库存管理费用等。

表 3.1 跨境电商成本汇总

交易期间	成本内容
交易前期	固定成本、搜寻成本、信息成本、协调成本、激励成本、仓储费用、管理费用等
交易中期	沟通交流成本、合同签约成本、营销费用、分销渠道的建设成本、销售费用、管理费用、资金流的交易成本、物流与仓储成本等
交易后期	退货成本、管理费用、库存管理费用等

2. 成本加成定价法

在明确产品各项成本的基础上，加上预期理论或通过将成本利润率折算的方法反推产品价格。这一定价法简单易行，便于计算和使用，但未充分考虑到市场供求，因此该定价法无法适应快速变化的市场环境，不适用于复杂市场环境。

成本加成定价法根据成本基础的不同，可分为完全成本加成定价法、变动成本加成定价法和作业成本加成定价法。而加成的利润率，也根据不同行业、不同产品、不同季节有很大不同，动态、合理、浮动的加成利润率可有效增加企业价格的竞争力和获利能力。具体计算公式有以下两种模型。

(1) $X = C(1+w)$。

其中，X 表示价格，C 表示平均成本，w 表示成本加成率，该模型适用于历史成本信息相对完整的产品定价。

(2) $X = C + T \times r$。

其中，T 表示资本投资总额，r 表示投资回报率。此模型主要用于新产品的定价决策，没有历史成本信息，仅有项目决策信息。在该定价模型下业务量的确定也十分重要，所以其可变形为

$X = (V + F + L)/Y = b + a + L/Y$。

V 表示变动成本，F 表示固定成本，L 表示目标利润，Y 表示业务量即销售量，b 表示单位变动成本，a 表示单位固定成本。

3.2.2 市场渗透定价法

市场渗透定价法(Market-penetration Pricing)是指在新产品投放市场时，将价格定得尽可能低一些，其目的是获得最高销售量和最大市场占有率。如果新产品没有显著特色，竞争又十分激烈，并且需求弹性较大时宜采用市场渗透定价法快速打开销路，低价薄利，使竞争者望而却步，从而获得一定市场优势。例如，德州仪器多年来实施市场渗透定价法，通过生产批量增加使成本下降，从而制定低价来赢得较高市场份额，并随成本降低而进一步降价，消费者纷纷被极低的价格吸引并购买。

当企业满足以下条件时适合采用市场渗透定价法：(1)市场对产品价格高度敏感；(2)产品的规模经济性可以降低生产和分销成本；(3)低价可以减少实际和潜在的竞争以快速占领市场。

价格敏感性(Price-sensitive)表示为顾客需求弹性函数，即由于价格变动引起的产品需求量的变化。一般来说，商品的价格上升，消费者对该商品的需求会下降，商品的需求与价格呈现出负相关关系。那么如何来判断市场是否对价格敏感，以及敏感性有多大？这就需要计算需求价格弹性。

需求价格弹性是指需求量变化的百分比除以价格变化的百分比，目的是用来度量消费者对于价格变化的敏感程度。数值越大，说明弹性越大，也就是消费者对价格的敏感性越大。

$$需求的价格弹性 = \frac{需求量变化的百分比}{价格变化的百分比}$$

随着数据网络技术的日渐发展，互联网使得潜在顾客的价格敏感度得到提高。在一些已经建立的大额消费的产品类别中(如汽车零售和长期保险)，互联网通过信息技术降低了汽车购买者应该支付的价格。通过互联网搜集信息并利用在线购买服务等方式，汽车购买者能够有效影响汽车的最终价格，获得更高的谈判地位。但是在这一过程中，消费者必须浏览很多网站，还会存在一个价格无差异带，在这个范围内价格变化的作用很小或者根本没有作用。

3.2.3 市场撇脂定价法

市场撇脂定价法(Market-skimming Pricing)是指在新产品上市之初,将其价格定得较高,在短期内获取厚利,尽快收回投资,就像从牛奶中撇取所含的奶油一样取其精华。这种定价法特别适用于创新产品、市场内没有相似的竞争产品或者替代产品的情况。

经常更新产品的企业会乐于使用市场撇脂定价法,他们会在产品进入市场之初制定较高的价格,从而达到市场获利最大化,然后随着时间的推移逐渐降价,到达市场平均的价格。如 1990 年,索尼公司在日本市场推出世界上首台高清电视机时,将其价格定为 43000 美元的高价。而在索尼获得各个细分市场的最大收益后,他们将产品售价逐年下降,至 1993 年,一台 28 英寸的索尼高清电视仅需要 6000 美元,到 2010 年,一台 40 英寸的索尼高清电视只需 600 美元,600 美元的价格是绝大多数人都能够接受的价格,索尼以此种方式从不同阶层的人中实现了利润的最大化。

然而市场撇脂定价法并不是万能的,其存在固有的缺陷。由于市场撇脂定价法是在产品出现之初制定高价,因而当市场上同一行业的竞争对手采用低价策略,且两种产品或服务没有明显的差异时,这种策略是致命的。

> **案例**
>
> 世界巨头苹果公司在推出 iPhone 后制定的价格为 600 美元,然而仅仅过了两个月就降价为 400 美元,因而引发消费者强烈的不满。苹果公司也不得不做出反应,承诺早期购机者在日后购买苹果相关产品时可享受 100 美元的优惠,以此来平息消费者的愤怒,重新树立企业形象,挽回即将失去或已经失去的消费者。

因此,在使用市场撇脂定价法时,需要具备以下条件:(1)有足够的购买者且当前需求很大;(2)小批量生产的产品单位成本不能太高,否则将抵消高定价带来的收益;(3)很高的初始价格不会吸引更多的竞争者进入该市场;(4)高价能传达优质产品的形象。满足以上条件之后,企业使用市场撇脂定价法才能获得最大效益。

3.2.4 其他定价方法

1. 感知价值定价法

消费者购买产品的本质在于满足他们的期望,从而实现消费者价值,而这消费者价值的本质是消费者感知价值。感知价值,即消费者感知价值(Customer Perceived Value),是指消费者在感知到产品或服务的利益之后,减去其在获取产品或服务时所付出的成本,得到的对产品或服务效用的主观评价。因而它区别于产品和服务的客观价值,是因人而异、动态变化的。

越来越多的公司开始使用感知价值定价法。企业产品的质量高低、保修服务、企业自身的品牌形象等都会影响消费者的感知价值,企业也可以从以上几个方面着手通过广告、互联网来营销,强化消费者心中的感知价值,从而使消费者更愿意购买企业的产品。

第3章 定价策略

> **案例**
>
> A公司是利用感知价值法来制定汽车价格的一家制造企业。其竞争者的汽车售价为15万美元，A公司却可以将其汽车的价格定为20万美元。消费者问A公司的经销商为什么他需要多支付5万美元时，经销商回答说：
>
> 15万美元是A公司与竞争者的汽车相同的价格；2万美元是A公司汽车的卓越耐用性的溢价；1万美元是A公司的卓越可信度的溢价；2万美元是A公司的卓越服务的溢价；1万美元是A公司更长的零件质量保修期的溢价。因此21万美元是体现A公司卓越价值的正常价格，再给予1万美元折扣，最终价格是20万美元。A公司经销商的说明让消费者感知到，虽然多支付5万美元的溢价，却得到了6万美元的额外价值，消费者会因为相信A公司汽车的总使用成本较低而选择购买A公司的汽车。

2. 价值定价法

最初的价值定价法是指尽量让产品价格反映产品的实际价值，这是麦卡锡认为最好的定价法。到21世纪，科特勒提出价值定价法(Value Pricing)，指的是公司通过提供高质量的产品或服务赢得忠实消费者的一种方法，实行价值定价法的企业不仅需要简单地制定低价，还需要重新安排经营活动，在保证质量不变的前提下降低成本，以此吸引大量注重产品价值的消费者，但价值定价不等同于低价或捆绑定价。

> **案例**
>
> 宝洁、宜家、Target和美国西南航空等公司均是价值定价法的实践者。宝洁公司全线下调超市类产品售价以实施价值定价法，其旗下的帮宝适、Luvs尿片、汰渍液体洗涤剂和Folgers咖啡等品牌均在下调行列。为了更好地实施价值定价法，宝洁公司重新设计了各品牌产品开发、制造、分销、定价、营销和销售的方式，以便能够在供应链的每一个节点上提供更好的价值。

价值定价法还可以改变企业制定价格的策略。一家销售和维护各类规格电话切换器的公司发现，产品故障率和维修成本与用户对切换器的切换次数成正比，且同一个切换器在不同用户手中的切换次数可能有所不同，因此该公司的收费标准被制定为以需要维护的切换器的切换次数总数量为基础而非以总安装费用为基础。

天天低价(Everyday Low Pricing，EDLP)是价值定价法的一种重要形式。采用这种定价方法的零售商往往会给产品制定一个固定的低价，很少会进行价格促销或产品特卖，固定的价格减少了各种产品之间的价格不确定性，同时也减少了以促销为导向的采用高—低定价法(High-low Pricing)的竞争者。而采用了高—低定价法的零售商，通常会把产品的日常价格定得较高，但经常以低于天天低价的价格进行促销。天天低价和高—低定价法策略都会影响消费者对于产品的价格判断。随着时间的推移，即使两种产品的平均价格相同，消费者也往往会认为天天低价的产品价格高于高—低定价的产品价格。近年来，很多公司都用天天低价法取代了高—低定价法，如丰田Scion的经销商和Nordstrom等高级百货公司。将天天低价法运用得最好的是沃尔玛，它用一系列实践检验了这一方法，除了每月的一些特惠商品外，沃尔玛还会对一些大品牌实行天天低价的销售策略。

天天低价的定价策略还为消费者提供了时间和金钱效益，一些经销商甚至将它们的整个营销战略建立在极端的天天低价基础上。例如，丰田公司认为Y世代的目标消费者会在网上搜集大量的信息而不愿花费过长时间在线下讨价还价，因此丰田公司减少了审批协商价格的经理人数和销售广告的投放数量，将销售Scion系列汽车的广告时间从行业平均水平的4.5小时降低到45分钟。

3．差别（歧视）定价法

差别定价法是指灵活运用各类折扣进行差异化定价，如现金折扣、数量折扣、贸易折扣、季节折扣、推广津贴等；歧视定价则是指企业根据不同消费者、不同时间和场所来调整产品价格，即对同一产品或劳务定出两种或多种价格。两个概念一般混淆使用，都是指对不同的消费者群、不同的花色品种式样、不同的部位甚至不同的时间采用各种折扣或标准制定不同的价格等。

公司经常会调整基础价格以适应消费者、产品、地区等方面的差异。当公司以两个或两个以上的价格出售同一服务或产品，而不同价格的同一产品或服务彼此之间的成本差异小于价格差异时，就存在价格歧视。差别定价分为一级歧视、二级歧视和三级歧视。在一级歧视的情况下，商家根据每个消费者的需求强度单独制定价格；在二级价格歧视下，商家对购买数量大的消费者收取较低的价格；在三级价格歧视下，商家对不同层次的消费者收取不同的价格，具体可以分为以下几点：(1)消费者细分市场定价，不同的消费者群对同样的产品或服务支付不同的价格；(2)位置定价，即使成本相同，同样的产品在不同的位置定价也可能不同；(3)时间定价，价格会因季节、日期或小时的不同而变化；(4)渠道定价，可口可乐公司根据消费者购买渠道（高级餐厅、快餐店、自动售货机等）的不同而收取不同的价格，(5)产品样式定价，不同规格的产品售价不同，但是与其成本变化不成比例；(6)附属产品定价，一些产品需要使用辅助或附属产品，例如刮胡刀和照相机的商家通常会把本身产品的价格定得低，而把刀片、胶卷的价格定得高。

3.3　跨境电商定价

3.3.1　价格术语

1．上架价格

上架价格LP（List Price），即产品在上架的时候所填的价格：

上架价格=(采购价+费用+利润)/银行外汇买入价

采购价为从产品供应平台（如1688）或从工厂采购（批发或者零购）的成本价，可含税（增值税，如能提供增值税发票，可享受退税）。

费用主要包括跨境物流运费、平台交易费用(推广、佣金等)、关税(用邮政小包等个人物品申报的零售出口一般在目的国不交关税)及其他费用。

利润指的是合理利润,可根据产品的实际情况、竞争者的价格以及市场情况确定合理的利润率。

案例

产品成本是 5 美元,按照目前的平均毛利润率(15%),还有平台成交费率 5%,及部分订单产生的推广费用 3%~5%,计算上架价格。

第一步,计算销售价格。

$$销售价格=5÷(1-0.05-0.05)÷(1-0.15)=6.54\ 美元$$

再保守点,销售价格=5÷(1-0.05-0.05-0.15)=6.66 美元

这其中,5%的推广费用并不是所有订单都会产生,但考虑到平台内外的营销投入,以 5%作为营销费用,基本没有差错。

当然,这其中还可以加入丢包及纠纷损失的投入,按照邮政小包 1%的丢包率来算,又可以得到:

$$销售价格=5÷(1-0.05-0.05-0.01)÷(1-0.15)=6.61\ 美元$$

再保守点,销售价格=5÷(1-0.05-0.05-0.15-0.01)=6.76 美元

第二步,计算上架价格。

如果是活动款(或计划打造的爆款),平时打 40%折扣,速卖通平台的活动最高可以到 50%折扣:

$$上架价格=销售价格÷(1-0.4)$$

如果是一般款,按平时打 30%折扣计算:

$$上架价格=销售价格÷(1-0.3)$$

注:建议折扣不低于 15%,不高于 50%,折扣在 30%左右是消费者最钟情的折扣,属于合理预期范围。对于 50%折扣的活动要求,一般是能保证不会亏本或者略亏,假如消费购买两件及以上,就可以有一定的盈利。

---

2. 销售价格

销售价格 DP(Discount Price)也称为折后价,即产品在店铺折扣下显示的价格:

$$销售价格=上架价格×折扣率$$

案例

产品成本是 10 美元,按照目前的平均毛利润率(10%),还有平台成交费率 5%,以及部分订单产生的推广费用 3%~5%,计算上架价格。

第一步，先算销售价格。

$$销售价格=10÷(1-0.05-0.05)÷(1-0.10)=12.35 美元$$

再保守点，销售价格=10÷(1-0.05-0.05-0.10)=12.5 美元

这其中，5%的推广费用并不是所有订单都会产生，但考虑到平台内外的营销投入，以5%作为营销费用基本没有差错。

当然，这其中还可以加入丢包及纠纷损失的投入，按照邮政小包1%的丢包率来算，又可以得到：

$$销售价格=10÷(1-0.05-0.05-0.01)÷(1-0.10)=12.48 美元$$

再保守点，销售价格=10÷(1-0.05-0.05-0.10-0.01)=12.66 美元

3. 成交价格

成交价格OP(Order Price)，即消费者在最终下单后所支付的单位价格：

$$成交价=销售价格-营销推广成本$$

案例

产品成本是10美元，按照目前的平均毛利润率(10%)，平台成交费率5%，产品营销推广成本5美元，计算成交价格。

第一步，计算销售价格。

$$销售价格=10÷(1-0.05)÷(1-0.10)=11.70 美元$$

第二步，计算成本价格。

$$成交价格=11.70-5=6.70 美元$$

3.3.2 定价案例

1. 成本定价法案例

卖家从1688采购了一批珍珠蝴蝶(珍珠镶钻)项链，共100条，包装重量370克(每一条包装重量为25克)，采购价0.95元人民币/条，国内快递费8元，预期利润假定为100%，银行美元买入价按1美元=6元人民币算，其他成本忽略不计，请计算上架价格。

如不计算跨境物流费用：

$$上架价格=(采购价+费用+预期利润)/银行美元买入价$$
$$=(0.95+8÷100+0.95)÷6$$
$$=0.33 美元/条$$

计算跨境物流费用，包裹采用中国邮政小包，查询邮政价格表，按照第10区运费报价计算，邮费价格：176元/kg，挂号费：8元，电商企业可享物流费折扣为8.5折。

$$跨境物流费用=25÷1000×176×0.85+8=11.74 元人民币$$

上架价格=(采购价+费用+物流费用+预期利润)/银行美元买入价
　　　　=(0.95+8÷100+11.74+0.95)÷6
　　　　=2.29 美元/条

2．竞争定价法案例

同样是在以上案例中，如果采用竞争定价法，则需要首先搜索同行竞品卖家的价格，如图 3.2 所示。

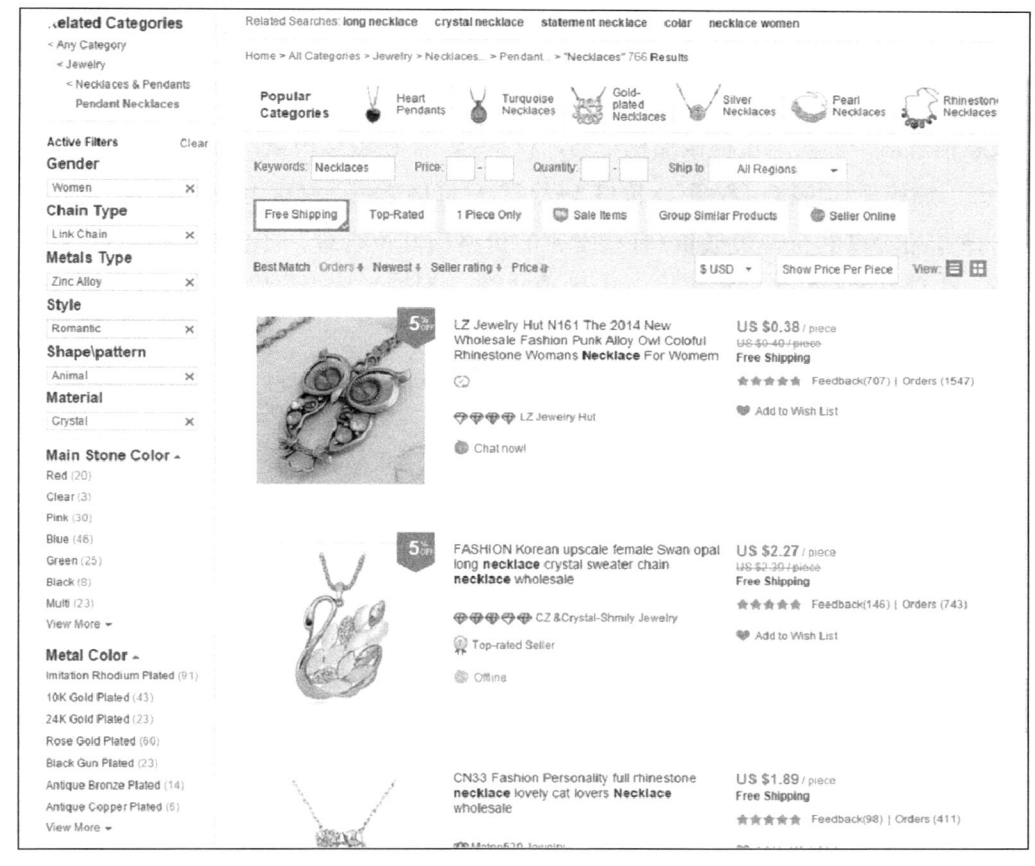

图 3.2　同行竞品卖家价格搜索

搜索 Necklaces，在速卖通买家网页，按照拟销售产品相关质量属性和销售条件，依照销量大小降序，搜索同行竞品卖家的价格，如表 3.2 所示。

表 3.2　卖家价格网页详情

店铺	销量(件)	价格(美元)	权重	加权平均价格(美元)
1	1547	0.38	0.295624	0.112337
2	743	2.27	0.141984	0.322303
3	411	1.89	0.07854	0.148441
4	303	1.1	0.057902	0.063692

续表

店铺	销量(件)	价格(美元)	权重	加权平均价格(美元)
5	138	3.47	0.026371	0.091508
6	134	3.24	0.025607	0.082966
7	129	2.56	0.024651	0.063107
9	106	2.45	0.020256	0.049627
9	93	1.94	0.017772	0.034477
10	82	0.91	0.01576	0.01426
销量合计	5233	加权价格		0.982717

设置产品上架价格——计算得出同行平均销售价。

按照销量前十的卖家价格做加权平均，权重=店铺销量/总销量。

加权平均价格=(权重1×价格1+权重2×价格2+…+权重10×价格10)

选择竞品卖家的合理最低价(有些卖家的价格极其不合理，不能作为参考)，定位销售价格，计算得出同行平均销售价为0.98美元/件，根据平均销售价倒推上架价格(在最低价基础上再降低15%~30%)，表达式为

上架价格=销售价格/(1%~15%)

或

上架价格=销售价格/(1%~30%)

再根据实际情况作适度调整，最终确定价格。

【课后任务】

1．用波士顿矩阵分析某电商平台的卖家的产品结构。
2．以某跨境电商平台的某一产品为例，分析该产品的全部成本。
3．跟踪任务2中的产品价格1个月左右，计算其需求价格弹性。
4．选定某一产品，用成本定价法和竞争定价法分别计算其上架价格、销售价格与成交价格。

第4章 渠道策略

【学习目标】

渠道策略是营销系统的重要组成部分,对降低企业成本和提升企业竞争力具有重要意义。随着企业市场进入新发展阶段,渠道策略发生了重大变化,这就需要改变旧的渠道模式,建立新渠道模式。对于企业来说,营销渠道是企业与消费者形成密切联系的通道,因此就需要制定营销渠道策略。通过本章学习,掌握渠道设计方法,学会处理渠道关系,特别是掌握渠道冲突的表现、类型和管理;掌握跨境电商全渠道建设,了解渠道融合方式和新零售模式。

【引例】

2021年谷歌&凯度 BrandZ 选出的中国出海品牌中,杭州海康威视数字技术股份有限公司名列前茅。海康威视成立于2001年,是以视频为核心的物联网解决方案提供商,面向全球提供综合安防、智慧业务与大数据服务。他们的产品包括摄像机/智能球机、光端机、DVR/DVS 板卡、网络存储、视频综合平台、中心管理软件、报警产品等安防产品。海康威视目前是 A 股上市公司,2018 年营业额达到 498 亿元,净利润达到 113 亿元,公司市值达到 3300亿元。

海康威视的跨境电商出口采取多渠道建设。一是 Hikvision.com 官网,网站流量半年达到 288 万人次;二是入驻第三方平台渠道,如亚马逊、B&H、ADI 等全球平台与专业性平台;三是社媒渠道,产品视频在 YouTube 上最高观看次数达到 132 万次,在 Facebook 有粉丝数 4 万人。

4.1 渠道策略理论

渠道策略(Placing Strategy)主要是指企业以合理地选择分销渠道和组织商品实体流通的方式来实现其营销目标,其中包括对同分销有关的渠道覆盖面、商品流转环节、中间商、网点设置以及储存运输等可控因素的组合和运用。而在网络营销中,网络营销渠道的功能、特点和建设方法都与传统渠道有着较大差异。

4.1.1 相关概念

1. 营销渠道

营销渠道指从商品的生产者向消费者转移的方式和路径。美国经济学家菲利普·科特勒说过，营销渠道是指某种货物或劳务从生产者向消费者移动，从而取得这种货物或劳务所有权或帮助转移其所有权的企业或个人。营销渠道的起点是生产者，终点是消费者，参与者是商品流通过程中各种类型的中间商。现阶段营销渠道逐步以终端市场建设为中心，由机械化转向为全方位化，渠道的格局也由单一转向多元化，并且渠道结构逐渐扁平化。

2. 渠道层级

在商品从生产者向消费者转移的过程中，任何一个对产品拥有所有权或负有推销责任的机构，就叫作一个渠道层次。具体分为：零级渠道、一级渠道、二级渠道、三级渠道等。零级渠道，也叫直接营销渠道，商品由生产者直接销售给最终顾客。主要方式包括上门推销、邮购、电话营销、电视直销、互联网销售等。一级渠道则包括一个销售中间商；二级渠道、三级渠道同理类推。

4.1.2 渠道策略

1. 单一渠道策略

单一渠道策略指的是生产者只用一种营销渠道把商品销售出去，此渠道形式不利于企业整合中间渠道的优势，它的缺点很明显，容易导致信息流、物流、资金流受到限制，阻碍渠道功能的发挥。

2. 多渠道策略

多渠道策略是指生产者利用多种营销渠道销售产品，充分发挥各个渠道的优势，能够更容易地销售产品。此种策略抗风险性强，不易存在因一种渠道受挫而导致整个销售崩溃的情况。实行多渠道策略还可以加强市场渗透，提高潜在竞争者的进入门槛，多种不同的渠道还会提供给企业观察多个市场的窗口。多渠道策略必然形成渠道间的相互竞争，这一方面会提高企业间的竞争，促使企业的健康发展，另一方面也会造成各渠道的冲突，失去对消费者的控制。

3. 全渠道策略

多渠道策略的问题是这些渠道经常单独使用，因此可能缺乏统一性和连贯性，对于消费者来说没有完美的体验。全渠道策略是指以消费者为中心，利用所有的销售渠道，将消费者在各种不同渠道的购物体验无缝连接，同时将消费过程的愉悦性最大化。全渠道策略考虑了消费者体验的所有设备、平台和环境，从而为消费者创造整合和统一的体验。全渠道策略借助数据和分析技术,最大特征是实现了媒体信息交互,将洞察力与业务战略密切结合,有效整合线上线下资源,为消费者提供整体电商服务平台,给客户提供更便利的购买体验,因此消费者可以同时利用一切渠道,如实体店、目录、呼叫中心、互联网以及手机等,随时随地购物。

如图 4.1 所示,互联网技术的发展帮助全渠道营销模式形成,以新电商为核心,连通线上网络渠道和线下传统渠道,借助各种网络系统以及各类电商平台,完成产品推新和销售等各项营销工作。供货方与销售方之间通过线上线下结合模式相互促进销售,最终实现全渠道营销发展。

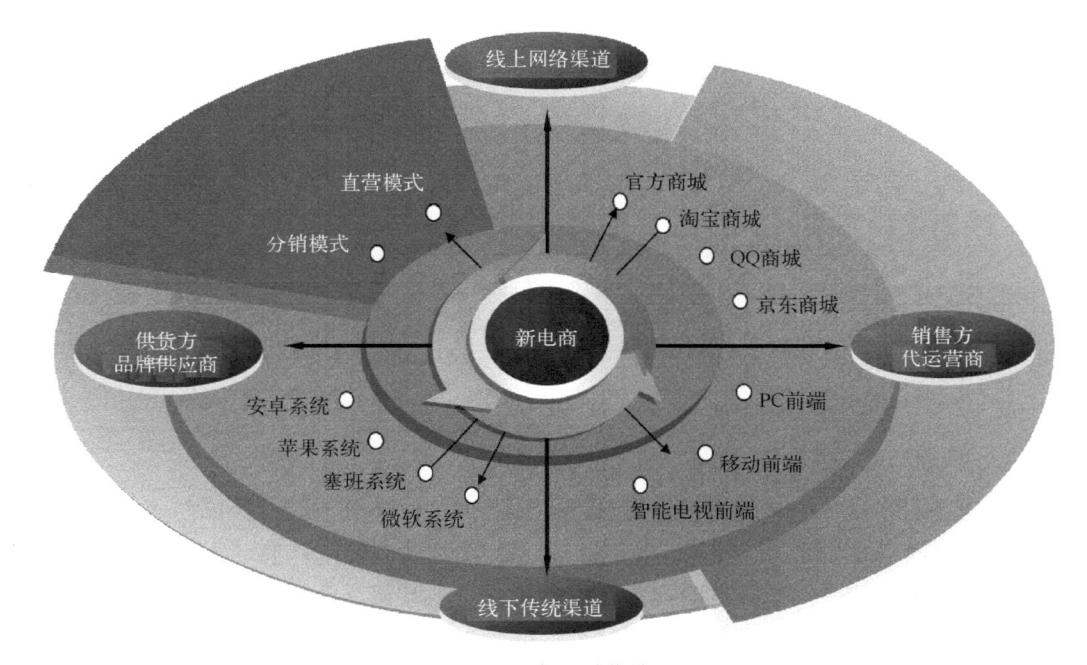

图 4.1 全渠道营销

4.1.3 网络营销渠道

网络营销渠道是网络经济时代的一种崭新的营销理念和营销模式,是指借助于互联网络、电脑通信技术和数字交互式媒体来实现营销目标的一种营销方式。

如图 4.2 所示,互联网技术改造了传统营销渠道模式,传统营销中间商凭借地域原因获取的优势被互联网的虚拟性所取代。扁平化的网络营销渠道存在诸多优势,如企业可以直接接触到最终消费者,从而可以充分了解目标市场需求;中间商的减少降低了渠道成本,消费者可以以更低价格购买企业商品与服务,企业也可以更快回款;网络营销渠道的功能更多元化,不仅是商品流通渠道,也是信息传递渠道,更是资金流通渠道。

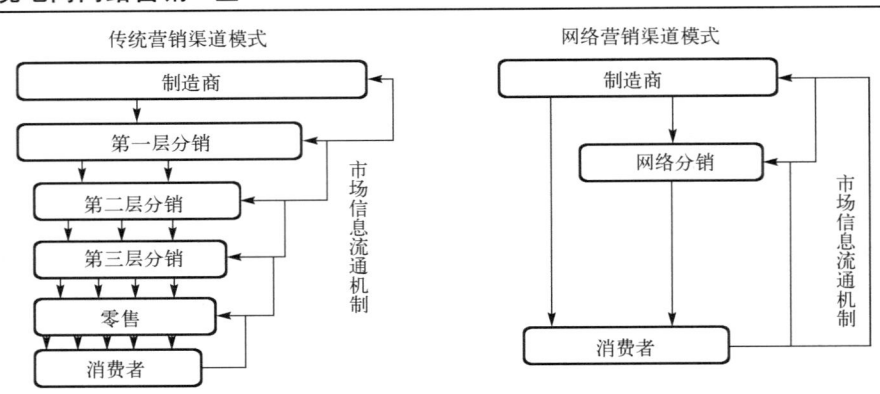

图 4.2 传统营销渠道与网络营销渠道模式分析

4.2 渠道建设

4.2.1 渠道设计方案

渠道设计是在细分市场、渠道定位和确定目标市场之后，建立新渠道或改善现有渠道的一系列过程。在渠道设计中需要考虑渠道之间的利弊，同时结合实际情况制定最适合企业、产品以及社会环境的营销渠道。

渠道设计方案有以下几个步骤。

1．分析顾客需求

渠道建设的终极目的是为消费者提供产品和服务，任何渠道的设计都需要分析企业产品的最终用户的需求。首先，准确清晰地识别和判断消费者需求，有助于有针对性地规划和实施有关的产品战略、服务战略、消费者关系战略。其次，基于大数据分析、识别并挖掘出关键要素。最后，对需求进行深层挖掘，准确定位优质消费者的需求。

2．确立渠道目标

渠道目标的确立是渠道设计效果能够达成公司整体规划的重要前提。因此，渠道设计必须与企业的发展规划和目标相结合。在确立渠道目标的过程中需要对目标进行细化，主要在三个方面进行细化：首先明确渠道管理活动的主要服务对象以及如何服务；其次确定企业活动所要达到的经济利益指标，如销售额、市场占有率、市场覆盖范围等；最后进一步确定目标消费者和渠道成员满意度等。

3．评估渠道方案

企业在设计营销渠道时，应对可供选择的渠道进行评估，根据评估结果选定最有利于实现企业长期目标的渠道，评估主要从经济性、可控性和适应性三方面开展。不同渠道之间的差异性会产生不同的经济效益，经济性标准是判别渠道方案的首要标准；渠道的可控性能够保证企业的长期利益和实现营销策略（如产品价格的可控性等），也可减少营销过程中的渠道冲突；最后还应该考虑渠道的适用性，从供求双方考虑，如某些品类的消费者习惯于网上交易，某些类目的网络营销门槛很高。

4．选择渠道成员

选择渠道成员是从众多的相同类型的分销成员中选出适合企业渠道结构、并能有效帮助企业完成分销目标的分销伙伴。在进行渠道成员选择的过程中需要明确选择机制，如管理水平、经营理念、对新生事物的接受程度、服务水平等。选择渠道成员主要是为建立长久的合作，能够更好解决产品销售过程中的问题以及给消费者提供服务。在选择渠道成员过程中应制定以下几个标准。

(1) 渠道成员的商流能力。主要包括商圈或市场覆盖范围、销售能力、销售服务水平等；
(2) 渠道成员的物流能力。主要包括库存能力、运输费用水平等；
(3) 渠道成员的综合经营能力。主要包括社会评价、信用与财务能力等；
(4) 渠道成员的设施设备水平。

英国奢侈品品牌 Burberry 的复兴展现了选择渠道成员的重要作用，2006 年安吉拉·阿伦茨接受 CEO 任命后，品牌开始变革。她雇佣了一个新的营销团队，成员大部分在 25 岁以下，并推出创新技术，如在产品正式发布前展示 Burberry 秀场的后台照片、开发出身临其境的数码体验、现场直播 T 台秀、在巨幕上播放视频内容、播放时装秀的数码镜面等。商店中的商品采用了 RFID 标签，当消费者拿起一个产品时，可以立刻在屏幕上看到产品信息和营销内容。这个创新性的团队，通过技术能力推进了股价的显著增长。

5．培训渠道成员

对渠道成员进行系统化培训可以使渠道成员与企业战略和价值观保持一致，从而为企业发展创造更大的价值。如微软公司要求第三方的服务工程师参与一系列的课程并参加资格证书考试，通过考试的人通常被称为微软认证专家(Microsoft Certified Professional)，他们可以利用这个认证来展开业务。

公司主要可以在三个方面对渠道成员进行培训。首先，销售技能培训。需要以消费者为出发点，熟练运用互联网技术，了解网络营销渠道的运营技巧。其次，产品知识技术培训。需要了解产品知识性能，掌握产品优势，为不同的消费者提供不同的产品，及时解答消费者对产品的问题。最后，团队管理培训。需要增强团队的合作意识，促进团队发展壮大。

6．处理渠道关系

渠道关系是指渠道内的所有合作伙伴的交往状态和合作程度，对企业的发展起着决定性的作用。对于渠道关系的处理应注重企业自身情况，最终实现企业的成长。

在渠道关系中需要重点考虑以下问题。

(1) 区域协议。

区域协议作为合作协议形式，是为促进企业产品经济发展和解决企业营销渠道冲突问题，对各渠道间的权益签订的协议。

(2) 独家授权。

独家授权指除了使用者之外，谁也不能使用此作品，除非征询创作者的同意，再次签订书面合同独家授权，也被称为专有使用授权、独占许可授权。面对线上线下渠道冲突时，应做好授权工作，明确权益归属。

(3) 纠纷处理。

渠道建设中会出现渠道冲突和纠纷，因此对于冲突和纠纷的处理非常重要，具体请见4.2.2节。渠道冲突与纠纷的处理有时需要一些创新思维，如安踏可以联合腾讯推出一款腾讯QQ鞋，这就是将线下渠道与网络媒体联合的增值产品，在安踏的鞋子上打上腾讯的Logo是一种提升品牌和产品增值的服务。

7. 跨境电商渠道建设需要考虑的问题

跨境电商的发展促使很多企业开始进入国际市场，跨境电商渠道的建设可以提升企业跨境服务水平，创造更多价值，因此，市场领导者常依赖发展中国家的市场来支持企业的成长。如可口可乐、联合利华、高露洁、达能和百事可乐从三个最大的位于亚洲的发展中国家市场——中国、印度和印度尼西亚，赚取了总收入中的5%～15%。

当然跨境电商渠道建设还面临很多困难，如：

(1) 国外消费者的消费偏好和商业文化；

(2) 海外商业法规的改变、汇率贬值、政治动荡(如政变和财产被没收)的可能；

(3) 不同国家的产品需求特殊性。

4.2.2　渠道冲突

渠道冲突(Channel Conflict)是指组成营销渠道的各团队间敌对或者不和谐的状态。当一个渠道成员的行为与其渠道合作者的期望相反时，便会产生渠道冲突。渠道双方属于独立的实体，其在经济利益、目标上必然存在偏差，从而产生渠道冲突，最根本的原因就是各个独立的企业实体的利益很难达到一致。

1. 渠道冲突有以下的表现

如图4.3所示，渠道冲突的表现有以下四点。

图4.3　渠道冲突

(1)不同渠道的窜货问题。比如跨区域销售导致的价格混乱,进而导致中间商的利润受到损失;

(2)物流配送问题。不同渠道之间的商品流通效率将会影响消费者对产品以及服务的满意度,各地的仓库配送成本存在很大的差异,没有形成统一的标准。

(3)供应链的完整性问题。为保证不同渠道的货源充裕,保证供应链的完整性非常重要。完善供应链可以节约交易成本,给商家带来很大的利润。

(4)消费者服务的统一性问题。对于渠道中的各种服务需要加强,通过提升品牌知名度来提高消费者的满意度。

2. 渠道冲突类型

渠道冲突可以划分为水平渠道冲突、垂直渠道冲突和多渠道冲突。

(1)水平渠道冲突。

水平渠道冲突是指同一层级渠道的成员之间的冲突,在水平渠道中,各成员之间的联系是一种横向的关系,成员在权力上处于同一个水平线,但利益是独立的,如经销商与经销商之间的冲突。由于很多生产企业没有对目标市场的中间商分管区域做出合理的规划,使中间商为各自的利益互相倾轧。

(2)垂直渠道冲突。

垂直冲突是指不同层级渠道的利益相关者之间的利益冲突,如厂商与经销商之间的冲突,这种矛盾与冲突可能来自渠道成员之间的目标差异或企业的预期存在错误。同时,垂直渠道冲突也称作渠道上下游冲突,主要包括企业分销商与下游经销商之间以及厂商与消费者之间的冲突。因此,生产企业必须从全局着手,妥善解决垂直渠道冲突,促进渠道成员间更好地合作。

(3)多渠道冲突。

多渠道冲突是指企业建立了两条或两条以上的渠道向同一市场分销产品而产生的冲突,其本质是几种分销渠道在同一个市场内争夺同一种客户群引起的利益冲突,包括各种传统渠道之间、传统渠道与网络渠道之间、网络渠道之间的冲突。如,Levi-Strauss除在其传统的专门店销售外,同时将其产品卖给西尔思(Sears)与JC Penney这两家大零售商店,从而产生冲突;当固特异公司把其畅销的轮胎品牌也让西尔思、Walmart和Discount Tire等大型零售店去经销时,使得独立经销店大为恼火。

3. 渠道冲突管理

渠道冲突管理(Managing Channel Conflict)是指一定的渠道冲突能产生建设性的作用,它能使企业产生适应环境变化的更多的动力,冲突管理的核心要素是如何更好地管理冲突以及利用冲突创造更高的经济效益。渠道冲突可能存在破坏性,但也存在建设性的作用,因此企业应做好渠道冲突的管理,使企业更好地适应变化中的环境。企业渠道的冲突管理应在组织制度层面形成一套积极处理冲突的预防、协调机制,以实现对渠道冲突高效的管理。互联网的发展使得网络营销渠道的利用比例增多,最终与传统的营销模式产生了冲突,出现传统线下零售与线上零售之间的冲突,如存在客户重叠、价格冲击、客户服务差异以及出现窜货行为，最终不利于传统零售渠道进一步发展。

面对不同程度的渠道冲突问题需要采用对应的处理策略，处理冲突前首先要对冲突情况进行分析。从渠道冲突发生的概率和受威胁渠道的重要性两个维度分析，可以将冲突分为4种类型，从而采取相对应的处理方法，如图4.4所示。

(1) 当线上和线下渠道之间的破坏性冲突特别严重，同时受威胁的渠道重要性比较高时，应当通过多种方式处理渠道冲突。

(2) 当受威胁渠道的重要性降低时，应接受威胁渠道的妥协。

(3) 当线上或线下渠道之间的破坏性冲突较低，同时受威胁的渠道重要性仍然处于较高水平时，此时应使受威胁渠道的员工放心。

(4) 当线上或线下渠道之间存在破坏性冲突的可能性很小，而且受威胁的渠道重要性也很低时，说明渠道冲突不太重要，可以将其忽略。

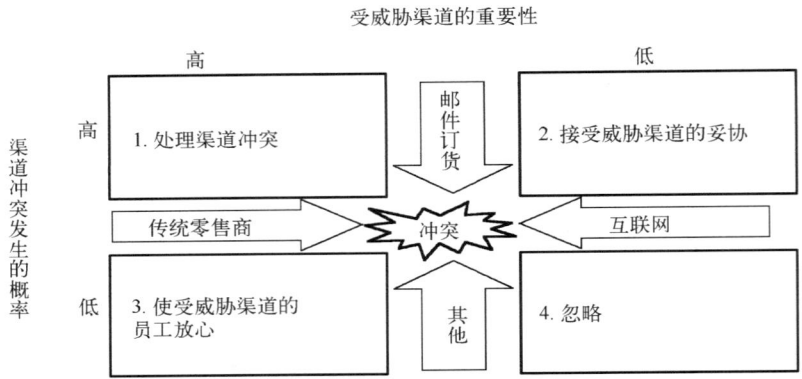

图 4.4 不同类型的渠道冲突

苏宁电器于2013年提出"苏宁云商"模式，这种模式在几年的发展中出现了营销冲突，包括线上线下产品冲突，苏宁实体店对于商品的出货量具有严格限制，但是苏宁易购在其网页上展示的产品要远远多于实体店，最终导致客户流失。其次，苏宁采用线上渠道进行销售过程中成本减少，导致价格低于线下渠道，对线下产生价格冲击。因此苏宁在发展线上营销时，会给其线下实体店的发展带来威胁。

4.3 跨境电商渠道

跨境电商是不同国家或地区的交易双方通过互联网将传统贸易中的展示、洽谈和成交环节数字化，实现产品进出口的新型贸易方式。运用线上平台进行货物的排列、展出、搜索、比较、下单、付款、服务等活动，借助跨境物流实现将货物从境外输送至国内消费者等一系列与它相关的交易活动，成为一种创新型电商运营模式。因此跨境电商渠道与国内电商会有很大的差异。

4.3.1 线上渠道

互联网的发展带动了销售渠道的变革,在传统零售渠道的基础上出现了网络直销渠道、线上线下相结合的双渠道等销售模式。线上渠道作为一种网络电商营销渠道是跨境零售电商中传统的营销渠道,在跨境电商渠道模式下,消费者与商家之间通过网络平台进行密切联系。同时网络平台会提供一系列的配套服务,包括产品宣传、消费者付款、邮寄产品等比较完善的运作流程,如图 4.5 所示。

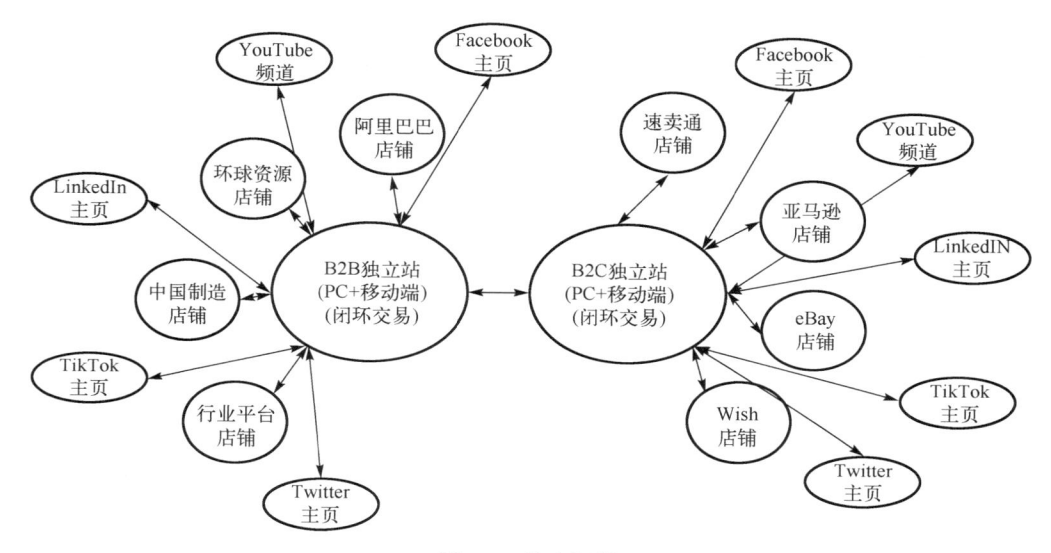

图 4.5 线上渠道

跨境 B2B 电商可以将 PC 端与移动端的独立站作为营销渠道,入驻第三方跨境 B2B 电商平台,如在阿里巴巴、环球资源、中国制造或行业平台开设网上店铺,同时通过各类海外社交媒体渠道开展引流和交易,如 Facebook、YouTube、LinkedIN、TikTok 等。

如果企业是走跨境 B2C 电商路线,其线上渠道同样可以有三类,一是独立站,二是第三方跨境 B2C 电商平台,三是各类社交媒体渠道。

4.3.2 线下渠道

为实现转型升级,更进一步满足消费者对产品质量的把控,提高消费者购买动机,可在线上渠道建设基础上开设线下实体店,从而形成了跨境零售电商双渠道销售模式。通过建立线下店对产品进行引流,从而实现深层次的传播,满足消费者对产品质量的需求。

例如,沈阳最早开设的盛大门全球精品直达店作为目前沈阳首个跨境电商线下体验店,设有"一带一路"国家体验馆、豌豆公主体验店、海外购 1 号店等特色馆,展示销售 20 多个国家和地区的知名品牌商品,涵盖了日化、美妆、食品、保健品、百货等多个领域,种类多达 3000 余种。消费者现场选购商品下单后,通过"网购保税+秒通关"技术,自动

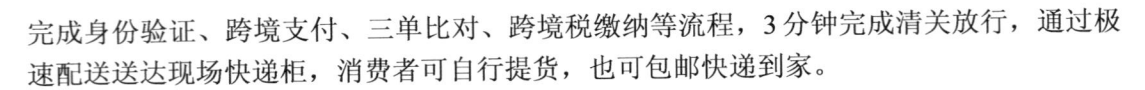

完成身份验证、跨境支付、三单比对、跨境税缴纳等流程，3分钟完成清关放行，通过极速配送送达现场快递柜，消费者可自行提货，也可包邮快递到家。

4.4 渠道融合

4.4.1 O2O融合

全渠道策略是渠道建设的目标，但正如前章节所述，各类渠道之间会产生冲突，而这类冲突在线上与线下渠道之间尤为明显。要实现线上线下双渠道混合模式，需要使线上线下渠道互相渗透，利用线上线下渠道协同发展的优势，打造立体全面的跨境电商综合生态圈，增加销售产品的种类，以此带来巨大的客流量，因此O2O融合非常重要。

> **案例**
>
> 在2018年以前的双十一期间，银泰百货的一些专柜会有一些告示牌提醒消费者柜台不接受纯试衣的行为，导购的服务因此受到一些质疑。这一现象的根源在于双十一期间有一些消费者在线下试衣后再到网上平台下单，以享受双十一的各类优惠打折活动，导致线下渠道的导购产生抵触情绪。这一情况在2018年以后得到彻底改变，因为天猫与银泰百货开展O2O融合战略，解决了线上线下渠道的冲突问题。

1. 融合战略

根据达瑞尔·里格比的理论，O2O融合战略中有5个规则：
(1) 围绕双线融合来构建企业的战略将成为新的竞争优势。
(2) 在消费者体验上增加并加强数字连接。
(3) 改变企业创新方式。
(4) 剥离线上业务只是过渡，最终目标是优势结合。
(5) 构建包括CEO在内的精通双线融合的领导团队。

2. 融合方式

O2O融合主要包括以下几部分内容。
(1) 仓库融合：同品牌线上线下销售渠道共用仓库，使网络销售可以就近发货，更好地发挥品牌多、仓点多的优势。
(2) 门店融合：线下店铺与线上店铺相辅相助，达成共享资源、同步销售、融合管理的模式，通过各种营销方式提高市场份额。
(3) 服务融合：融合线上线下消费者数据，提供多样化的售后服务方式，增加消费者体验，完善整个服务流程。

在此基础上，品牌门店的导购流程以及对导购人员的管理方案将发生改变，如图4.6所示，门店导购人员的主要职责是引导消费者注册成为会员，当会员通过各种渠道获得产品销售信息并形成订单时，无论会员是通过何种渠道下单，门店导购人员都将获得不同程度的提成，从而激励他们为消费者提供更好的服务。

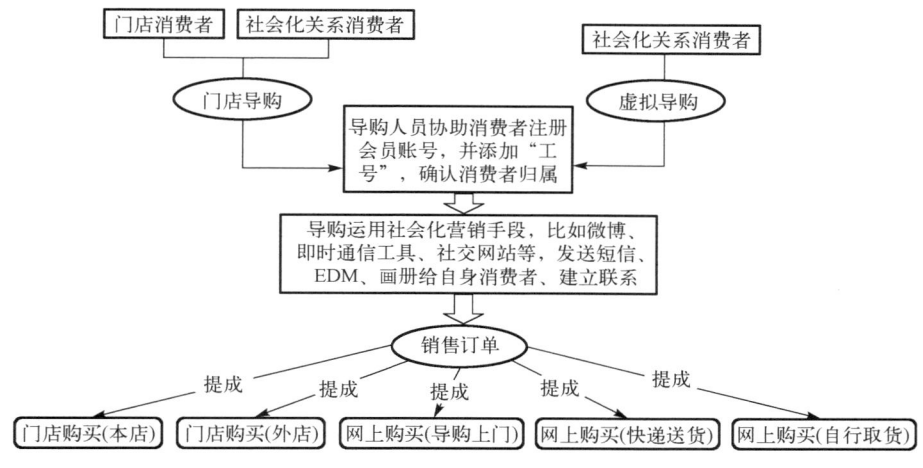

图 4.6　O2O 融合导购流程

4.4.2　新零售

市场面对传统零售模式中出现的成本控制难度高、运营效率较低以及消费者可选择性少且价格高等方面的问题，形成了新零售模式，即 O2O 营销模式。新零售以无人店、智慧门店等模式为载体，通过 5G 移动互联网、物联网、AR/VR 技术、AI 技术等实现各类渠道融合，实现任何人可以随时随地购买任何东西。

新零售有以下三大特征。

(1) 需求驱动。大数据技术创建 360 度的消费者形象，发现消费者的隐藏需求，并创建体验最佳的产品和服务。根据消费者的需求，新零售重新设计消费者的商品接触点，如阿里集团设计了可辨识、可分析、可触达消费者的唯一身份识别体系，如图 4.7 所示。

图 4.7　阿里集团设计的识别体系

(2) 物理空间与数据的结合。新零售存在于现实和数字世界，运营损失将接近于零，价值链将被重新塑造。

(3) 高度多样化的零售模式。零售接触点广泛分布在物流、文化娱乐、餐饮等领域，日后，市场将出现越来越多的零售形式。

【课后任务】

1．选择一家跨境电商企业，分析其有哪些线上线下渠道。

2．请分析在电商平台上一些店铺的"电商款"，是否是渠道冲突的表现？是解决渠道冲突的何种方式？

3．请以实际案例分析，某高端服装品牌的线下专卖店与线上旗舰店如何实现服务融合。

第5章 促销策略

【学习目标】

促销是营销策略中的一个重要部分,是卖家将有关企业及产品的信息通过各种方式传递给消费者,促进其了解、信赖并产生购买行为的过程。本章针对促销原理、网络广告、关系营销三部分内容及具体案例进行介绍。通过本章学习,熟悉促销原理,了解促销活动的主要形式并能够掌握促销的战略,了解网络广告的形式、定价模式和方案设计,掌握网络广告效果的基本评价方法。

【引例】

小度进军电视大屏市场,上线了一款86英寸的大屏电视产品,希望以小博大,跳出传统电视广告的思路。小度以"86英寸究竟有多大"为主题推出了一系列海报,选用卷帘门、双人床、停车位、乒乓球桌等我们日常生活所熟悉的场景或者物品,标上"小度智能巨屏电视V86,86英寸就是这么大"的字样突出产品的特点,这些生活中随处可见的大物体、大场景被小度打造成天然的广告牌,让消费者直观地感受到86英寸有多大。在此基础上,小度在互联网发起话题讨论,不少消费者就地取材,发挥自己的创意,纷纷帮小度打起了广告。小度就势在线聘请"小度首席免费创意广告寻找官",还给出了0.1~50元不等的广告费,将创意活动推上高潮。短时间内,此话题阅读量超过7000万次,讨论量超过2.5万次,微信公众平台曝光量超50万次,被十余家知名行业网站、公众号主动收录转发,多次被主动收录至精品案例及周榜,获得9分以上高分,同时也助力小度电视新品更加深入地渗透到消费者当中。

5.1 促销原理

促销是指企业通过各种有效方式向目标市场传递有关企业及其产品(品牌)的信息,以推动目标市场对企业产品和服务的需求,以此引起消费者购买欲望和购买行为的一系列综合性活动。因此,促销的实质是企业及目标市场之间的信息沟通,促销的目的是诱发购买行为。

5.1.1 促销形式

1．传统促销形式

传统促销形式主要有 4 种：广告促销、营业推广、人员推销和公共关系促销。

广告促销是指企业通过广告对产品展开宣传、推广，扩大产品的知名度，促成消费者的直接购买，增加产品销量的活动。

营业推广是指能够快速刺激消费者产生购买行为的促销形式，营业推广的形式一般包括赠送促销、代金券、包装促销、联合推广、抽奖促销等。

人员推销是一种古老的推销方式，即推销人员向可能购买的消费者进行的促销活动，它是一种具有很强的人性因素的促销手段，并且具备区别于其他促销手段的特点。一般而言，人员推销包括推销员、推销产品、推销对象三个基本要素。

公共关系促销是企业利用公共关系对产品进行宣传，展示产品形象的促销方式。公共关系促销不是推销某个产品，而是利用公共关系扩大企业的知名度、信誉度、美誉度，进而促进产品销售。

2．网络促销形式

网络促销是传统促销的继承和发展，其形式有 5 种，分别是网络广告、站内推广、网站推广、病毒式营销、关系营销。

网络广告类型很多，根据形式不同可以分为搜索引擎关键词广告、内容相关性广告、旗帜广告、按钮广告、文字链接广告、电子邮件广告和分类广告等。

站内推广是指以特定的电商平台为载体，通过营销工具的使用与营销活动的实施提升店铺流量的营销推广方式。

网站推广就是利用网络营销策略扩大网站的知名度，尽可能多地吸引潜在消费者了解并访问网站，消费者通过网站获得有关产品和企业的信息，为最终形成购买决策提供支持。网站推广的方法主要有网络广告推广、搜索引擎推广、电子邮件推广、资源合作推广、信息发布推广、病毒性营销方法推广、快捷网址推广等。每种网站推广方式都需要相应的网络推广资源，企业应该在分析消费者获取网站信息的主要途径的基础上，有选择地选取合适的网站推广方案。

病毒式营销是口碑营销的一种，它是利用群体之间的传播，建立起消费者对产品和服务的了解，达到宣传目的的营销活动。病毒式营销是一种常见的网络营销方法，常用于进行网络推广、品牌推广等。

关系营销是把营销活动看作一个企业与消费者、供应商、分销商、竞争者、政府机构及其他公众发生互动作用的过程，其核心是建立和发展与这些公众的良好关系，借助互联网的交互功能可以更好地吸引消费者并服务消费者，与更多消费者建立长期密切的关系，提高消费者长期的回报价值。

5.2、5.3 节将详细介绍网络广告与关系营销。

5.1.2 电商促销

1）利用节假日促销

对于跨境电商卖家来说，重要的促销手段之一就是把握重要节日，如在万圣节、圣诞节、感恩节等节日，对消费者群体做针对性的开发，以及根据制作发货时间提前开始做促销和加大推广。

2）折扣券

折扣券的优势在于可以在短时间内提高销量，对消费者而言最具有冲击力，可以增加消费者的购买力，同时在短时间内是最有效的对抗竞争者的方式。但折扣券的缺点也很突出，最大的缺点是无法从根本上解决销量问题，无法长期运用，且很难将价格提升复原。

3）附加交易

附加交易即在消费者购买商品时附赠一些同类的商品，也就是所谓的"买就送"。这种促销类型的优势在于可以通过附加产品达到细分市场的目的，同时对于新的消费者而言能够起到促进尝试的作用；但是同时附加商品的把控难度不小，附加商品的价值过大或者过小都会引起消费者对商品质量的怀疑，从而引起负面效果。

4）商品折扣

区别于折扣券，商品折扣更加实在，即直接在商品的原有价格上进行打折。其优点很明显，对于潜在目标消费者而言能够刺激其购买力，且在与竞争者对抗中有着很好的效果，通常折扣会标明时间，避免了价格回调的难度。其缺点在于无法长期进行，且折扣力度如果太小无法起到促销效果，折扣力度太大又容易引起消费者对促销活动真实性的怀疑。

5）批量折扣

批量折扣通常见于卖家与分销商、批发商之间，卖家需要根据不同的采购量进行不同的折扣优惠，其优势在于可以稳定卖家的销量，且利润可观，缺点则是需要兼顾所有采购方的利益匹配。

5.2 网络广告

网络广告就是利用网站上的广告横幅、文本链接、多媒体等方式，在互联网刊登或发布广告，通过网络将广告传递给互联网用户的一种高科技广告运作方式。网络广告发挥的效用也越来越重要，互联网已经成为事实上的传统四大媒体（电视、广播、报纸、杂志）之后的第五大媒体。

5.2.1 传统互联网广告

互联网广告有很多形式，而且正处在不断的发展过程中。传统的互联网广告形式有网幅广告、文本链接广告、关键词广告、分类广告、赞助式广告、电子邮件广告和富媒体广告等，如表5.1所示。

表5.1 传统互联网广告形式及其特点

形式	特点
网幅广告	最早的互联网广告形式。将以 GIF、JPG、Flash 等格式建立的图像文件定位在网页中，大多用来表现广告内容，同时还可使用 Java 等语言使其产生交互性，用插件工具增强表现力。分为静态、动态和交互式

续表

形式	特点
文本链接广告	以文字链接为形式的广告,即在热门站点的 Web 页上放置可以直接访问的其他站点的链接,通过热门站点的访问吸引一部分流量点击链接的站点。文本链接广告的最大特点是节省页面空间,可以在有限的页面空间上排列更多的广告
关键词广告	关键词广告(AdWords)是指显示在搜索结果页面的网站链接广告。它属于 CPC(Cost per Click)收费制,即按点击次数收取广告费。由于关键词广告是在检索特定关键词时才出现在搜索结果页面的显著位置,所以其针对性非常强,被称为性价比较高的网络推广方式
分类广告	分类广告一般是指版面位置相对固定、篇幅相对较小、排列相对规划、内容相对接近的一组广告的集合,它是为适应市场经济多层次传播的需要而产生的
赞助式广告	赞助式广告确切地说是一种广告投放传播的方式,而不仅仅是一种互联网广告的形式,它可能是通栏式广告、弹出式广告等形式中的一种,也可能是包含很多广告形式的打包计划,甚至是以冠名等方式出现的一种广告形式。赞助式广告的常见的几种包括内容赞助式广告、节目/栏目赞助式广告、事件赞助式广告、节日赞助式广告等,该广告形式有利于扩大页面知名度
电子邮件广告	电子邮件广告是以电子邮件为传播载体的一种互联网广告形式。它针对性强,传播面广,信息量大,其形式类似于直邮广告。电子邮件广告的制作和维护比传统媒体简便、快捷
富媒体广告	富媒体广告并不是一种具体的互联网媒体形式,而是指具有动画、声音、视频的信息传播方法,包含流媒体、声音、Flash,以及 Java、JavaScript、DHTML 等程序设计语言。一般指使用浏览器插件或其他脚本语言、Java 语言等编写的具有复杂视觉效果和交互功能的网络广告

5.2.2 移动互联网广告

随着移动互联网的快速发展,视频广告越来越普遍,视频广告是指在移动设备内进行的插播视频模式的广告。视频广告分为传统视频广告和移动视频广告两类。传统视频广告是在视频内进行广告设置和投放,而移动视频广告分为传统贴片广告和 In-App 视频广告。移动视频广告形式及其特点如表 5.2 所示。

表 5.2 移动视频广告形式及其特点

形式	特点
行为定向广告	行为定向广告指通过相关网站将广告投放给具有共同行为特征的受众。它是网络广告发展的最新趋势,广告发布商利用技术手段可以得到用户当前浏览的页面信息主题,根据用户连续的浏览行为来分析用户本身的信息,然后通过后台的内容匹配设定将广告展示在页面上,这种定向在某些条件下更贴合用户的兴趣,符合精准营销的思想
视频植入广告	视频植入广告是把产品及其服务具有代表性的视听品牌符号融入电视、电影、游戏等中的一种广告形式。由于用户对广告有天生的抵制心理,把商品融入这些娱乐方式的做法比硬性推销的效果好得多
贴片广告	贴片广告指在网络视频、电视视频、直播视频播放前、播放暂停或者播放完插播的图片、视频、Flash 等广告。通常在视频播放前或视频播放中插播,视频播放前 15~30 秒的广告被称为前置式广告,对品牌提升有显著效果,但转化率通常会低于其他视频广告形式
悬浮式广告	悬浮式广告指短时间出现在视频顶端或底部的文字或图像广告,类似于常见的电视字幕广告。如爱奇艺在 PC 端、移动端中设置的位于视频播放框内中底部的一种动图广告形式,支持图片+文字组合
短视频广告	短视频广告是在社交媒体上的社交视频广告、新闻媒体上的信息流视频广告等,以视频的形式将自媒体红利最大化。围绕用户兴趣并且满足用户特征的短视频广告在社交平台会获得更多的曝光,也会提升用户的参与度
直播视频广告	直播视频广告即在直播的视频中插入广告,多以植入、原生的形式予以呈现,主要借助于明星或网红效应所带来的巨大爆发力和影响力。由于原生广告的精髓就在于把用户体验与品牌传播融为一体,同时借助于内容承载量丰富、更大创意空间、更易吸引用户注意力的视频形式,使得品牌能够更好地与用户进行深入和个性化的互动,在潜移默化中达到营销传播目的

> **案例**
>
> 索尼发布了一个视频,模仿有名的电影《盗梦空间》,视频通过画中画的形式使观众产生一种思维旋涡的错觉,反复循环给人带来一种梦幻般的科技感,非常炫酷。除此之外,视频还将索尼两款比较好的产品(相机+智能手机)的优点结合在了一起,搭配上毫无违和感,字幕上的双关语更是令人拍案叫绝,堪称短视频中的经典。

5.2.3 跨境电商社交广告

1. Facebook 广告

Facebook 有许多免费和付费的流量,主要的付费流量广告形式多样、位置多种,如图 5.1 所示。

Facebook 广告形式有以下几种。

(1) Facebook 图片。Facebook 或 Instagram 的图片广告是提升品牌和业务知名度的得力助手,使用一张图片发布帖子并速推,可以提高产品知名度。

(2) Facebook 视频广告。视频仍然是 Facebook 广告的主流,特别是在移动端。与静态内容相比,人们花在视频上的时间平均要长五倍。此外,30%的移动用户认为视频是发现新产品的最佳媒介。视频广告在提高广告覆盖率、参与度和转化率上表现出众。在展示位置上,图片广告适用的场景几乎都可以适用视频广告——包括在 Instagram。

图 5.1 Facebook 付费广告位置

(3) Facebook 幻灯片广告。幻灯片广告糅合了图片和视频,是一种经济适用的广告形式。Facebook 称其为"类视频(Video-Like)"广告,将其归类为视频广告的一种替代方案。Facebook 幻灯片广告可使用声效体验图文并茂地讲述品牌故事,且可跨设备展示,不受网速限制,甚至可以在广告创建过程中利用库存图片或现有视频创建幻灯片广告。

(4) Facebook 轮播广告。借助轮播广告形式,可以在单条广告中展示多达 10 张图片或 10 段视频,可以附上专属链接,这种形式可用于凸显不同商品或跨多张轮播图片讲述品牌故事。

(5) 精品栏广告。精品栏广告是浸入式广告的信息流入口,是用户发现新商品和服务的主要呈现方式之一。这种杂糅的移动形式可以组合视频、幻灯片或图像,提升流量、转化率和销售量。大多数情况下,精品栏广告包含主页横幅或视频以及产品目录。精品栏广告会给用户带来身临其境的即时体验,这种广告形式非常适用于希望将兴趣转化为即时销售的品牌。

(6) Facebook 即时体验。以前称全屏广告,支持所有 Facebook 的广告形式,包括轮播、单图片、单视频、幻灯片或精品栏形式,只适用于移动设备。此广告形式经过优化,可帮助品牌展示商品、重点介绍品牌或激发用户在移动端购物的欲望。这种广告形式适用的广告目标是提高品牌知名度、参与互动、转化量、访问量或视频观看量。

2．Facebook 视频广告

Facebook 视频广告不仅是发布在 Facebook 上的，其旗下有 4 个广告媒体，Facebook、Instagram、Audience Network、Messenger。

Facebook 视频广告有 6 种广告版位可以选择，企业可以结合自己的营销目标（不同目标选择不同版位）、广告素材（如快拍版位要求全屏广告）选择广告版位。以下是 Facebook 视频广告的 6 种广告版位。

（1）动态广告：在 Facebook 和 Instagram 的已关注的账号中可以看到动态广告；此外还可以展示在 Messenger 收件箱；最近在 Instagram 的发现栏中也可以展示动态广告，如图 5.2 所示。

图 5.2　Facebook 和 Instagram 的动态广告

（2）快拍：这是目前特别流行的视频广告方式。快拍的版位类似于微博故事、微信个人动态，有 Facebook 快拍、Instagram 快拍等形式，如图 5.3 所示。

（3）视频插播位：观看某个视频时中间插播广告，不支持提高转化率的目标，如图 5.4 所示。

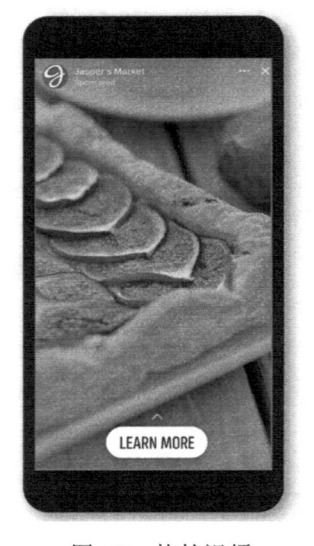

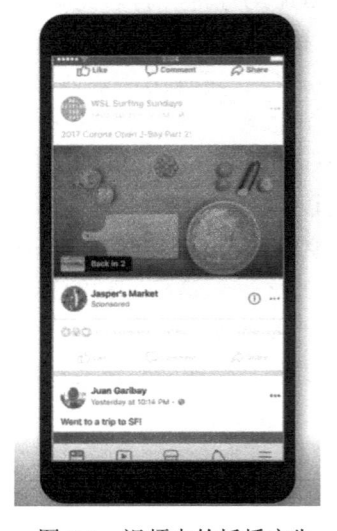

图 5.3　快拍视频　　　　图 5.4　视频中的插播广告

（4）Messenger 赞助消息：以消息的形式展现，仅适用于提高消息互动量的营销目标，如图 5.5 所示。

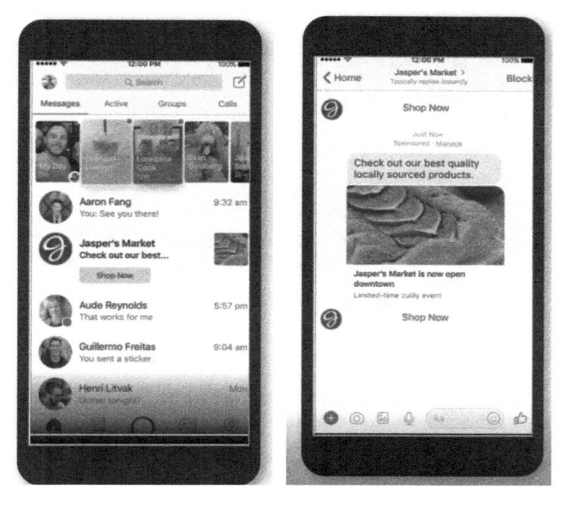

图 5.5　Messenger 赞助消息

（5）文章内嵌：在图片或者视频的上方或者下方，以文字的形式展现，如图 5.6 所示。

（6）应用与网站：如打开某个游戏，在游戏的上方或者下方会有广告；或者点击游戏中的某个按钮会有奖励，然后展现广告；在游戏过程中会弹出一些需要观看的广告，就是插播广告，如图 5.7 所示。

Audience Network
原生、横幅和插屏版位

Audience Network
奖励式视频

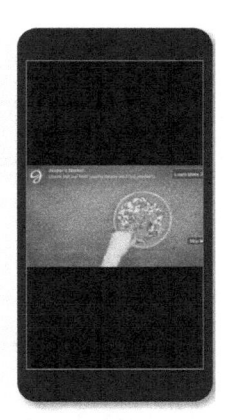

Audience Network
视频插播位

图 5.6　文章内嵌　　　　图 5.7　应用与网站中的插播广告

3. Facebook 广告账户创建

Facebook 有两类广告账户。

1）个人广告账户

用户可以以个人身份申请创建广告账户，通过绑定信用卡、PayPal 等 Facebook 支持的支付方式来发布广告，如图 5.8 所示。

图 5.8 个人广告账户

2)企业广告账户

企业广告是以企业名义申请广告账户,需要通过 Facebook 代理商递交申请材料,由代理商进行账户的开通及充值,如图 5.9 所示。

图 5.9 企业广告账户

企业首先通过代理商得到 OE 链接,再通过链接提交下列 Facebook 开通企业广告账户所需资料。

(1)网站链接:需要推广的网站域名,域名一旦提交就需要推广这一域名,否则视为违规;

(2)营业执照:一个营业执照可以申请多个广告账户,营业范围与推广内容要匹配;

(3)公司中英文地址:与营业执照上信息匹配;

(4)对接人信息:英文的姓名、电话、邮箱;

(5)SaaS 网站或第三方平台后台截图:提供后台截图;

(6)FB 公共主页:申请一个广告账户可以提供多个公共主页,为了避免某一公共主页被封可申请多个公共主页,但最佳是 2~3 个。

3)个人广告账户与企业广告账户的区别

个人广告账户与企业广告账户的区别如表 5.3 所示。

表 5.3　个人广告账户与企业广告账户的区别

	账户	开户方式	发布身份	收费方式	广告账户存在风险时
广告（付费）	个人	以个人名义开户的广告账户	公共主页	信用卡/借记卡/PayPal	一旦封号比较没有保证，解封基本无望
	企业	以公司名义开户的广告账户	公共主页	预付预存制	如确实没有违规情况，经过申诉可以解封

4．Twitter 广告

Twitter 广告有以下几种形式。

1）推荐推文

推荐推文看起来与普通推文并无什么区别，不同的是，广告客户需要付费以将内容显示给尚未在 Twitter 上关注该广告客户的人。同样，就像普通推文一样，推荐推文可以被喜欢、转发和评论。推文还可以包含视频，并会在用户的主页中自动播放。推荐的推文显示在目标用户的时间轴中、用户个人资料上、搜索结果顶部以及 Twitter 移动和桌面应用程序中。

2）推荐账户

通过这种 Twitter 广告可以宣传一条推文，还可以宣传品牌的 Twitter 账户。它针对尚未关注品牌的用户，帮助增加企业的 Twitter 关注度。推荐账户显示在潜在关注者的主页中以及"关注对象"建议和搜索结果中。

3）推荐趋势

Twitter 的热门话题是 Twitter 右侧的高成交量列表，这是实时使用的最受欢迎主题和标签的集合，用户可以按照与任何其他趋势主题进行交互的方式与"推荐趋势"进行交互。特别之处在于，品牌购买的位置将针对目标用户显示为"促销"。当用户点击"Promoted Trend"按钮时，目标用户将在顶部看到来自品牌的推广推文的主题搜索结果。

> **案例**
>
> SHEIN 是跨境 B2C 快时尚电商平台。公司以婚纱业务起家，经过多年发展，公司销售品类逐步从女装扩展至童装、男装、美妆等，业务覆盖全球超 200 个国家和地区。目前，SHEIN 已成为中国出海独立站标杆，连续四年入选 BrandZ 中国全球化品牌 50 强榜单，并于 2021 年位居总榜第 11 名、跨境电商品牌第一以及 50 强中品牌力增幅第 1 名。SHEIN 在竞争性产品定价和品类多样化、借助大数据及时抓住最新流行趋势的基础上，大力加强网络促销。SHEIN 成立之初即启动网红营销策略，以独家折扣、佣金、付费等方式合作大小 KOL，提升品牌形象。此外公司顺应线上营销发展趋势，从在谷歌、Facebook 等平台投放广告到联盟营销，以及在 Instagram、Twitter、TikTok 等社交媒体营销，打造多元丰富的营销渠道，有效提升品牌影响力、提高用户黏性。

5.2.4　网络广告定价模式

1．CPM（Cost per Thousand Impressions）

CPM 即每千次印象费用，是最常用的网络广告定价模式之一，传统媒介多采用这种计

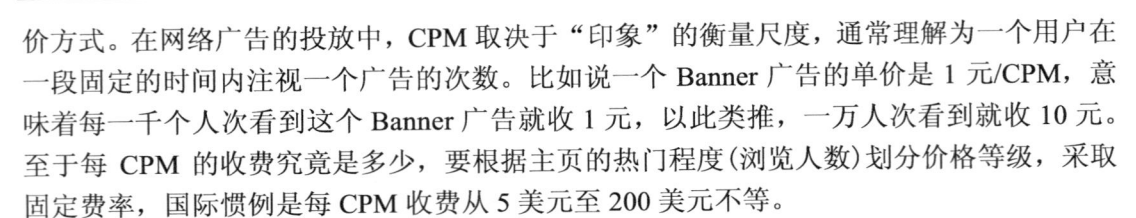

价方式。在网络广告的投放中，CPM取决于"印象"的衡量尺度，通常理解为一个用户在一段固定的时间内注视一个广告的次数。比如说一个Banner广告的单价是1元/CPM，意味着每一千个人次看到这个Banner广告就收1元，以此类推，一万人次看到就收10元。至于每CPM的收费究竟是多少，要根据主页的热门程度（浏览人数）划分价格等级，采取固定费率，国际惯例是每CPM收费从5美元至200美元不等。

2. CPC（Cost per Click）

CPC按用户每点击一次计费。这种计费模式下，网络广告展现在用户面前并不计费，只有当用户对这一广告感兴趣并点击其链接时，广告商才会计算一次费用，这种计费方法提高了采用刷新页面等作弊手段提高广告费的难度，而且一般情况下点击广告的用户大多都对广告内容感兴趣，属于广告的目标人群，广告效果将更佳，因此深受广告主的欢迎。百度搜索引擎、谷歌搜索引擎的关键词广告，跨境电商平台中速卖通的直通车、Wish的PB广告、亚马逊的Sponsored Product广告均采用这种计费模式。

3. CPA（Cost per Action）

CPA即是根据每个访问者对网络广告所采取的行动收费的定价模式。CPA计价方式是指按广告投放实际效果，即按回应的有效问卷或订单来计费，而不限广告投放量。CPA的计价方式对于网站而言有一定的风险，但如果广告投放成功，其收益也比CPM的计价方式要大得多。广告主为规避广告费用风险，只有当网络用户点击广告，链接广告主网页后，才按点击次数付给广告站点费用。

5.2.5 广告方案设计

广告方案设计有以下几步。

第一步，确定广告目标。

广告目标是指企业通过广告活动达到的目的，广告目标是广告策略的起点，必须确保与企业的市场定位、目标市场选择、市场营销的策略相一致。在不同时期、不同的情况下可以确定不同的广告目标。

第二步，制定广告预算。

广告预算是企业广告活动费用的估算，是企业投入广告的资金费用使用计划，包括在广告活动进行期间所需的经费、使用方法、适用范围等。广告预算是企业广告活动得以顺利进行的保证，理想的广告宣传应该以最小的广告投入取得最大的广告效果。

怎样制定广告预算，匡算出多少广告费总额才算合理，至今仍无科学的、为大家广为接受的计算标准。为使广告预算符合广告计划的需要，在制定广告预算时应从如下几个方面考虑。

（1）预测：通过对市场变化趋势、消费者需求、市场竞争性发展和市场环境的变化预测，对广告任务和目标提出具体的要求，制定相应的策略，从而较合理地确定广告预算总额。

（2）协调：把广告活动和市场营销活动结合起来，以取得更好的广告效果。同时，完善广告计划，实施媒介搭配组合，使各种广告活动紧密结合、有主有次、合理地分配广告费用。

(3)控制：根据广告计划的要求，合理有控制地使用广告费用，及时检查广告活动的进度，发现问题，及时调整广告计划。

(4)讲究效益：广告直接为商品销售服务，因此要讲究广告效益，及时研究广告费的使用是否得当、有无浪费，及时调整广告预算计划，做到既合理使用广告费，又保证广告效益。

第三步，开展广告活动。

广告活动是指企业制定一项能测定的目标后，为了达到这一目标制定广告战略，然后在市场上执行。广告活动包括4个重点：适当的销售信息、及时传达给消费者、适当的时间传达、合理的成本。广告活动有5个构成要素：时间、地点、人员、主题和流程。其中人员包括活动主办、协办(联办)、承办、赞助等各方面的相关机构与工作人员。

第四步，测量广告效果。

广告效果是广告活动或广告作品对消费者产生的影响。狭义的广告效果指的是广告取得的经济效果，即广告达到既定目标，就是通常所包括的传播效果和销售效果。从广义上说，广告效果还包含了心理效果和社会效果。心理效果是广告对受众心理认知、情感和意志的影响程度，社会效果是广告的传播功能、经济功能、教育功能、社会功能等的集中体现。

5.2.6 广告效果评价

广告发布后需要评价其效果。本书从定性和定量的不同角度介绍网络广告效果的三种基本评价方法：对比分析法、加权计算法、KPI分析法。

1．对比分析法

不同的广告形式，无论是Banner广告，还是电子邮件广告，都可以准确跟踪各类统计技术指标，利用对比分析法可以得出广告效果。

如电子邮件广告营销有助于企业与消费者保持联系，并影响消费者对产品或服务的印象。因此可以采用对比研究的方法，将那些收到电子邮件的消费者的态度和没有收到电子邮件的消费者的态度作对比，这是评价电子邮件营销对消费者产生影响的典型的经验判断法。利用这种方法，也可以比较不同类型电子邮件对消费者所产生的影响。

对于标准标志广告或者按钮广告，广告效果通常表现在品牌形象方面，这也是许多广告主不顾点击率低的现实而仍然选择标志广告的主要原因。而品牌形象的提升很难随时获得可以量化的指标，同样可以利用对比分析法，对网络广告投放前后的品牌形象进行调查对比。

2．加权计算法

所谓加权计算法，就是在投放网络广告后的一定时间内，对网络广告产生效果的不同层面赋予权重，以判别不同广告之间的差异。这种方法实际上是对不同广告形式、不同投放媒体或者不同投放周期等情况下的广告效果进行比较，而不仅仅反映某次广告投放所产生的效果。加权计算法要建立在对广告效果有基本监测统计手段的基础之上。

案例

某企业在宣传方面选择了网络广告形式,并在一段时间内同时实施了三种方案,投放效果各有不同,基本情况如表5.4所示。

表5.4 三种不同的网络广告方案

方案	投放网站	投放形式	投放时间	广告点击次数(次)	产品销售数量(件)
方案一	A 网站	Banner	一个月	2000	260
方案二	B 网站	Banner	一个月	4000	170
方案三	C 网站	Banner	一个月	3000	250

从表中的数据可以直接看出方案一获得了最高销售量,似乎是效果最好的方案。但是衡量网络广告投放的整体效果涉及很多方面,比如要考虑广告带来多少注意力、注意力可以转化为多少利润、品牌效应等问题。针对以上案例,应该利用科学的加权计算法来分析其效果。首先,可以为产品销售和获得的点击分别赋予权重,权重的简单算法是:$(260+170+250)/(2000+4000+3000) \approx 0.07$(精确的权重算法需要应用大量资料进行统计分析)。由此可得,平均每 100 次点击可形成 7 次实际购买,那么可以将销售量的权重设为 1.00,每次点击的权重为 0.07。然后将销售量和点击数分别乘以其对应的权重,最后将两数相加,从而得出该企业通过投放网络广告可以获得的总价值。

方案一,总价值为:$260 \times 1.00 + 2000 \times 0.07 = 400$;

方案二,总价值为:$170 \times 1.00 + 4000 \times 0.07 = 450$;

方案三,总价值为:$250 \times 1.00 + 3000 \times 0.07 = 460$;

计算结果可见,方案三为该企业带来最大的价值。虽然第一种方案可以产生最多的实际销售量,第二种方案可以带来最多的注意力,但从长远来看,第三种方案更有价值。

3. KPI 分析法

KPI 分析有以下几种考察指标。

1)基于漏斗模型的转化分析

漏斗模型是 20 世纪 80 年代初提出的一种针对生产系统中的计划与控制的系统模型,随后被广泛应用于营销领域,并由此发展出营销漏斗模型。营销漏斗模型指的是在营销过程中将非潜在客户逐步变为客户的转化量化模型。营销漏斗模型的价值在于量化了营销过程各个环节的效率,帮助商家找到薄弱环节,从获取客户到最终转化成购买,每个相邻环节的转化率就是量化指标,所以漏斗模型就是先将整个购买流程拆分成一个个步骤,然后用转化率来衡量每个步骤的表现,通过异常的数据指标找出有问题的环节,最终解决问题,达到提升整体购买转化率的目的。漏斗模型详见第一章。

2)点击率与转化率计算

点击率是指产品展示后被点击的比率。从点击率可以看出推广的产品是否吸引人,点击率越高说明店铺的产品越吸引客户。点击率是网络广告最基本的评价指标,也是反映网络广告效果最直接、最有说服力的量化指标。

$$商品点击率 = \frac{商品点击人数}{商品曝光人数}$$

不过，随着人们对网络广告的深入了解，点击网络广告的人反而越来越少，除非是特别有创意或者有吸引力的广告。于是与点击率相关的另一个指标——转化率，用来反映那些被观看而没有被点击的广告所产生的效果。AdKnowledge 的调查表明，尽管广告没有被点击，但是全部转化率中的 32%是在客户仅观看广告之后形成的。转化率是指到达店铺并产生购买行为的人数和所有到达店铺的人数的比率。转化率目前有两大类，一种是单品的转化率，另一种是店铺商品总的转化率。

$$商品转化率=\frac{商品成交人数}{商品点击人数}$$

4．分析案例

以亚马逊为例，亚马逊的广告计费模式主要是 CPC 方式。而亚马逊广告分为手动和自动两种设置方法。手动广告设置指卖家可以通过搜索关键词在亚马逊上准确定位和展示产品，并根据实际点击次数付费，手动广告在亚马逊前台展示结果中带 Sponsored 标志。自动广告由系统推荐，默认的匹配类型是广泛匹配，展示位置是在亚马逊主搜索页面、列表详细信息页面、今日交易页面和浏览界面。

广告设置后台界面如图 5.10 所示。

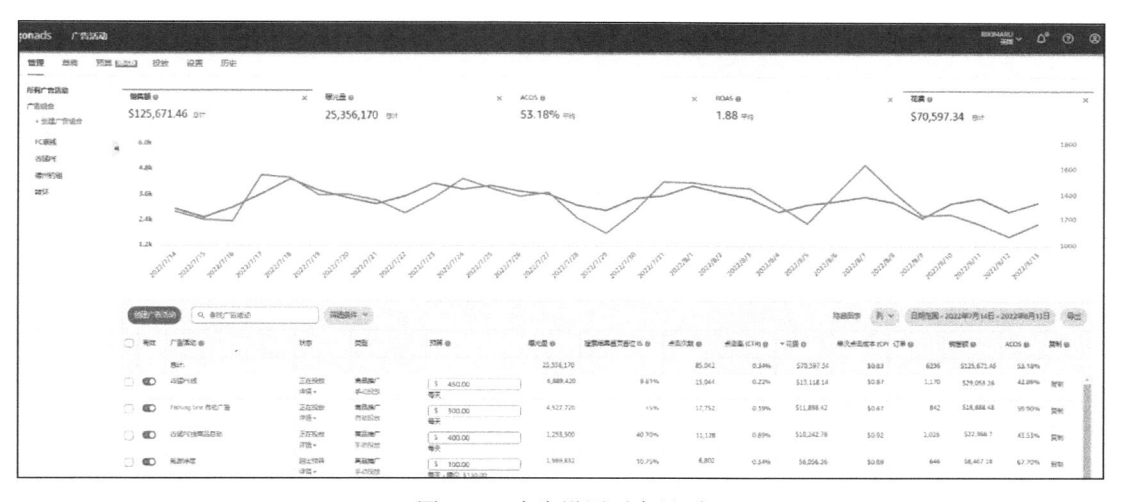

图 5.10　广告设置后台界面

在广告设置后台，卖家首先在广告活动下设置广告组，在广告组中，卖家可以选择要投放的广告目标 ASIN（商品标识代码），并确定广告定向策略，接着选择关键词定向投放、商品定向投放或是受众定向模式。最后，卖家可以通过分析推广中产生的广告推广效果数据，精细化地选择关键词，设置广告费用，投放广告。

广告推广数据指标较多，主要有以下几点。

曝光：即广告活动页面被曝光的次数。

点击次数：即广告的被点击次数。其中同一 IP 的重复点击、异于平常的点击、机器生成的无效点击会在 3 日内被亚马逊广告系统剔除。

点击率：即页面上广告被点击次数与被曝光次数之比。

花费(USD)：即由相关广告活动推广产生的费用，USD 为美元。

销售额(USD)：即由相关广告活动获取的金额，USD 为美元。

ACOS：即广告成本销售比，是指广告支出金额占广告带来的销售额的百分比。ACOS 是衡量广告效果的重要指标之一。ACOS=广告花费/广告销售额。

ROAS：即广告支出回报率，这是衡量卖家在广告上花费的每一美元所带来的销售收入的指标。它是 ACOS 的反向概念，因此 ROAS =1/ACOS=广告销售额/广告花费。从本质上讲，它会告诉卖家广告活动是否有效。ROAS 越高，广告就越成功。某店铺 2022/7/25－2022/7/31 一周在亚马逊的广告推广数据如表 5.5 所示，包含日期、广告活动、广告组合、曝光量、点击次数、花费(USD)、销售额(USD)等共 24 个字段。

表 5.5　某店铺 2022/7/25－2022/7/31 一周在亚马逊的广告推广数据

广告效果的分析：通过对比多个广告活动的 ROAS 指标，可以帮助卖家分析营销活动效果。分析步骤如下：创建数据透视表，基于广告活动字段汇总花费和销售额数值指标，创建数据透视表如图 5.11 所示。

图 5.11　创建数据透视表

数据透视后可以得到两个主要指标，每次广告活动的销售额总和以及广告花费总和，广告支出回报率(ROAS)如图 5.12 所示。

ROAS 达到多少算合格并没有标准，还取决于卖家的净利润率。如果利润率高，卖家自然可以接受一个较低的 ROAS，相反则需要保持较高的 ROAS 才能让广告投入不亏损。但如果 ROAS 小于 1，考虑到产品成本与亚马逊的开店与佣金费用，广告活动就是亏损的，如图 5.13 所示，案例中店铺开展的广告活动，有两个必定是不合格或者无效的。

图 5.12　广告活动 ROAS 值

图 5.13　亏损的广告活动案例

这时卖家需要进一步采用数据透析方法分析该活动的 ROAS 趋势。卖家需要复制粘贴一个新数据透视表，重新修改数据透视表字段，如图 5.14 所示。

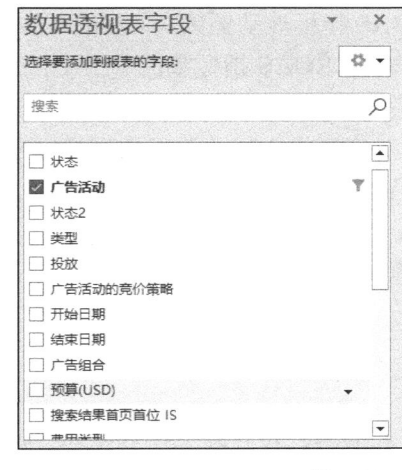

图 5.14　修改数据透视表字段

筛选得到分析时间段内的"广告组 3-活动 1"每天的 ROAS，如图 5.15 所示。

图 5.15　"广告组 3-活动 1"每天的 ROAS

为更直观观察数据内容，可插入图表，如图 5.16 所示。

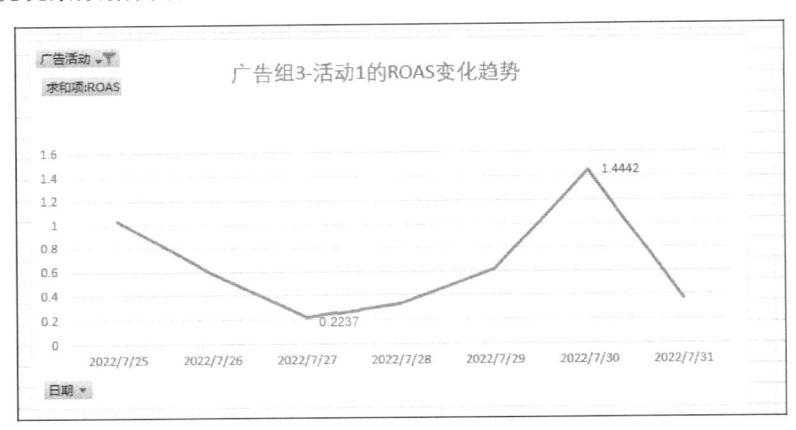

图 5.16　"广告组 3-活动 1"每天的 ROAS 变化趋势图

观察趋势图，可以得出结论如下：该广告的 ROAS 指标波动频繁，数值最高为 1.4442，最低为 0.2237，差距相对较大；大部分时间段该广告的 ROAS 指标数值小于 1；2022 年 7 月 29 日是一个重要转折点，ROAS 指标数值大幅度上升；2022 年 7 月 30 日数值达到该周的最高峰，增幅约为 134.07%。卖家还可以进一步对广告组中的关键词数据进行分析，通过观察关键词设置内容、投放渠道等因素找出 ROAS 指标数值大幅度上升的原因。

5.3　关 系 营 销

1. 关系营销的特点

关系营销的核心是留住顾客，为顾客提供产品和服务，在与顾客保持长期合作关系的基础上开展营销活动，实现企业的营销目标。实施关系营销并不以损害企业利益为代价，关系营销提倡的是企业与顾客合作策略。具体来说，关系营销的特点主要有以下几点。

(1) 长期性。在传统营销模式下，企业不注重与顾客的长期联系，即通常所说的"一锤子买卖"。关系营销的核心就在于发展与顾客长期、稳定的关系。关系营销不仅将注意力集中于发展和维持与顾客的关系，而且扩大了营销的视野，它涉及的关系包含了企业与其所有利益相关者间的所有关系。

(2) 整体性。关系营销不仅仅是企业营销部门的工作，它涉及企业的各个部门，因此在开展关系营销时必须强调企业内部的相互协调，加强部门间信息沟通，避免部门间的权力冲突。关系营销部门及经理要关注企业在制定、开展其关系营销战略时的整体协调性。

(3) 层次性。关系营销有三种创造顾客价值的层次，即一级关系营销、二级关系营销和三级关系营销。

一级关系营销，也称财务层次。企业维持顾客关系的主要手段是利用价格刺激换取目标市场顾客的财务利益。以优惠价格、有奖销售、折扣、回扣等手段刺激顾客购买本企业的产品均属这一层次的关系营销；

二级关系营销，也称社交层次。指购销双方在财务层次的基础上，建立起相互了解、相互信任的社交联系，并达成互惠承诺的友好合作关系。例如，有些企业与老顾客保持友好关系，举办各种形式的联谊活动，召开座谈会、茶话会，赠送贺卡、礼品，甚至上门访问顾客等。在社交联谊过程中企业不断研究和了解顾客的需要与愿望，关心他们的利益，表达友谊和合作态度，同时也不时发布信息让顾客了解并信任自己，使得顾客逐步成为"忠诚的顾客"；

三级关系营销，也称结构层次，这是关系营销中的最高层次。指企业通过输出资本、技术、特殊的产品和服务等方式，与顾客形成某种内在结构的联系，因此企业在一段时期内难以被竞争对手模仿和取代，从而与顾客建立起牢固的购销关系。

2. 关系营销的原则

(1) 主动沟通原则。在关系营销中，各关系方都应主动与其他关系方接触和联系，相互沟通消息、了解情况，形成制度或以合同形式定期或不定期碰头，相互交流各关系方的需求和利益变化情况，主动为关系方服务或为关系方解决困难和问题，增强伙伴合作关系。

(2) 信任原则。在关系营销中各关系方相互之间都应做出一系列书面或口头承诺，并以自己的行为履行诺言，才能赢得关系方的信任。

(3) 互惠原则。在与关系方交往过程中必须做到相互满足各关系方的经济利益，并通过在公平、公正、公开的条件下进行成熟、高质量的产品或价值交换，使各关系方都能得到实惠。

3. 关系营销的步骤

(1) 筛选出值得和必须建立关系的顾客。

(2) 对筛选出的顾客指派专人负责，明确职责范围。每一位顾客由一名关系经理负责；关系经理职责分明；派一名总经理管理关系经理。

(3) 制定详细的关系营销工作计划，按周、按月、按季度等与顾客进行联络和沟通。

(4) 进行反馈和追踪。了解顾客目前存在的问题，了解顾客的下一步计划，及时反馈信息，了解顾客兴趣，解决顾客的问题，并提供有价值的参考意见。

4. 关系营销的应用

(1) 建立并维持与顾客的良好关系。首先必须真正树立以顾客为中心的观念，一切从顾客出发，将此观念贯穿到企业生产经营的全过程中；其次，切实关心顾客利益；最后，要加强与顾客的联系，密切双方感情。

(2) 促进企业合作，共同开发市场机会。首先，关系营销有利于巩固企业已有的市场地位；其次，有利于企业开辟新市场；再次，有助于多角化经营战略的展开；最后，有利于减少无益竞争，达到共存共荣的目的。

(3) 协调与政府的关系，创造良好的营销环境。企业与政府间的密切合作要求企业的一切活动必须有利于实现政府宏观调控的目标；而政府的宏观调控又要有利于企业开拓市场，促进社会经济的发展。

【课后任务】

1. 选择某跨境电商平台，分析其平台上采用的各类广告促销模式。
2. 为某个跨境电商企业设计一份 Facebook 广告方案。

实践篇

第6章 站内营销

【学习目标】

本章介绍跨境电商站内营销。从了解站内营销特点开始，对流量和转化有客观的分析，并了解站内广告、平台活动和联盟推广三种站内营销方式；随后详细讲述速卖通平台、亚马逊平台的站内推广策略。

【引例】

深圳 A 公司的第一个 eBay 店铺账号注册于 2010 年，发展至 2022 年已有 12 个店铺账号。经过几年的努力，该公司的产品远销世界各地，包括北美、南美、欧盟的 16 个国家以及中东、东南亚等地区，最主要的消费群体集中在美国、英国、德国、法国等 12 个国家。该公司 eBay 店铺经营的产品品类众多，主要集中在电脑配件、手机配件、电子烟配件、五金以及塑料等产品。其主要营销手段是折扣、满减、买二送一、eBay 推送广告等。A 公司每天都会上架更新产品，优化产品品类，从中选择销量好、曝光量高、点击率高、转化率高的产品不断优化，以便获取更多的流量以及客户资源。深圳 A 公司经营的 12 个 eBay 店铺每天的曝光量、访客数、浏览量、订单数、转化率都不尽相同。每天不断更新上架产品主要是为了保持产品的曝光量，从而给店铺带来充足的流量。

6.1 平台流量与规则

企业如果选择第三方电商平台作为交易渠道之一，那么企业将面临一个问题，就是自己的产品和店铺如何在众多入驻商家中脱颖而出，争取到更多的第三方平台公域流量。因此分析第三方平台流量及其规则是站内营销的第一步。

6.1.1 第三方平台流量分析

平台流量高低直接影响入驻卖家店铺产品的销量，为此分析和比较这些交易平台的流量数据至关重要。

第6章 站内营销

1. 流量分析工具

2022年5月后，原本用于网站流量分析的知名平台Alexa正式关闭，可以替代的流量分析平台主要有以下几个。

（1）SimilarWeb。在亚马逊宣布即将关闭Alexa.com之后，SimilarWeb随即宣布提供免费的网站排名API。

（2）Semrush。提供一个自制的工具对互联网域名进行排名，一个网站的Semrush排名是通过分析其每月的预期流量、关键词在谷歌顶部的排名，以及其他一些货币因素（如付费关键词和流量）来计算的。

（3）Ahrefs。深入了解任何网站或网址的自然搜索流量和外链，简单来说，就是可以了解竞争对手，分析竞争对手在做什么、用什么方法、采用什么市场策略、达到了什么效果。主要工具包括：Site Explorer 网站分析、Content Explorer 热门分析、Keywords Explorer 关键词分析、Rank Tracker 排名监控、Site Audit 网站诊断。

2. 流量分析内容

要了解不同平台的流量情况，可以分析的内容包含以下几点。

（1）交易平台的总体情况。包括全球排名、类目排名、总访问量、访问页数、访问时长等；2022年8月16日3个交易平台的总体流量情况如表6.1所示。总体情况可以帮助企业更好地选择入驻和加入的平台类型。当然，需要考虑到许多公司有多个交易站点，如亚马逊的美国站、英国站、德国站等。整理分析时，应该综合考虑所有站点的总体情况。

表6.1　2022年8月16日3个交易平台的总体流量情况

交易平台	全球排名	电子商务品类排名	总访问量	跳出率	每次访问页数	平均访问时长
Amazon.com	11	1	2.7B次	34.62%	9.29页	7′25
Aliexpress.com	75	6	425.1M次	40.40%	4.94页	6′01
eBay.com	35	2	788.6M次	37.58%	6.71页	6′35

（2）交易平台流量的来源情况。包括国家和地区来源、社交媒体来源、设备来源等。2022年8月16日3个交易平台的流量来源情况如表6.2所示。

国家和地区流量来源分析对于企业的目标市场定位很重要，如表6.2中的亚马逊和速卖通，前者美国访问者更多，后者巴西和俄罗斯的访问者更多。流量来源分析可以帮助企业有针对性地开展社媒推广。

表6.2　2022年8月16日3个交易平台的流量来源情况

亚马逊		速卖通		eBay	
国家和地区来源	社媒来源	国家和地区来源	社媒来源	国家和地区来源	社媒来源
美国 82.54%	YouTube：57.05%	巴西 12.11%	YouTube：65.22%	美国 79.45%	YouTube：49.09%
加拿大 1.10%	Facebook：18.78%	美国 8.74%	Facebook：16.67%	加拿大 3.09%	Facebook：18.64%
英国 1.04%	Reddit：10.23%	俄罗斯 6.57%	Twitter：3.70%	墨西哥 1.12%	Reddit：15.82%
印度 1.00%	Twitter：6.13%	西班牙 6.57%	WhatsApp：3.29%	英国 0.90%	Pinterest：5.06%
中国 0.87%	Instagram：1.69%	法国 6.06%	Reddit：2.91%	澳大利亚 0.76%	Twitter：4.71%
其他 13.45%	其他 6.12%	其他 58.68%	其他 8.21%	其他 16.30%	其他 6.69%

6.1.2 第三方平台流量规则

对平台流量分析是为了更好地选择平台渠道,一旦选定某个或者某几个平台之后,企业就需要考虑如何尽可能争取到平台的公域流量。特别是随着平台中的商家和产品数量大大增加,如何吸引更多的流量成为每个跨境电商企业聚焦的重要问题。此外还需注意流量的有效性,需要兼顾扩大流量与提升转化率,即在引流过程中关注转化率。为做好引流,自然需要了解和熟悉平台的规则。

1. 账户的健康与安全性规则

平台给予流量的前提是企业账户或店铺是健康的,或者是较高等级的。本书以速卖通和亚马逊为例分析。

1)速卖通店铺整体状况诊断

(1) 90 天类目清退考核。速卖通每隔 3 个月对店铺考核一次(因此也叫 90 天类目清退考核),考核 2 个指标 DSR 商品描述和货不对版纠纷率,如果类目 90 天 DSR 商品描述平均分 < 4.3,或者类目 90 天货不对版纠纷率≥5%,会被关闭该类目经营的权限。

(2) 店铺经营状况分析——每日服务分。为了更加突出速卖通平台店铺类目商品质量和服务能力,2016 年 1 月起速卖通正式提出对卖家店铺进行分类目服务分考核,分为优秀、良好、及格和不及格,如表 6.3 所示。等级越高对搜索排序越有利,不同等级的卖家在橱窗推荐数、平台活动、直通车权益、营销邮件数据量等方面享有不同的资源。店铺经理还能根据卖家服务表现挑选出中国金银牌卖家,给予一对一的帮扶政策和其他一些在平台的优先权。

表 6.3 速卖通不同月服务等级的享受资源

类目	不及格	及格	良好	优秀
定义描述	上月每日服务分均值小于 60 分	上月每日服务分均值大于等于 60 分且小于 80 分	上月每日服务分均值大于等于 80 分且小于 90 分	上月每日服务分均值大于等于 90 分
橱窗推荐数	无	无	1 个	3 个
平台活动	不允许参加	正常参加	正常参加	优先参加
直通车权益	无特权	无特权	开户金额返利 15%,充值金额返利 5%(需至直通车后台报名)	开户金额返利 20%,充值金额返利 10%(需至直通车后台报名)
营销邮件数据量	0	500	1000	2000

卖家在后台登录平台后,都会给予当月服务等级提示,如图 6.1 所示。

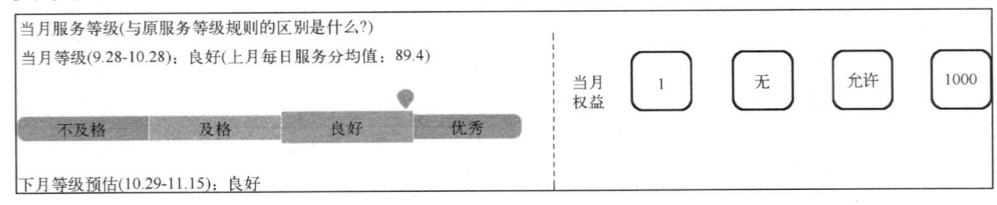

图 6.1 速卖通卖家后台月服务等级提示

因此，对于卖家来说，分值 90 以上(优秀)才是目标。查看各项数据时，如果单项数值高于同行平均值显示绿色数字，如果低于平均值显示橙色数字，负分则显示红色数字。

在店铺诊断中，如果 90 天类目清退考核是诊断目前店铺是否还有经营资格的指标，那么每日服务分则是诊断店铺在未来可能会得到的资源以及预期的指标。

2) 亚马逊账户安全诊断

如图 6.2 所示，亚马逊账号状态分几种情况：审核状态、活动状态、受限状态和暂停状态。如果账号的图标显示为绿色对勾，那么账号就是健康的，而且是优秀的，表示为买家提供了良好的购物体验，达到亚马逊的标准；如果账号图标显示为黄色感叹号，表示账号状态一般，并且未达到亚马逊标准，应立即查看，可能有负面反馈和索赔；如果标记为红色叉号，代表账号状态差，表示未达到亚马逊标准，需要立即改善。

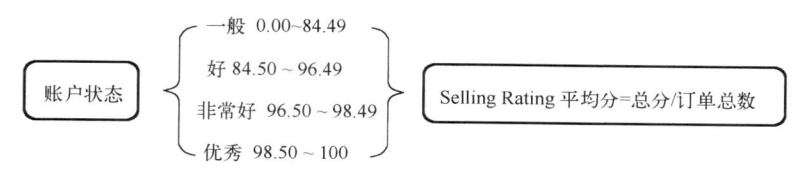

账户状态 { 一般 0.00～84.49 / 好 84.50～96.49 / 非常好 96.50～98.49 / 优秀 98.50～100 }　　Selling Rating 平均分=总分/订单总数

图 6.2　亚马逊的账号状态

判断账号健康与否的指标有硬指标和软指标，指标如不能达到，店铺会被审核、冻结甚至关闭，账户不健康就不会有购物车。硬指标包含订单缺陷率、订单取消率、发货延迟率、及时投递率和违反政策 5 项。

(1) 订单缺陷率(Order Defect Rate，ODR)不得超过 1%。若某笔订单收到负面反馈(Feedback)、A-to-Z 保障索赔(Claim 纠纷)、服务信用卡拒付，则该订单有缺陷。ODR=相关时间内缺陷订单的数量/订单总数，分为短期(最近三个月)和长期(最近三个月再往前 3 个月)。A-to-Z 保障索赔被拒、买家主动取消且没有退款的订单不算在内。

(2) 订单取消率(Cancellation Rate，CR)不得超过 2.5%。订单取消率指因为库存不足或某种原因，买家的订单被主动取消。CR=确认发货前卖家取消订单数/所有订单数(买家自己申请要取消的订单除外)。

(3) 发货延迟率(Late Shipment Rate，LSR)低于 4%。LSR=发货延迟的订单/总订单数。

(4) 及时投递率(有效追踪率)(On-time Delivery，OTD)应大于 97%。此项指标仅针对自发货，要求卖家必须及时发货和投递，运单号能被跟踪。订单处理并填写发货通知后 48 小时之内必须有物流跟踪信息。此项如果不能达标将可能被移除该分类的销售权限，有效跟踪率不包括小包类物流。

(5) 违反政策(Policy Violations，PV)。比如关联、侵权、卖假货，严重的话会被封店铺，甚至可能影响美国入境。这个指标是累计的，很难撤销，因此卖家同样需要认真对待。

软指标包含准时达到率、退货不满意率、客户服务不满意率。

(1) 准时达到率(在设置的时间内送达)应大于 97%。

(2) 退货不满意率。买家向卖家提出退货请求，卖家 48 小时内未回复或者错误拒绝买家而收到的负面反馈所占的百分比应低于 10%，过高会影响账户健康。

(3) 客户服务不满意率。"买家与卖家消息"中的回复表示不满意的买家所占的百分比应低于 25%，包含 24 小时回复次数(>90%)、延迟回复率(≤10%)、平均回复时间。卖家如果发现回复时间延迟了，可以点击"无须回复"按钮后尽快联系客户。

2. 平台流量分配与排名规则

流量分配与搜索排序在某种意义上是一体的，因为只有搜索排序在前曝光量才更多，流量才更大，不过流量不仅仅是来自搜索结果页面，因此本部分将两个规则分开介绍，读者在操作实践时需要将两者统一起来考虑。亚马逊的流量分配则与知名的 A9 算法(目前已经升级到 A10 算法)有关。

1) 速卖通流量分配规则

速卖通在 PC 端流量分配与很多因素有关，平台会对每个店铺进行综合评分，分数范围是(-100，+100)。这个综合评价分与以下因素有关。

(1) 产品关键词搜索匹配情况，分数范围是(-100，+10)，如果类目不匹配分数为-100，还会以评价标题关键词、页面关键词、属性和详情页等匹配情况给分。

(2) 市场表现力，分数范围是(-100，+35)，这个分数与点击转化率、访问深度、访问时间、收藏量、购物车数、浏览下单转化率、总订单数、总销售额、7 天同期订单数增长率、7 天同期销售额增长率、好评率、退款率、纠纷率有关，最近 30 天销量、无线端成交量也会影响分数。

(3) 店铺服务能力，分数范围是(-100，+30)，涉及指标是每日服务分、每月服务分、发货速度、店铺好评率、店铺纠纷率、店铺 DSR 评分，此外货不对版纠纷率低于规定指标一半才可以达标，这也是成为中国好卖家的要求之一(店铺成为"中国好卖家"可以为店铺运营提供诸多便利)，店铺的服务等级必须保持良好以上。

(4) 店铺资源利用情况，分数范围是(0，+20)，这项指标考核橱窗、特殊标识、平台活动等资源的利用情况。

(5) 账号活跃度，分数范围是(-100，+5)，这项指标鼓励卖家持续运营，如果卖家 3~7 天以上没有管理账号，曝光一定减少。持续上新、产品动销率、账号登录、旺旺在线时长、订单处理、店铺活动资源利用率、产品到期更新、回复站内新订单留言的速度等都可以体现店铺账号活跃度。

(6) 反作弊，分数(-100，+5)，如果卖家有作弊行为，将会被扣分。因此卖家要遵守速卖通平台规则以免被扣分，如不能轻易改价格。

还有两项指标尽管在速卖通规则中没有明确指出，但实际上影响也很大。

(1) 动销率=出单的产品 SKU 数/店铺内总体产品 SKU 数。分数越高，流量分配越多；

(2) 物流因素：物流会影响到许多方面，如发货速度、好评率等，因此要得到更多流量，物流需要做好。如做海外仓的卖家，平台会给予更好的排名，从而给他们带来更多流量、提高转化率、缩短新品好评时间，因此建议卖家可先开通海外仓，找诸如第三方的物流商，先把海外仓的服务开通，对于提高发货效率十分重要。

此外知名品牌和新品会有优势，如果产品在国内电商平台比较出名时，在入驻速卖通时可享受特权，直接升级为金牌卖家；对于新品招商，卖家也可积极参加，推动产品排名。

2) 速卖通搜索排序规则

速卖通搜索的整体目标是帮助买家快速找到想要的商品并且能够有比较好的采购交易体验，而搜索排名的目标就是要将最好的商品、服务能力最好的卖家优先推荐给买家，所以能带给买家最好的采购体验的卖家，其商品的排序就会靠前。

搜索的综合排序由相关性得分+商业得分综合计算得出，如图6.3所示。

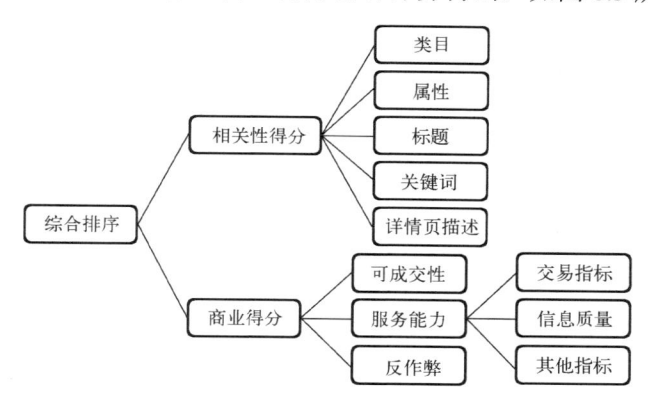

图 6.3　速卖通搜索排序规则

相关性得分指的是当搜索关键词可以在产品的标题、系统提供的标准属性和关键词中找齐时，产品就会进入搜索结果中。相关性是搜索引擎技术里一套非常复杂的算法，是判断卖家的商品在买家输入关键词搜索与浏览类目时，与买家实际需求的相关程度；相关度越高的商品，排名越靠前。相关性五重匹配因素包括类目、属性、标题、关键词、详情页描述，这可以称之为五码合一。系统会结合两点(产品所在类目与搜索词的相关度、产品的标题在语义上与搜索词的相关性高低)计算出一个相关性得分。

商业得分主要参考三个方面，可成交性(系统会结合产品和卖家等多方面信息预测产品未来的可成交性)，服务能力(平台对产品和卖家在服务类指标上的表现有硬性要求)，反作弊(平台会对作弊的产品和卖家有较大力度的处罚)。三者有同等重要性。可成交性是基础，得分越高，排名越高；成交量低的卖家和产品，服务再好排名也低，反过来服务不够好的卖家和产品，成交量再高，排名也低；作弊对产品和卖家的影响也很大，特别是发生重复铺货、类目错放之类严重作弊的产品会直接降到排序最后，甚至被屏蔽，这对整个店铺产品的排序也会有影响。

与搜索排序因素有关的违规作弊行为类型有：类目错放、属性错放、标题堆砌、黑五类商品错放(订单链接、运费补差价链接、赠品、定金、新品预告五类特殊商品没有按照规定放置到指定的特殊发布类目中)、重复铺货、广告商品、描述不符、计量单位作弊、商品超低价、运费不符、SKU作弊、更换商品、标题类目不符。

一般情况下，商业得分比相关性得分重要，相关性得分是基础，没有相关性得分，商业得分再高也没用。但是在相关性得分差距不大的基础上，商业得分的影响更大。而商业得分中，可成交率比重很大，可成交率最终与转化率有关。

3) 亚马逊A9算法

A9是一家被亚马逊收购的公司，这是一家研究"商业搜索引擎"的公司，它借鉴了电话拨号键盘上的 A+9 的编排模式。A9 提供产品搜索排序、视觉搜索排序、云搜索排序、手机应用搜索、广告搜索排序和技术性运转支持的服务。

亚马逊不仅是网上购物平台，其搜索引擎算法也可以与谷歌、Bing 相提并论。不同的是，谷歌的搜索引擎是为了卖广告；亚马逊的搜索引擎是为了卖产品，为了更好的用户体验、更快的利益转化。

亚马逊站在为买家提供服务的角度，因此 A9 有几个简单原则。

(1) Perfect Products：精准推荐好的产品，提升买家体验；

(2) Fewer Clicks：减少买家搜索时间，让买家点击 3 次之内找到喜欢的产品；

(3) Right Advertisements：正确的广告，卖家付费可以获得更多成交机会，但是不能让广告费上涨过快造成卖家价格提升引起买家体验感降低，也不能让卖家通过付费向买家推荐劣质产品。

像 A9 这么复杂的算法是绝对不会单独考虑某一个主要因素的，它一般会把所有的因素加权计算，主要因素占的权重高一些。亚马逊 A9 算法有三大核心支柱——转化率、关联性、客户满意度和保留度(客户留存率)。

1) 转化率

转化率是对匹配结果的检验，就像点击率一样，它更依赖于单个的关键词。转化率是实际买家占访问产品列表页面的购物者数量的百分比。

A9 算法中，转化率占有相当大的比重，转化率的高低直接影响着一条 Listing(在亚马逊平台，商品介绍页面称为 Listing)经由 A9 算法评估后的展示结果。在亚马逊平台，买家通过销量排名、买家评论(Review 数量和星级)、产品图片(尤其是主图)和价格等要素判定一个产品是否符合其需求，以及品质是否能够达到其期望，如果能达到，购买就容易形成，购买率就高，A9 算法就会为其增加展示权重。影响转化率的因素有以下几点。

(1) 销售排行：销量高，排名好的产品销量会更多；反过来，排名越靠前的产品，销量则相应越高；销量好的产品，可以看到系统注明的"Best Seller"字样。

(2) 买家评论：买家评论有综合评论量和好评率两大因素；要特别注意差评的影响，一个差评的负面影响超过 5 个好评。

(3) 解答买家疑问：虽然官方没有直接说出来这与排名有关，但是这个数据却放在 Listing 的顶端，足以显示其影响转化率的重要性；FAQ(Frequently Asked Question，常用问题解答)等都可以增加买家停留时间，对转化率影响很大，在 FAQ 中可以嵌入关键词，如图 6.4 所示。

图 6.4　Best Seller 与 FAQ 的显示位置

(4) 图片尺寸和质量：一般来说图片要求大、高清、1000×1000 的像素。

(5) 价格：决定预估转化率最重要的因素就是价格，同时价格也是亚马逊决定 Buy Box 归属的主要因素。

(6) 父子类产品：亚马逊偏好于排名有多个选项的 Listing，若将同类产品结合在同一个主要的产品页面，可最大限度地量化买家评价。父子类产品将相似的产品合并到单一的产品页面，可以最大化买家评论，从用户体验的角度看也是最合理的，让买家多停留在一个页面，他们更可能会选择购买，因此亚马逊有多属性产品排名更优的偏好。

(7) 页面停留时间：亚马逊认为，买家在一个产品页面停留时间的长短是衡量买家对这个产品兴趣度的最好标尺，一个看完所有产品描述、看遍评价并探究 Q&A 的买家比只在页面上停留几秒看产品特点的买家更倾向于购买。

(8) 产品 Listing 的完整性：产品 Listing 越完整、越好，排名在搜索结果前面机会越大。

2) 相关性（也被称为关联性）

相关性即搜索结果和买家真实购买意向的一致性，是匹配的基础。卖家与买家搜索的产品关键词对应匹配的内容主要体现在产品标题、Bullet Points、产品描述和 Search Term 关键词中。对于某些产品，产品属性、品牌名称、技术参数等内容在一定程度上也是 A9 算法识别产品相关性的要素。

(1) 产品标题：如图 6.5 所示，在 80 个字符内填入尽可能多的关键词。

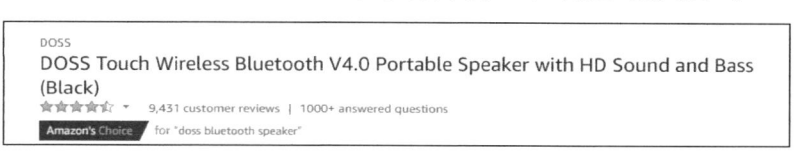

图 6.5　亚马逊产品标题

(2) Bullet Points：如图 6.6 所示，Bullet Points 旨在突出产品核心功能，产品特性相应地分点排列，做到清晰、简洁、详细。

图 6.6　亚马逊 Bullet Points

(3) 产品描述：描述要尽可能新颖、深入，第一时间吸引用户眼球；要容易浏览；描述中可以包括图片、题注以及没有列在正常技术部分的额外参数。

(4) 检索词 Search Term：亚马逊列出 5 个不同的 1000 字符的搜索词字段，相当于 5000 字符的文本框，尽可能为产品输入每一个可能的搜索词，但卖家们在搜索一行中仅可填写 250 个关键词。

(5) 规格技术参数：详细列出产品技术参数和物理细节。

(6) 类别和子类别：明确表明某件产品的类目以及子类目信息，以汽车用品为例，相应的子类目包含汽车配件、汽车零件、汽车工具和设备等相关产品。

(7) 品牌&制造商：详细列出品牌和制造商。

(8)源关键词:类似于 bit.ly,tinyurl.com 的超链 super URL。卖家使用此链接,在互联网包括社交媒体、电子邮件上发布产品链接。当用户点击链接时,Amazon Super URL 服务会动态生成 qid 参数和搜索排名参数,然后执行 HTTP 302 重定向,使其看起来像用户刚刚在亚马逊上进行的搜索。如果用户购买产品,它将被视为所需关键词的销售,即使消费者并没有实际搜索并选择该产品,亚马逊的源关键词如图 6.7 所示。

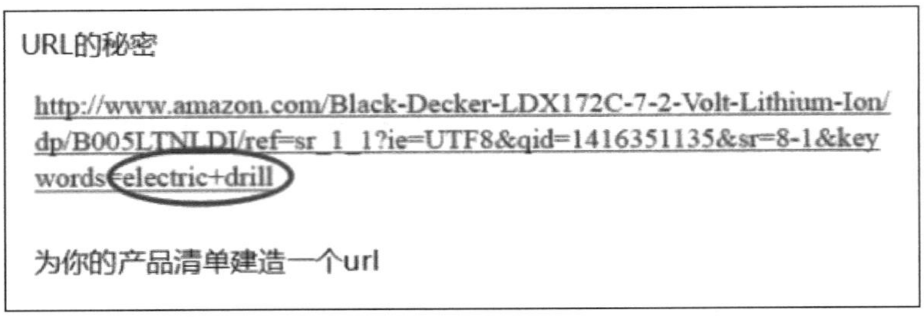

图 6.7 亚马逊的源关键词

3)客户满意度和保留度(买家留存率)

如何从单个买家身上赚更多的钱?那就是让他们满意,让他们成为回头客。亚马逊认为最大化 RPC(Revenue per Customer,单个买家收益)来自于买家留存率,让同一买家购买 10 次,一次花 10 美元,比让买家一次性花 100 美元难多了。买家(或客户)留存率是卖家账号的综合表现,具体包括订单缺陷率(ODR)、完美订单率(POP)、可售库存、Feedback 表现等所有和账号绩效表现相关的要素,因此也称为客户满意度和保留度。买家留存率主要体现在三个方面——Review;Feedback;复购率。可以从以下几个方面提高买家留存率。

(1)卖家负面反馈:亚马逊会跟踪卖家负面反馈率,因此卖家需要尽可能地让反馈好。

(2)订单处理速度:是否快速、精准。

(3)可售库存:低库存率或者缺货会导致高退款率及取消率上升。所以无论是自营还是第三方物流,都应该及时跟踪库存,这对于维护排名或者抢占 Buybox 有重要意义。订单退款率和取消率是衡量买家满意的两大主要指标。

(4)完美订单率(POP):用来衡量有多少订单完美地从"加入购物车"到送达买家手中的指标;完美订单率与下列因素有关,库存多、精准 Listing、快速发货(订单处理速度和精准发货)。POP 高,排名自然提高。

(5)订单缺陷率:一旦出现买家负面反馈、索赔保障、任何一种运输问题以及信用卡退款,都会造成订单缺陷率的提升。

(6)离开率(退出率):即买家访问亚马逊卖家的页面停留时间。亚马逊卖家可通过设置完整的 Listing 及保持库存率,增加买家在其产品页面的停留时间。

(7)包装选择:利用亚马逊 FBA 提供免费抗损包装。

(8)Listing 完整性:Listing 页面展示上要尽可能尽善尽美。Listing 越完整越好,创建时尽可能填写产品的每个属性,以便产品显示在最佳搜索结果页面。

4)A9 搜索算法新调整——A10

2016 年以来,A9 算法不断修订严谨,也逐渐被称为 A10 算法。新算法中亚马逊的排名规则开始更注重客户体验，对 Search Terms 权重逐渐降低，Listing 标题、卖点、大描述 A+ 里面的关键词权重则相应在变高；销量权重比例在变低；转化率销售权重比例在变高；Review 越多，权重也会越高；单价越高的产品，排名也会上升越快。

当然，亚马逊一直以来都很重视 Review（产品评价）。在亚马逊、eBay、Wish、谷歌搜索同一个关键词，可以看到除了亚马逊，eBay、Wish、谷歌都并没有把 Review 放在最首要的位置，这些平台页面几乎没有按照 Review 搜索产品的选项。而在亚马逊上，Review、价格、Prime 标记（FBA 发货）却是核心精选条件。

A10 与 A9 对待 Review 的处理方法不同：过去 Review 平均分越高，转化率也容易越高。现在亚马逊不再按照 Listing 的 Review 平均分来影响排名了，而是引入了机器人机制，根据以下条件来决定 Listing 星级评定：Review 的留评时间，早期 Review 的权重大于最近刚留的 Review，时间越久评级越高；Review 被客户点赞越多，权重越大。"如果好评点赞个数有几十乃至上百个，那么即使有几个差评出现也不会很大程度影响 Review 的评分，不至于从 4.5 降到 3.5；如果 Review 没有赞或者很少有好评，那么差评评分对评级来说将会是一个跳水式的打击，毫不夸张地说，星级一落千丈从此没单"，因此卖家们要尽可能争取到更多客户的好评，最终提高产品销量。

除此之外，A10 比 A9 更重视卖家的各种营销，包括站外营销。亚马逊认为站外评价非常重要，特别是高质量的流量、高权限的网站、微网红或流行博客的评论。因此通过亚马逊站内、独立站和联盟营销，在确保产品相关性以及正确类别的基础上可以提高自然排名；还可以将亚马逊外部流量引到 Listing，提高展现量（曝光），效果会比 PPC（Pay per Click，按点击付费）更有效；或者获得较高的谷歌排名可以提高产品排名。单纯依靠折扣和促销提高排名将越来越困难，因为亚马逊已经取消了这类提供大量折扣和促销活动的 Listing，因此卖家的广告预算要更多样化。

6.2 跨境电商平台站内营销

6.2.1 速卖通平台

1. 速卖通站内营销

1）需要开展站内营销的情况
(1) 店铺缺少热销产品导致店铺无法根据市场精确定位。
(2) 店铺信誉低、评价少导致转化率低。
(3) 店铺人气低、排名靠后、流量少且不稳定。
(4) 时间是平台和店铺周年庆以及目标人群国家的重要节日。
(5) 店铺新品上线。
2）站内营销的目的
(1) 吸引新买家：活动能更大程度刺激一些新买家对产品的兴趣。

(2) 老买家促进转化：更优惠的价格能促成成交，同时增加与买家的互动，增加情感连接。

(3) 积累买家数据：每一个买家的联系方式都是宝贵的财富。

3) 站内营销方式

(1) 直通车：通过关键词竞价排名引流提高点击率。

(2) 全店铺打折：所有产品都能参加。

(3) 优惠券：刺激买家付款欲望促成成交。

(4) 限时折扣：用于推新品。为新品快速积累销量以及清库存，低价清仓减少资金压力。

(5) 满立减：大幅度提高客单价、促成凑单。

店铺一般要使用营销活动组合拳，一般使用以直通车为主，配合其他平台活动的方式，达到推广的目的。

4) 站内营销流程

(1) 推广方案设计。从选品、选词和产品描述等方面着手。首先主要是推广产品选择。在此介绍 2 ∶ 7 ∶ 1 选择法则：2 表示市场上热销产品，目的是低价引流；7 表示热销产品，可以进行打折促销提升转化；1 表示品牌款（当然有可能会引起品牌纠纷）。卖家根据店铺内的产品及其各自的表现进行初步选择，后期不断调整。

其次注意选词和排名。不建议新店大量添加热门关键词进行推广，新店也并不一定要排到第一页；长尾关键词是竞争小但也有一定流量的词，是店铺最主要的流量来源，而且适合长期进行推广。建议按照流量的高低分开来使用长尾词，对于主打商品使用较高流量的长尾词，及时调整、保证排名；其余长尾词放入其他的产品，观察情况。长尾词和热门词结合使用，多用长尾词，关注排名，合理竞价，开直通车。

(2) 调整推广方案。根据数据分析，调整推广方案，优化店铺。

重视日常操作：关注已有关键词的排名情况，保证流量，及时调整；把控预算，保证足够的推广时长；根据行业的资讯等各种渠道获得搜索词表，及时调整，添加市场上新增的与产品相关的词。

及时进行数据分析：对于曝光比较高、点击比较少的产品，建议优化标题图片等，或者使用其他产品进行更换；对于点击比较多、成交比较少的商品，查看详细描述有哪些需要提升的地方。

(3) 完善和开展推广方案。使用基础营销的方式完善推广方案，如平台活动、限时折扣、满立减、店铺优惠券、全店铺打折、联盟营销、关联营销等。

(4) 推广效果评估和考核。每次推广活动都需要事前有计划、事后有评估，借助评估不断修订推广方法，并帮助完善选品、定价、运营等系列活动，因此评估环节很重要。

2. 直通车

速卖通作为阿里系的产品之一，直通车也被称为平台的重要付费推广工具。直通车的推广原理主要是 PPC（按点击付费）以及竞价排名（这个竞价排名与百度和谷歌有所差异，速卖通还会考虑店铺经营的因素，如非诚信店铺的直通车不可能展现在第一页等）。

如原先在速卖通搜索页关键词"women fashion sneakers"自然排名在第 2 页第 32 位的

女鞋，可以通过直通车使其展现在这一关键词搜索结果的第一页右侧。

因此在直通车管理中，最重要的有两件事，一是选好投放的关键词，二是确定投放的价格，速卖通直通车提高展现排名如图 6.8 所示。

图 6.8 速卖通直通车提高展现排名

直通车管理首先需要考虑清楚推广方式，同时构建关键词词表，最后按照流程进行推广。

1) 直通车推广方式

直通车推广可以分为重点推广计划与快捷推广计划两种。

重点推广计划指的是每个推广商品下都有其独立的推广关键词，单独设置商品推荐投放，所有商品共用一个每日广告费用消耗上限；

快捷推广则是所有商品共用所有的关键词，默认展示商品评分最高的商品，只能统一设置商品的推广投放，系统选择匹配度高的商品展示，所有商品共用一个每日广告费用消耗上限。

2) 关键词词表构建

直通车选词必须来源于产品标题(核心词)，并高于产品标题(也就是长尾关键词)，必须与产品属性紧密相关，没搜索量的词一定不能要。

直通车所用的关键词必须与产品属性紧密相关；没搜索量的词不要做直通车，另外从 2017 年开始速卖通精做各个国家站点，因此不同语言版本的关键词需要重点关注。

在构建词表过程中，还可以参考平台直通车设置中的一些帮助，如推荐词、搜索相关词等，根据平台提供的推广评分、搜索热度、竞争度、市场价格等指标进行筛选。

卖家店铺的产品很多，如果是选择重点推广计划，要按照不同产品整理好这些关键词，制作成 Excel 表格，在后期要结合推荐效果不断优化。

3) 直通车推广步骤

(1) 筛选直通车关键词构建词表。

(2) 添加选择好的关键词。

(3) 调整关键词价格。

(4) 设置推荐投放与每日消耗上限。

3. 店铺自主营销

店铺自主营销包含限时限量折扣、全店铺打折、全店铺满立减活动、店铺优惠券活动。关于这些活动的规则如下。

(1)限时限量折扣活动必须提前12小时创建，全店铺打折、满立减和店铺优惠券活动都必须提前24小时创建；

(2)限时限量折扣、全店铺打折、店铺优惠券活动可以跨月创建，全店铺满立减开始和结束日期必须在同一个月内；

(3)限时限量折扣活动一旦创建，活动商品即被锁定，无法编辑。如果想编辑该商品，须在活动开始前6小时退出活动；

(4)限时限量折扣活动在开始前6小时、全店铺满立减活动在开始前24小时，即处于"等待展示"阶段之前都可以修改活动内容；

(5)店铺优惠券活动在活动开始前均可编辑和关闭，活动一旦处于"展示中"状态，则无法编辑或关闭；

(6)限时限量折扣活动与平台常规活动的优先级相同，正在进行其中任一个活动的商品不能参加另一个活动；

(7)同时参加了限时限量折扣活动(或平台活动)和全店铺打折活动的商品在买家页面展示以限时限量折扣活动(或平台活动)的设置为准，两者的折扣不会叠加；

(8)全店铺满立减和店铺优惠券活动可同时进行，且跟任一折扣活动都可以同时进行，折扣商品以折后价(包括运费)计入满立减、店铺优惠券的订单中，产生叠加优惠，更易刺激买家下单。

4．速卖通联盟营销

速卖通联盟是速卖通官方推出的一种"按效果付费"的推广模式，它是国内最大的海外网络联盟体系之一。速卖通在其全球的拓展过程中，会为整个平台及联盟营销产品进行大量的推广，推广形式如图6.9所示。速卖通联盟目前在PC端和移动端产生数十亿次的海量网络曝光，针对全球上百个国家目标人群进行精准广告投放。

分类	形式
Content	SNS
	优惠券
	垂直资讯网站
	…
Display	网络联盟
	移动端Banner
	定向追踪
	…
Search	移动端搜索
	PC端搜索
	…
E-mail	邮件营销
PPV	浮窗广告
	弹窗广告
	…

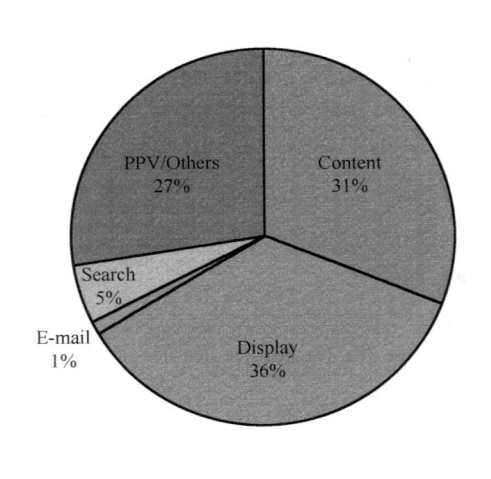

图6.9　速卖通联盟推广形式

第 6 章 站 内 营 销

加入速卖通联盟营销的卖家可以得到海量海外网站曝光机会并享有联盟专区定制化推广流量。速卖通联盟卖家只需为联盟网站带来的成交订单支付联盟佣金，预先不需要支付任何费用，无成交不付费，是性价比极高的推广方式。联盟专区：专属联盟卖家推广页面；目前联盟专区日均流量达上千万；主要由首页、Bestselling、搜索结果页、Top Picks 页面大矩阵组成。

在卖家后台，如果店铺要加入联盟营销，需要在联盟营销中进行设置。不过卖家要注意的是，店铺加入联盟，则店铺所有商品都加入联盟推广，而不只是主推商品。费用上，卖家在支付平台佣金费用基础上，还需要支付联盟佣金。交易期间买家退款的联盟订单会退回联盟佣金，而交易一旦达成，联盟佣金将不再退回。佣金分为以下几种类别，如图 6.10 所示。

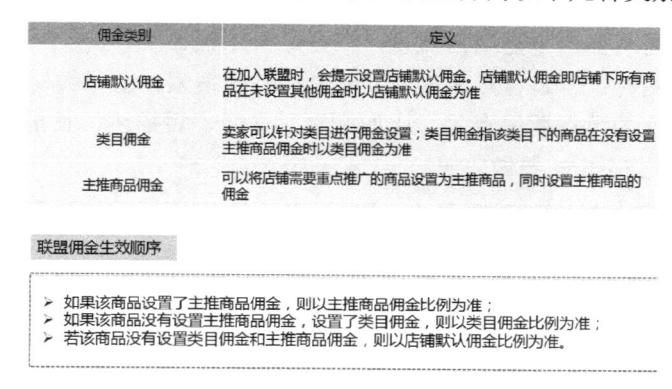

佣金类别	定义
店铺默认佣金	在加入联盟时，会提示设置店铺默认佣金。店铺默认佣金即店铺下所有商品在未设置其他佣金时以店铺默认佣金为准
类目佣金	卖家可以针对类目进行佣金设置；类目佣金指类目下的商品在没有设置主推商品佣金时以类目佣金为准
主推商品佣金	可以将店铺需要重点推广的商品设置为主推商品，同时设置主推商品的佣金

联盟佣金生效顺序
> 如果该商品设置了主推商品佣金，则以主推商品佣金比例为准；
> 如果该商品没有设置主推商品佣金，设置了类目佣金，则以类目佣金比例为准；
> 若该商品没有设置类目佣金和主推商品佣金，则以店铺默认佣金比例为准。

图 6.10　速卖通联盟佣金规则

买家从联盟网站通过特定格式的推广链接访问到速卖通，买家在店铺中下单，并且这笔订单最终交易完成，才算作一个有效的联盟订单。买家一旦通过联盟渠道引流进来后，30 天内再访问店铺或者商品的链接达成交易，仍旧计算联盟佣金。（30 天计算逻辑：买家首次通过推广链接进入开始计算 30 天，如果在这 30 天内买家又通过推广链接进入，那么又会重新开始计算 30 天。）

> **案例**
>
> 买家 Tom 通过联盟网站 A 看到了孙先生的项链(58.78 美元)，进入商铺后又购买了两件其他的珠宝产品(每件金额 55 美元)，运费 30 美元。因为孙先生设置了"珠宝" 6% 的佣金比例，而项链作为主推商品有 10% 的佣金比例，所以孙先生需要为这笔 198.78 美元的订单支付多少佣金？
>
> $$58.78 \times 10\%(项链佣金) + 55 \times 2 \times 6\%(珠宝佣金) = 12.48 \text{ 美元}$$
>
> 买家 Tom 收到货后很满意，又直接访问孙先生的店铺，下单购买了其他款式的 5 条项链(每条 56.54 美元)，以及 1 个小件电子产品(每件 100 美元)，运费 20 美元。这个买家是从联盟网站带来的，并在 30 天的有效期内，所以应该支付联盟佣金。由于该款式项链没有单独设置成主推商品但属于珠宝类目，因此有 6% 的佣金比例，而电子产品没有设置单独类目佣金，所以按照 5% 的默认佣金支付。因此孙先生需要为这笔 402.70 美元的订单支付多少佣金？

> 56.54×5×6%(项链佣金)+100×5%(电子产品佣金)=21.96 美元
>
> 因此一般情况下，卖家最好开通联盟营销。但有种情况下需要谨慎：卖家自己在做站外推广的时候不宜开通，否则那些站外流量都会被计入联盟营销中。

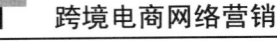

6.2.2 亚马逊平台

1．亚马逊流量情况

亚马逊平台也鼓励卖家进行推广，以帮助卖家的商品在买家搜索中提升排名、增加曝光机会、提升页面流量，最终增加销售数量。

亚马逊流量分为两类，一是站内流量，二是站外引流。

站内流量也分两种：一是自然流量，主要来自站内搜索，由分类树引入，如图 6.11 所示。自然流量与卖家的数据质量有关，比如标题、详情、短描述、长描述、关键词、分类节点的选择等，因此 Listing 要做完美。

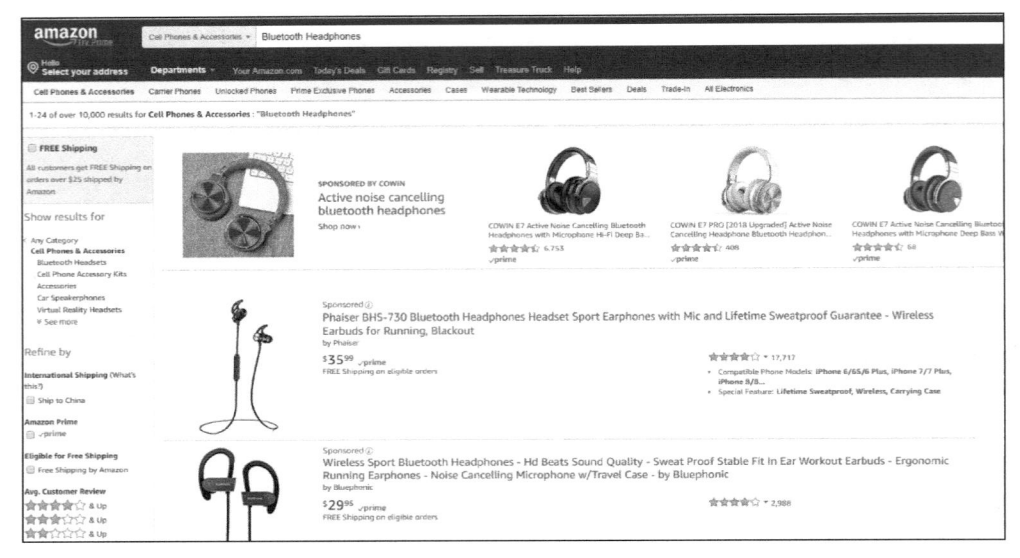

图 6.11 亚马逊分类搜索带来的自然流量

二是活动引流，包含亚马逊推广 SP(Sponsored Product Ads)、秒杀(Lightning Deal)、亚马逊广告 AMG（Amazon Media Group）、节日营销等。

亚马逊平台本身以及平台卖家还可以通过站外引流，如推荐网站引流(HotUKDeal 等)、搜索引擎引流(谷歌搜索等)、社交媒体引流(Facebook、YouTube 等)、电子邮件营销引流和展示广告引流。

2．亚马逊营销方式

1) 亚马逊推广 SP(Sponsored Product Ads)

亚马逊推广 SP，也被称为站内点击付费广告(Campaign Manager)，本质上就是一种关键词竞价排名。卖家可以为商品设置关键词，并为这些关键词设定赞助(Sponsor)的价格，在相应的关键词被搜索时,被推广的商品显示在搜索结果的下方,卖家按点击次数付费,单次点击费用通过竞标决定(竞价随着销售变化而变化,如有些关键词在旺季达到5~8美元,而在淡季可能只要0.2~0.3美元,美国和英国最低出价分别是0.02美元和0.02英镑),平台在该推广商品被点击时收取一次推广费用(没有购物车权限或者没有抢到购物车的产品,广告将不会从前台展示出来)。当然也有一些品类比如成人用品类是完全不开放广告投放的。搜索结果中有显示Sponsored的商品就是推广商品,如图6.12所示。

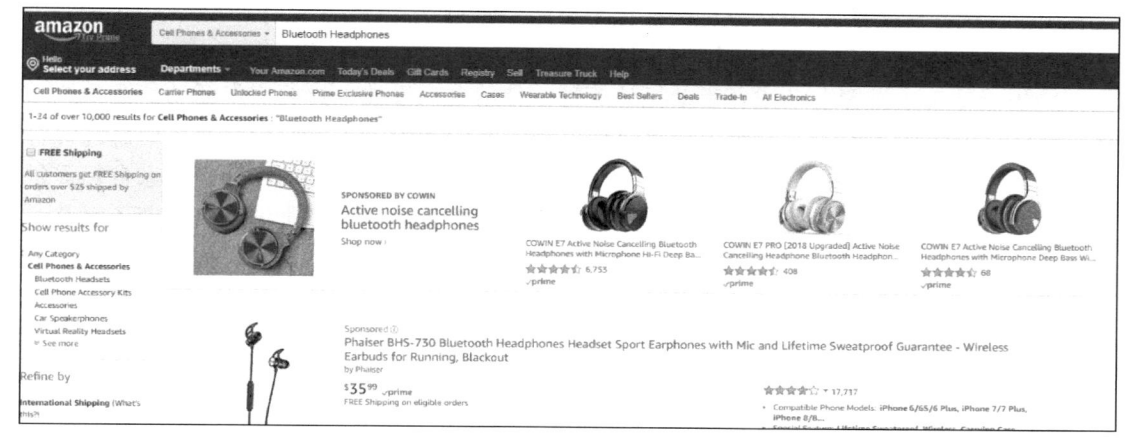

图6.12 亚马逊付费广告的产品展示

(1)SP设置。登录亚马逊卖家后台通过Advertising功能按钮可以点击广告活动管理按钮进入到管理活动的操作界面,如图6.13所示。

图6.13 亚马逊SP设置界面

SP广告需要注意以下几点。

①广告活动(Campaign):为方便进行商品推广的广告管理而创建的一个集合,一个广告活动下的所有广告共享同一个预算和相同的起止日期。广告活动包含一个或多个广告组,一个广告组下又包含不同的广告和关键词。

② 广告组(Ads Group):广告活动由一个或多个广告组组成。如果使用手动投放,广告组将卖家要推广的一组类似的SKU放在一起,它们共享一组相同的关键词和最高竞价。如果使用自动投放,那么广告组将设置相同最高竞价的一组SKU放在一起。

③ 广告(Ads):就是指卖家挑选到广告组里面的并且需要推广的商品,每一个商品都

对应着一个广告，一个广告组可以包含一个或多个广告。

④ 广告活动管理（Campaign Manager）：管理、控制广告花费和分析广告表现以及广告活动投入产出比的一个控制界面。

点击"Create Campaign"按钮创建一个新的广告活动，设定活动的名称、活动的每日预算以及活动开始日期及结束日期、广告定位类型（自动定位和手动定位）。接着创建新的广告组，广告组可以将相同品类或者有同样广告推广需求的商品整合在一起。给广告组命名，设置出价，选择想要推广的商品（如果选择了自动定位的方式，点击保存即可）。也可以点击进入一个具体的广告活动页面点击"创建广告组"按钮，添加广告组到广告活动中。

广告活动可以设置自动或者手动投放两种。使用自动投放方式的广告活动将会由亚马逊提供广告定位的关键词，这种模式可以通过对买家的搜索行为以及相关产品信息的综合分析提供更加全面的关键词推广方案；使用手动投放方式的广告活动将会由卖家自行提供广告定位的关键词。这种模式可以更加灵活地进行战略关键词的出价调整，保证了对整个广告推广最重要的关键词的表现。自动投放和手动投放之间不可以切换。如果选择的是手动投放，接下来还需要选择系统推荐的关键词或者添加自己想要使用的关键词，每一个关键词设置默认出价。点击"添加关键词"按钮进行关键词的添加，同时可以修改关键词的出价以及停用部分表现不好的关键词。当选择自动投放模式时，卖家无法增加或者删除关键词，只能修改关键词的默认出价。

在具体的广告组界面下，还可以点击"创建广告"按钮进行广告的添加；在广告活动管理界面点击"广告活动设置"按钮可以更改广告活动的推广设置。

（2）SP 追踪。卖家需要定期测试、检查和提炼最好的关键词，保证广告的表现能够稳步地提高，因此需要通过广告活动管理界面追踪广告活动表现。

广告活动的一些基础指标如下。

①曝光（Impressions）：广告被买家看到的次数。

②点击（Clicks）：广告被买家看到后点击该广告的次数。

③花费（Spend）：所有广告活动中累计点击次数的总花费费用。

④销售贡献（Sales）：在一段时间内通过广告带来的销售金额。

⑤广告成本销售比（ACOS）：广告花费和销售贡献的比值。

⑥平均每次点击费用（Cost per Click）：在整个广告活动中平均每一次广告被点击后，亚马逊收取的费用。

⑦点击通过率（Click Through Rate）：广告被买家看到后的点击率。

⑧转化率（Conversion Rate）：买家点击广告以后产生的订单数量。

⑨点击"Advertising Report"按钮可以查看更加详尽的广告报告。

（3）SP 调整。卖家在做 SP 前，一般要设定一个广告活动目标，如是为了增加新品的销售量，或者是提高表现不好的产品的业绩，或者将广告活动作为清仓活动的引流，也可以是对所有的销售产品进行全面的流量引入。目标设定尽量具体，要包含总体预算和每日广告预算。

SP 活动推出一定时间后，卖家通过追踪数据，结合活动目标，要对 SP 活动进行一定的调整。

一是调整关键词：报告中会给出哪些关键词是买家最经常搜索的，或者给出表现最好的关键词，将这些表现良好的关键词或词组添加到合适的广告组里面并且考虑是否需要调整关键词出价。对于关键词少于 5 个的产品要考虑添加更多的关键词。

二是调整出价：对比广告产品相同关键词的平台平均出价或者第一页广告位的出价，适当调整关键词的出价策略；找出曝光量最少的关键词并找寻原因，考虑适当提高关键词出价；持续监控并不断更新关键词出价以保证能够完成业绩指标。

三是添加或者更改广告：结合每个产品的亚马逊标准识别号(Amazon Standard Identification Number，ASIN)报告，确定哪些产品的广告跳出率最高，并找寻更好的替代选品。

四是调整每日预算：对于表现良好的广告活动，适量提高每日广告投放预算。

(4) SP 广告的误区。

误区 1：出价最高，排名展示最靠前。SP 展示和搜索排名一样，都有一套系统的算法。算法原则基于买家体验，任何搜索引擎与平台都是将对买家最有利的产品优先展示出来。SP 排名计算的主要参数包括：销量与转化率、相关度、历史表现、匹配方式及出价等。所以出价只是其中一个权重，而且其权重排在其他参数之后。广告活动后面管理页面中，可以查看到每个关键词的预测竞价与每次点击费用。分析数据可以发现，关键词出价比每次点击费用设置高 30%~50%为比较合理的状态；SP 的点击价格是由第二名的出价+第一名与第二名之间差价的百分比+卖家的表现综合得出的。

事实上，大部分复杂的搜索引擎的竞价排名都不是按照出价高低而定的。如百度，影响其排名的除了关键词出价还有关键词质量度，而质量度的高低取决于相关性、创意、点击率和账户表现。而推广链接每次点击的出价也并非自己企业的出价，而是[(下一名的出价×质量度)/自己的质量度+0.01]。

误区 2：做了 Bid+，预算充足，SP 页面就能置顶展示。Bid+ 是亚马逊 SP 新的变化之一，很多卖家以为只要开了 Bid+，借助亚马逊自动调整竞价(在卖家许可的 50%上涨范围内)，就一定能将商品排到第一页。但实际上，关于 Bid+ 的功能，亚马逊的官方定义是这样的，Raises bids in this campaign by up to 50% more than your default bid when ads are eligible to show in the top of search results(当广告有资格显示在搜索结果的顶部时，Bid+出价将比默认出价高出 50%)。所以这其实是帮助 SP 页面置顶展示的功能，对于本身广告表现不错，已经在自然排名中处于第二、三页的位置，自身出价已经够高的广告，开通 Bid+，登顶自然是水到渠成的事。但是原本表现就不佳的广告组，商品排到第一页都不一定能实现。

误区 3：ACOS 超过利润率需要停止广告组推广活动。ACOS 值越小转化率越高，也就代表利润率越高。不过 ACOS 高低的差异与客单价有关，高客单价的产品 ACOS 可以达到 5%，客单价低于 50 美元的产品平均 ACOS 在 20%左右。如果卖家的这款产品利润本来只有 20%左右，那是否意味着没有必要进行广告推广了呢？通常建议不能停止广告，因为一则广告的效果具有积累性，一旦停止广告，发现销量下降再开通，会需要更长的时间和更大的成本；二则广告具有延时性，实际的广告 ACOS 一般低于广告报表统计出来的数值；因此可以分析这款产品的其他引流推广渠道，如果效果不及 SP，建议降低其他站外推广等活动的预算。通常标准是利润率能到 20%的产品，ACOS 只要能达到 35%左右就不要停。

2) 亚马逊秒杀(Lightning Deal)

Deal 类似淘宝的"聚划算",就是一个限时的秒杀活动,亚马逊站内 Deal 有 3 个,打开 Today's Deals,如图 6.14 所示,可以看到以下内容。

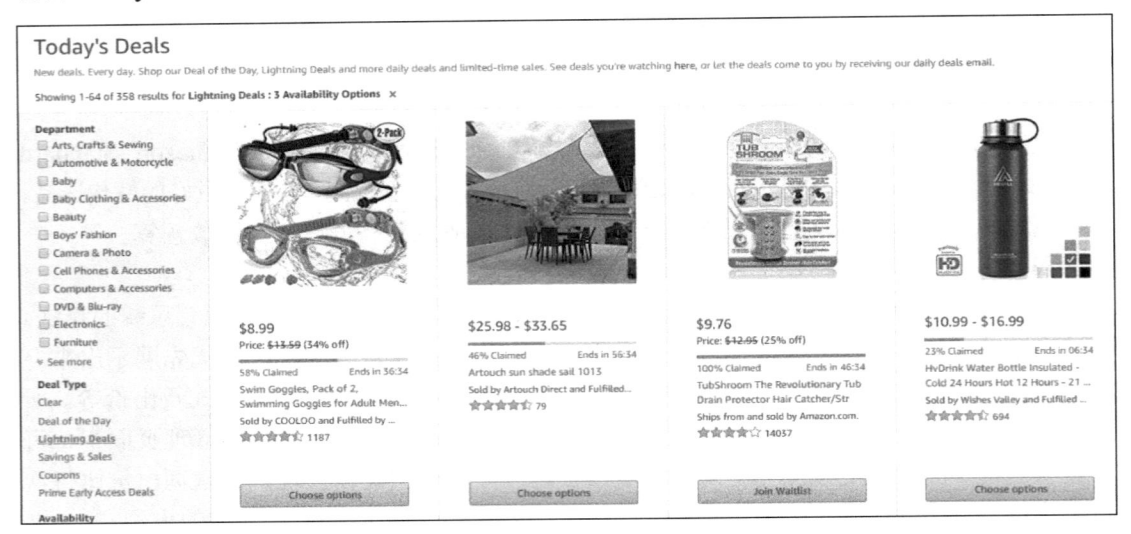

图 6.14 亚马逊秒杀页面

Deal OF The Day 简称 DOTD,免费,持续时间为一天,是亚马逊站内秒杀的王中王,该促销暂不对卖家开放,无法申请,该促销每天只有三个广告位。在移动端打开亚马逊 App,第一个显示的就是 Deal OF The Day。

Lightning Deals,LD 秒杀,具有时效性的秒杀活动,一般持续时间为 4~6 小时(Seller 和 Vendor 有所不同,美国 4 小时,欧洲 6 小时)。亚马逊明确规定,电子香烟、酒精、成人用品、医疗设备、药品、婴儿配方奶粉这些产品类型不能参加 Lightning Deals 活动。在美国站参与亚马逊 Lightning Deals 活动,一个 Listing 需要 150 美元。

Savings and Sales from Across Amazon(Best Deal),周秒杀,简称 BD,免费,一般可以持续 2 个星期,涵盖美国站和日本站。只能通过招商经理渠道去申请,亚马逊会对产品以及整个店铺的表现进行审核。要求至少 3 颗星以上买家评价、Review 至少有 10 个以上买家、购物车售价打 8.5 折或更低、使用 FBA。

(1)秒杀有以下几种优势。

增加曝光:Lightning Deals 出现在亚马逊访问量最高的页面之一。

连锁反应:在 Lightning Deals 的促销可能带动其他产品的销售。

清理库存:Lightning Deals 可以帮助卖家处理掉库存过多而滞销的以及季节性的产品。

下单更快:只需要快速浏览一遍用户评论的细节,买家就能够直接下单购买,没有什么比紧迫感和闪付更能促进成交了,橙色的进度条和销售百分比——"已被抢购"和"尚可购买"的百分比,使得买家在此之下将不知不觉地感受到来自"和你一样的买家"的压力。

竞争 Lightning Deals 的第一页或第二页并没有什么策略可言,因为亚马逊系统会优先推荐畅销的产品,它们有着最高的折扣,足够吸引买家(至少是在 Buy Box 上售价的 15%,

甚至20%以上）。随着销量的不断增长，卖家的产品将有可能从第三页"上升"到第一页。准备好在做 Deal 的时候，卖家需要在站外发一些帖子，如 Facebook 上的 Amazon Deal Groups 等。

Deal 在移动端显示位置也很突出，"Today's Deals（今日特惠）"非常方便买家进行快速浏览。移动电商仍然以持续增长的势头成为买家线上购物的主流方式，根据美国权威的电商杂志《互联网零售商》最新刊登的《2016 Mobile 500》数据分析显示，现今的移动电商占近 1/3 的全美电商销售。

Deal 可以瞬间增加流量提高产品排名，但 Deal 结束后，销量不稳定，排名会很快降下来。

（2）Lightning Deals 申请与设置步骤如下。

3 个秒杀中，LD 是最普遍的，其曝光位置显赫，享有海量流量，适合打造爆款，可大幅提升单品排名，效果十分显著，卖家可以通过后台自主申请或者通过在线链接申请。

① 后台系统通过 Seller Central 中的 ADVERTISING——Lightning Deals 申请。

② 根据招商经理的表格要求填写申报。新品没有 Lightning Deals 的推荐，卖家可以主动联系招商经理申请参加。

点击秒杀打开页面后，卖家可以看到所有符合秒杀资质的商品，从中选择商品申请秒杀。请注意同一个卖家在同一时间点，只能有一个商品上线秒杀(该商品可包含多个 SKU)。

点击"编辑"按钮对选中的商品进行秒杀申请，在相应的选项中填写参与秒杀商品的"数量""价格""时间"，检查后点击"创建"按钮来提交秒杀申请。之后可以在秒杀页面查看即将到来的秒杀，务必确保为此次秒杀准备了充足的库存，同时请注意卖家可在秒杀正式生效开始前 24 小时以上在后台自助取消该秒杀。

（3）参加 Lightning Deals 的条件。

当然参加秒杀是有条件的。平台对参加秒杀活动的产品会设置一些要求和标准，一般情况下，会从以下几个方面考虑。

① Review 要求：一般越多越好，如电子产品、家装产品、办公产品要求 10 个以上 Review；新品转化率较高也可被推荐。

② 配送方式要求：Lightning Deals 通常是为会员服务的，配送必须是 FBA 或是能够满足当天到货、2 天内免费送达的自配送。

③ 价格要求：要求秒杀价格至少是当前购物车售价的 8 折或更低（不是在 List Price 基础上，而是当前的购物车售价基础上打折）。

④ 产品数据质量要求：针对图片、标题、Bullet Point 段描述等都有要求,特别是标题（Product Name 字符数不超过 100 个）和图片要符合亚马逊的要求。

⑤ 产品库存要求：要求库存足够，如果要补充库存，要在规定时间内补充到位。

⑥ 产品变体要求：一般会希望产品有更多变体。亚马逊希望所有的子变体都集中在一个 Lightning Deals 的页面中，比如，如果销售的男士鞋子只有两个尺码，那么亚马逊极有可能驳回申请。亚马逊想确保买家们能够在颜色，尺寸和风格上有更多的选择。要记住，买家的满意度是加快亚马逊转化率的关键所在。

⑦ 类目资格要求：亚马逊明确规定，有些产品类型不能参加 Lightning Deals 活动，如

电子香烟、酒精、成人用品、医疗设备和药品、婴儿配方奶粉等。

3) 亚马逊 AMG 广告(Amazon Media Group)

AMG 展示广告位包含亚马逊全站(PC 端和移动端)，同时在其他的广告网络上(包括 Facebook，甚至是 ESPN 或纽约时报)上进行广告发布。AMG 广告由亚马逊平台承诺曝光量，能让卖家的商品和品牌获得更大的曝光，利于品牌认知度的构建。这样的广告自然收费比较高，单次广告活动最小开销为 35000 美元，不同销售季节、品类、广告位置每千次展现收费(CPM)价格不同，适合于较大品牌和有实力的卖家做推广。这种高级广告服务是有账号限制的，目前只有供应商账号才能够开通(卖家账号尽管也可以但费用对于卖家太高)。亚马逊不同位置的广告如图 6.15 和图 6.16 所示。

图 6.15 亚马逊桌面展示广告与手机横幅广告

图 6.16 亚马孙手机插页广告与图片文字广告

视频插播广告：AMG 允许供应商在 Kindle、Kindle Fire 和 Fire TV 上为亚马逊客户宣传视觉活动，提供广告展示位置。这些广告呈现了产品的设计理念，同时使供应商能够直接与其目标消费者交流。

此外，亚马逊还会通过有奖促销、节日营销等活动进行广告推广。如 Giveaway 是亚马逊在 2016 年推出的一款能够帮助卖家达到销售目标的抽奖促销工具。使用 Giveaway 可以帮助卖家提高流量及商品认知、增加页面浏览量及销售量、创造商品或品牌热度并达到营销目的、支持新商品发布策略、解决商品滞销问题、提高社交媒体的关注量和短片观看次数等。

案例

亚马逊变更联盟营销网站的抽成政策

有些网站严重依赖于亚马逊的链接来赚钱。如消费电子产品新闻和评测网站 Engadget 产品页面上的"Buy Now"按钮,就是使用亚马逊的购买链接;某些网站上的这种亚马逊链接甚至占据了绝对的主导地位,比如 The Wirecutter 等美国产品测评网站。

2017 年 3 月 1 日,亚马逊做出了一项会让联盟营销网站所有者感到头痛的变更:联盟营销的抽成将根据产品类别来决定,而不是根据产品成交量来决定。虽然这一变革并不一定是个灾难,但它可能造成某些网站的收入损失。据了解,亚马逊联盟营销政策变更后,不同产品之间的抽成差距较大。如电子游戏下载和奢侈美容产品的抽成为 10%,而实体游戏产品和电视的抽成分别为 1%和 2%。不过,PC 产品的抽成收入不再有上限,因此如果有人买了高端笔记本电脑,虽然抽成百分比下降了 2.5%,但是实际上得到的抽成收入会更多。

亚马逊称,这是对其购买链接系统的"简化",而且亚马逊的联盟营销伙伴最终也将得到更高的收入。联盟营销管理公司 GeniusLink 称,亚马逊在欧洲范围做出的类似变更的确对联盟网站造成了"一定的伤害",但是没人因此停止经营,那些销售各种产品或盈利丰厚产品的网站可能都不会注意到这个影响。然而,这项变动可能会对博客、YouTube 的博主,以及其他凭借成交量赚钱的营销人员造成一定影响,有一些人员可能会因此改变他们的网站内容以弥补失去的利润。这项举动也会影响新加入联盟营销的网站选择专注的领域,毕竟这些网站是严重依赖于其他网站产生收入的。

【课后任务】

1. 比较速卖通与亚马逊平台的店铺(或账户)的健康安全性规则。
2. 比较速卖通与亚马逊的流量算法的异同;比较速卖通与亚马逊的站内营销方法。

【实践操作】

速卖通站内营销虚拟仿真实验操作示例

Chapter 7

第 7 章 社媒营销

【学习目标】

5G 时代的到来，将营销与社媒更加紧密地联系在一起，据统计，全球有超过 45 亿互联网用户，38 亿人(占全球人口 49%)使用社交媒体，社交媒体对当下人们的生活有重要的影响。通过本章学习掌握社媒营销原理，了解社媒理论、分类与基于社媒的创新；了解海外社媒，掌握社媒战略、社媒战略步骤，结合案例加深对社媒战略的理解。

【引例】

朋友贵还是面包贵

美国的汉堡王在 Facebook 上开展了名为"王牌的牺牲品"的营销活动，设置在汉堡王企业主页的一个应用程序里。游戏很简单，只要用户删除他的 10 位 Facebook 上的好友，就可以免费获得一份王牌汉堡。不过，当用户删除好友的时候，他的好友是会被通知的。通知信息是这样写的："我为了一个免费的王牌汉堡，把你从我的好友名单中删除了！"意思就是，参加游戏的人"卖友求包"，宁愿牺牲好友，也要得到一个免费的汉堡！被牺牲的人可能感到很疑惑：难道我是他最不好的朋友吗？于是可能会报复，甚至彼此会翻脸。这个删除好友的行为显然是违背了 Facebook 建立社交网络的精神，也有可能对朋友之间的相互信任产生冲击，但汉堡王确实是达到了营销的目的，数以万计的人删除了共 234000 位好友，共 13000 个博客网站报道过这个活动，在网络上有超过 14 万份的帖子。

7.1 社媒营销原理

社媒营销(Social Media Marketing)，是指利用社会化网络(如在线社区、博客或者其他互联网协作平台媒体)来进行营销，以维护和开拓公共关系和客户服务的一种方式，又称社会媒体营销、社交媒体营销、社交媒体整合营销、大众弱关系营销。

在营销界，社媒营销越来越受到重视，根据 PwC、Research2Insights 和艾瑞咨询的研究数据，如图 7.1、图 7.2 及图 7.3 所示，2022 年 1 月全球社媒渗透率均值达到 58%，一些国家如美国网民使用社媒在线购物占比高达 36%，2021 年第四季度全球社媒广告支出达到

114亿美元。跨境电商的社媒营销渠道不仅有传统社交平台，如 Facebook、YouTube、Twitter 等，还出现了许多新兴的短视频/直播的社交平台，如 TikTok、Discord、Tumbir、Snapchat、Twitch 等。

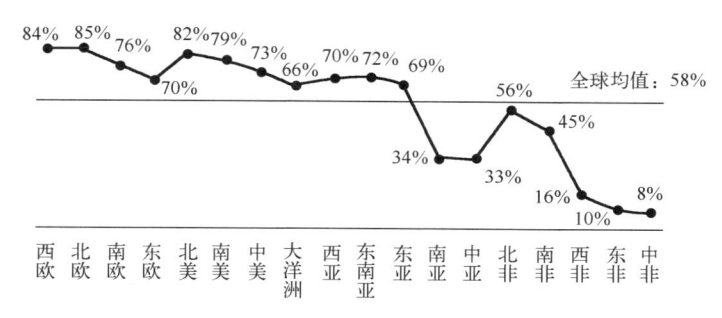

图 7.1　全球社交媒体渗透率

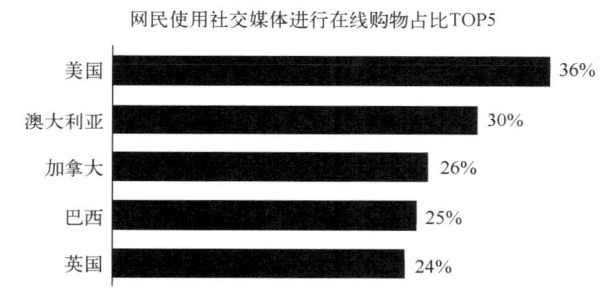

图 7.2　网民使用社交媒体进行在线购物占比

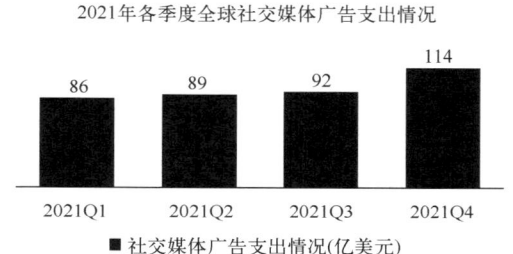

图 7.3　2021 年各季度全球社交媒体广告支出情况

7.1.1　社媒理论

成功的在线营销可以分为"ATC"三个部分：A 代表吸引（Attract），T 代表改变（Transform），C 代表转化（Convert）。企业必须不断努力把陌生人转化成消费者，再把消费者转化成顾客。社交媒体建立在社会认同的基础之上，因此社媒是公司实现成功转化的重要途径，这可以用六度分隔理论来解释。

1. 六度分隔理论

"六度空间"理论又称作六度分隔（Six Degrees of Separation）理论。这个理论可以通俗地阐述为："你和任何一个陌生人之间所间隔的人不会超过六个，也就是说最多通过六个人你就能够认识任何一个陌生人。"该理论产生于 20 世纪 60 年代，是由美国心理学家斯坦利·米尔格兰姆提出来的。

1967 年，美国哈佛大学社会心理学教授斯坦利·米尔格兰姆针对这个问题做了一个著名的实验，他从内布拉斯加州和堪萨斯州招募到一批志愿者，随机选择出其中的三百多名，请他们邮寄一个信函，信函的最终目标是米尔格兰姆指定的一名住在波士顿的股票经纪人。由于几乎可以肯定信函不会直接寄给目标，米尔格兰姆让志愿者把信函发送给他们认为最有可能与目标建立联系的亲友，并要求每一个转寄信函的人都回发一个信件给米尔格兰姆本人。出人意料的是，有六十多封信最终到达了目标股票经纪人手中，并且这些信函经过的中间人的数目平均只有 5 个。也就是说，陌生人之间建立联系的最远间隔是 6 个人。1967 年 5 月，米尔格兰姆在《今日心理学》杂志上发表了实验结果，并提出著名的"六度分隔"理论。

1998 年初，康奈尔大学的两名研究者通过构建社会网络的数学模式——"小世界模型"，解释了 60 亿人如何靠着六条"联系"与别人相连，从而开辟了社会网络研究的源头，如图 7.4 所示。

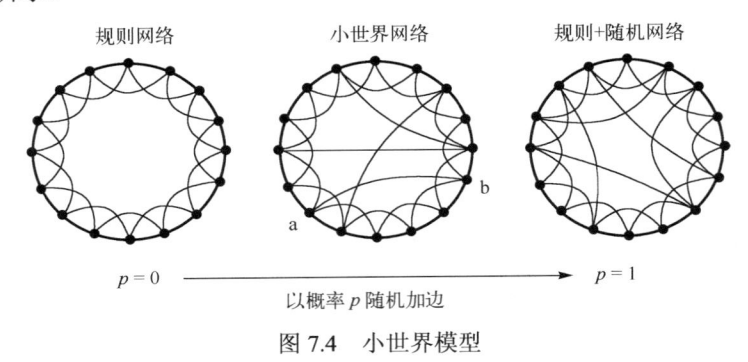

图 7.4 小世界模型

从数学上理解，两个人之间的联系由六个人介绍，也就是他们通过了七次介绍，如世界人口是 65 亿人，对 65 亿开七次方根，结果是 25.2257，算为 26 个人，那么如果满足六度分隔理论的结论，每个人至少和社会中的 26 个人有联系就足够了。

> **案例**
>
> 2001 年，哥伦比亚大学社会学系的登肯·瓦兹主持了一项最新的对"六度分隔"理论的验证工程，166 个不同国家的六万多名志愿者参加了该研究。瓦兹随机选定 18 名目标（如一名美国的教授、一名澳大利亚警察和一名挪威兽医），要求志愿者选择其中的一名作为自己的目标，并发送电子邮件给自己认为最有可能联系到目标的亲友。瓦兹在世界最顶级的科学学术期刊《科学》杂志上发表最新论文，表明邮件要达到目标平均也只要经历 5~7 个人。

2. 社媒的绩效度量

与广告促销时采用漏斗模型的 KPI 指标衡量广告促销成效相似，营销人员该如何衡量社媒营销活动的成功与否？本书采用 Judy Strauss 社媒度量金字塔来度量，如图 7.5 所示。

1）知晓度/曝光度

考察吸引眼球的能力，即有多少人能看到社媒传播的信息。具体的衡量指标有：访客数（可以通过用户注册、Cookie 文件和第三方统计工具测量）、页面浏览量、曝光次数、搜索次数、搜索结果排名等。

```
                    ┌─────────────┐
                    │   创新性    │ ──→ 创意数量、热点趋势
                ┌───┴─────────────┴───┐
                │       行动          │ ──→ 点击到达率、联络表完成率、
                │                     │     注册人数、活动出席率、购买行为
            ┌───┴─────────────────────┴───┐
            │         参与度              │ ──→ 内容浏览量、标签/书签、"Like数"、
            │                             │     会员/追随者数量、内容分享次数
        ┌───┴─────────────────────────────┴───┐
        │          品牌健康度                 │ ──→ 媒体比重占有率、情绪、品牌
        │                                     │     影响力
    ┌───┴─────────────────────────────────────┴───┐
    │            知晓度/曝光度                    │ ──→ 访客数、页面浏览量、曝光次数、
    │                                             │     搜索次数、搜索结果排名、
    └─────────────────────────────────────────────┘     追随者/注册者/订阅者数量

              社媒度量金字塔                           度量指标示例
```

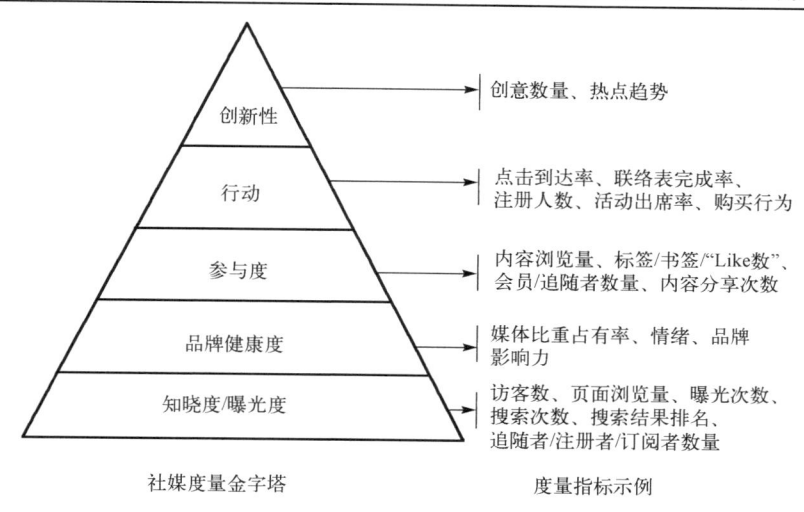

图 7.5　社媒度量金字塔

2) 品牌健康度

负面信息对品牌的健康造成的损害程度。品牌健康指数越高，口碑形象越好。衡量指标包括：媒体比重占有率（Share of Voice，品牌的媒体投放量占总类别媒体投放量在个别市场的百分比）、情绪（正面、中立、负面）、品牌影响力（社交媒体的导入链接数量、转发数、帖子评论数以及内容共享或链接数等）。

3) 参与度

包含内容浏览量、可计算的贴标签（如书签、点击 Facebook 中"Like"的次数等）、会员/追随者数量统计（LinkedIn 或 Meetup.com 组的社区成员数，或 Twitter 上的关注人数）、内容分享次数、参与评论的人数、虚拟世界参与度（如访问数、逗留时长、互动程度等）、在线游戏参与度（可度量的游戏用户数量、游戏花费时间、虚拟财产购买、游戏链接点击数量）。

4) 行动

包括点击到达率、联络表完成率、注册人数、活动出席率、购买行为等。

5) 创新性

包括公司社媒网站共享的创意数量、目标市场的热点趋势等。

> **案例**
>
> 在社媒上，人气角色是扩大影响力的利器。作为重要的游戏品牌资产，角色的外形、故事、能力设定都是非常好的社媒营销素材。同时注重为人气角色打造专属社媒粉丝福利将会进一步激发角色粉丝的互动、提升角色粉丝对游戏的认同。如海外社媒矩阵有近 1800 万粉丝的《原神》，就是典型的通过角色在社媒上构建影响力加深与粉丝之间互动的游戏品牌。通过 OneSight 的"帖文分析"功能，我们可以看到原神社媒矩阵中 OS 评分最高的 Twitter 全球页的热门帖文情况。其中，TOP3 的帖文都与角色相关。TOP1 为实装的角色神里绫人，由于在游戏中该角色还没有正式推出的时候就已经参与到了整体

的故事线中，也提前剧透了角色的性格和设定，已经吊足了玩家的胃口，所以当该角色上线时，帖文的评论区有玩家真情实感的期待和呼唤，促进了新角色上线的二次传播。

7.1.2 社媒分类

企业该如何在让人眼花缭乱的社媒工具中进行选择，挑选出能助其在目标市场实现社交商务目标的社媒呢？

肖恩·科克兰(Sean Corcoran)将所有的社媒分为三类：自有媒体、付费媒体和赢得媒体（又称免费获得媒体），简称 POEM。美国互动广告局的社交媒体委员会(Interactive Advertising Bureau Social Media Committee)结合科克兰的分类进行了修订，如图 7.6 所示。

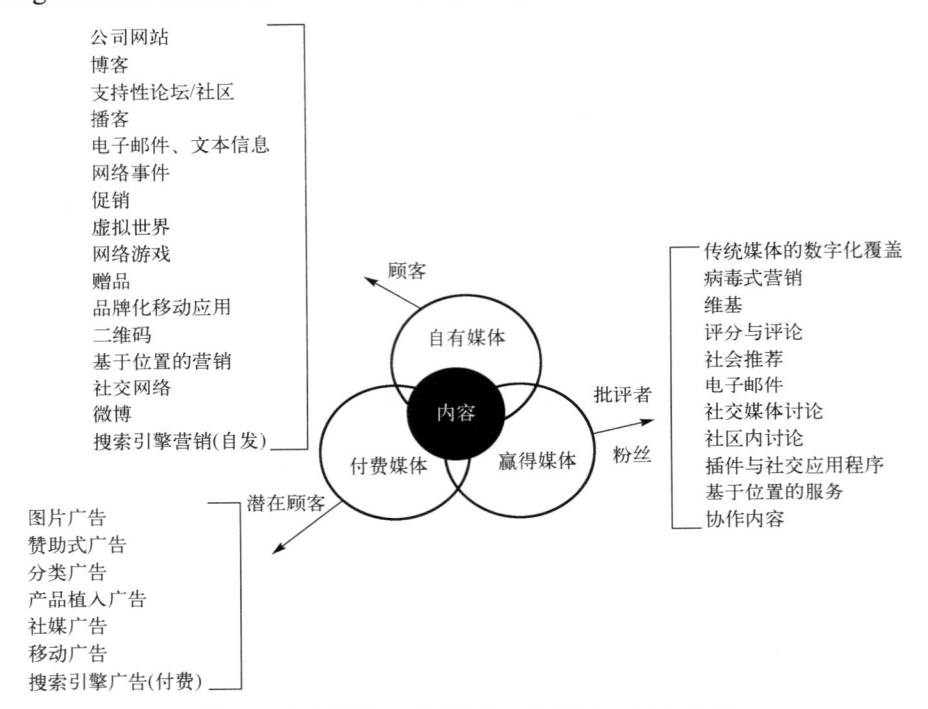

自有媒体一侧：
公司网站
博客
支持性论坛/社区
播客
电子邮件、文本信息
网络事件
促销
虚拟世界
网络游戏
赠品
品牌化移动应用
二维码
基于位置的营销
社交网络
微博
搜索引擎营销(自发)

赢得媒体一侧：
传统媒体的数字化覆盖
病毒式营销
维基
评分与评论
社会推荐
电子邮件
社交媒体讨论
社区内讨论
插件与社交应用程序
基于位置的服务
协作内容

付费媒体一侧：
图片广告
赞助式广告
分类广告
产品植入广告
社媒广告
移动广告
搜索引擎广告(付费)

三圆环交集中心：内容
自有媒体 — 顾客
赢得媒体 — 批评者、粉丝
付费媒体 — 潜在顾客

图 7.6 自有媒体、付费媒体、赢得媒体的内容驱动

1. 自有媒体(Owned Media)

指由公司自己所有并管理的促销渠道，包括公司网站、博客、支持性论坛/社区、播客、电子邮件、文本信息等。

2. 付费媒体(Paid Media)

指营销者付费才能使用的促销渠道，包括图片广告、赞助式广告等。

3. 赢得媒体(Earned Media)

即公共关系媒体渠道，如电视、报纸、博客、视频网站等，不需要营销者直接付费或控制，而是因为观众、读者或用户感兴趣而加入的内容。赢得媒体最大的优势在于它是"免费的"，但如果品牌失去了客户忠诚，那么它就成了劣势。

7.1.3 基于社媒的创新

1. 众包（Crowdsouring）

众包是使用集体智慧进行社交化决策支持和进行其他社交商务的平台，众包通常借助互联网来管理。2006年6月杰夫·豪（Jeff Howe）在美国《连线》杂志首次提出众包的概念。

众包涉及三个要素：要执行的任务、执行任务的群体以及用来执行任务的工具和过程。这些要素由任务、群体（如组成或规模）和所使用的技术（如生成意见和投票）以及实施（如激励参与者完成任务的措施）相连接，如图7.7所示。

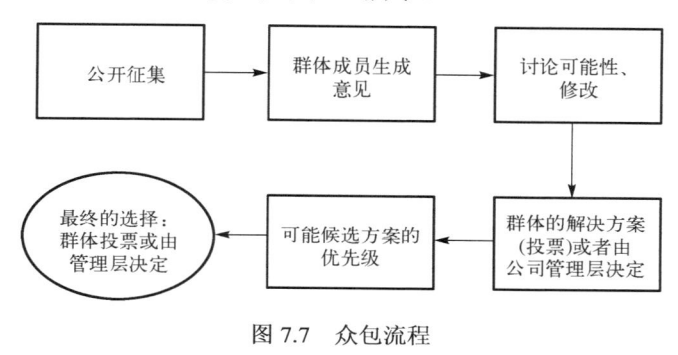

图7.7 众包流程

> **案例**
>
> 2005年乐高积木玩具公司推出虚拟的"乐高工厂"，允许用户下载软件设计自己的模型，再将设计图上传到乐高网站并进行购买。如果用户提供的设计特别出色，乐高还会将其加入自身产品序列，提供给其他用户选购。据统计，目前由乐高用户设计的积木玩具数量已经超过10万个。这些业余的乐高玩具设计者构成了乐高用户价值传播链条上的中间环节，是乐高玩具口碑营销的中坚力量。

2. 众筹（Crowdfunding）

众筹是从群体成员中筹集资金以实现特定商业目的的互联网应用，常见种类有以下几种。

（1）股权融资。这是资助初创企业的一种方式，出资者根据资助金额大小获得公司一定的股份，融资方可以很快地实现自己的商业目的。股权融资通常由中介机构（如Kickstartr）操作。

（2）奖励众筹。奖励众筹是利用企业预售产品或服务来推广某种商业概念/产品的方式，并不会增加债务或降低股权。

（3）慈善贡献。人们为有需要的个人筹集资金作为慈善活动。

案例

乐视网发起了一个众筹 C 罗代言的项目，让粉丝花钱来决定乐视网是否签约 C 罗为世界杯期间代言人，这可能是国内第一次使用众筹方式邀请明星。此次众筹的开创意义或许大过效果，这种模式若被更多地使用和改进，明星代言或许可以有更多的可能性。虽然乐视肯定是先和 C 罗沟通过，已基本达成协议才开始此次众筹，但乐视通过这个事情使得很多草根用户与 C 罗、世界杯产生关联，球迷通过支持一个企业的众筹项目来表达自己对 C 罗的支持，并有一定概率享受到去往巴西见 C 罗的福利，能体会到和明星有所交互的参与感，这是收看球赛或者购买球星周边产品所替代不了的。

案例

安克创新是国内较早布局语音智能的厂商之一，2016 年以来公司先后成为 Amazon Alexa、Google Assistant 在全球范围内遴选的首批合作伙伴。公司主打产品之一是无线耳机，分别推出适合户外场景的 Motion Boom，适合聚会场景的 Trance 系列，适用于旅游场景的 Icon 系列，适用于运动场景的 Spirit X2，主打高音质与降噪的 Liberty Air 系列，以及主打日常通勤的 LifeP2。随着产品升级迭代，安克创新无线耳机性能得到提升，客单价呈上升趋势。2017 年公司众筹了第一款 TWS 耳机并取得 280 万美元的众筹成绩，如图 7.8 所示，成绩为中国品牌出海第一位。并凭借这一系列，安克创新进入了美国、日本、欧洲等线上主流渠道，成为 TWS 市场的第一波探索者。

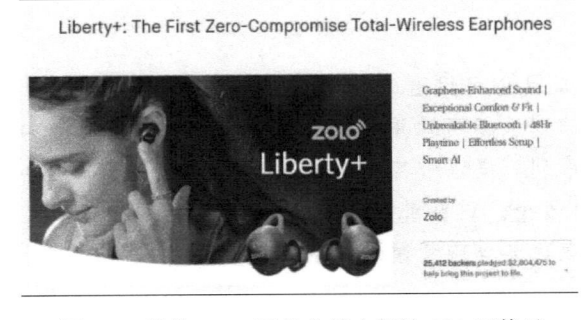

图 7.8　首款 TWS 耳机众筹金额达 280 万美元

3. 社会化协作（Social Cooperation）

社会化协作是指个人需要克服自己及环境的局限性，使人们在其中能够互通信息并为一个共同目的而自觉地做出贡献的一切协作行为。

4. 虚拟世界

虚拟世界是一种在线社交互动平台，可用于社区建设、推进商业交易、促进学习和培训（如教育）等。

企业利用虚拟世界进行营销，并非仅是为了取悦用户，同时也是通过在现实生活中无法呈现的体验方式吸引他们。由于用户在虚拟世界中会动用多种感官,他们的体验可以比在二维世界里更加具有满足感,有时甚至比亲身体验更有意义和价值。

企业可以利用以下几种虚拟世界特性进行营销。

(1) 共享空间：用户们同时参与活动、讨论和协作的能力。

(2) 3D 可视化：二维和三维的图像。

(3) 即时性：用户能够即时获取体验。

(4) 交互性：用户在与他人合作的过程中创建新内容。

(5) 持久性：虚拟世界中的活动始终在进行。

(6) 社会化和社区的形成。

IBM、沃尔玛、丰田、西尔斯、富国银行和许多其他大公司都在尝试使用虚拟世界来测试新的设计、客户服务、员工培训和营销传播。

7.2 海外社媒营销

企业可以通过社媒开展营销活动,如付费发布广告,免费和付费地策划游戏、发表文章,或者将广告与活动结合等。付费广告部分在第 5 章中单独介绍,本章仅介绍一些创新性的社媒营销方式。

7.2.1 Facebook

Facebook(简称 FB,脸书)是美国的一个社交网络服务网站,创立于 2004 年 2 月 4 日,总部位于美国加利福尼亚州帕拉阿图,主要创始人是马克·扎克伯格。2018 年《财富》公布的世界 500 强排行榜中 Facebook 位列 274 位。目前,Facebook 旗下有四个社媒联盟：Facebook 月活跃用户 27 亿人、Instagram 月活跃用户 10 亿人、Audience Network 月活跃用户 10 亿人、Messenger 月活跃用户 13 亿人。

1. Facebook 的优势

1) 庞大的用户数

从作为美国大学生的线上花名册开始,Facebook 的用户数快速增长。2007 年 7 月 Facebook 拥有三千四百万名活跃用户,包括非大学网络的用户；2013 年 11 月 Facebook 的用户每天上传约 3.5 亿张照片；2016 年 12 月 Facebook 平均每日活跃用户人数为 12.3 亿人(其中移动端平均每日活跃用户人数为 11.5 亿人)；2017 年 Facebook 的月活跃用户首次超过 20 亿人；2020 年月活跃用户达到 25.5 亿人。从访问来源看,Facebook 的访问者来自美国的占比明显最大,其次是巴西、土耳其、英国、法国。

2) 强大的社交黏性

Facebook 不仅流量大,用户的依赖度也非常高。首先用户停留时间较长,据统计,用户每次访问平均停留时间为 16 分钟,用户访问深度(衡量用户访问质量的重要指标,指用户在一次浏览过程中所浏览的网站的页数)为 14.41 页,用户跳出率低至 22.57%。其次在用户行为上，每天 Facebook 上的"点赞"达到 45 亿个，每个用户平均每天使用 50 分钟以上；这些用户中，通过输入域名直接访问 Facebook 的人多达 60.78%，可见用户忠诚度极高。最后 Facebook 的用户有强大的社交黏性，他们都是真实的用户，根据 Facebook 统计，23.64%的用户来源于其他网站的推荐，而平均每个 Facebook 用户有 130 个朋友，可以带来强大的传播性和影响力，一个 Facebook 群组可以达到几百万人。

3）清晰的盈利性

与其他社交媒体盈利性方面的弱势不同，Facebook 平台属于强关系平台，2017 年全球最赚钱企业排行榜中 Facebook 排名第 20 位。据 Pivotal Research Group 的统计，2018 年 Facebook 从中国广告商那里获得的总收入估计达到 50 亿美元，约占其总销售额的 10%，用户借助 Facebook 可以有清晰的盈利可能性。这主要来自几个方面，一是在 Facebook 上打广告效果好，接受度高、营销氛围好，海外客户愿意为广告买单（注：公共主页才可以打广告，不赞成个人用户打广告行为）；二是技术上借助 Facebook 几乎可以连接一切，如 Instagram、Pinterest、速卖通、独立网站，打通社交网络与交易的通道；三是借助平台的大数据能力可以精准找到目标客户，按人群来考虑，如不同年龄、性别、地点；按喜好划分，如时尚、珠宝、3C、旅游、商务等领域；按浏览习惯和客户习惯来划分等。针对不同的客户，还可以用不同的广告形式达到不同的广告目的，借助 Facebook 可以推广自己的业务，比如建立分销体系、建立粉丝群体、推广付费内容、推广各种应用、推广实体店铺等。

2．Facebook 主页

1）FB 的个人主页

FB 的个人主页有如下主要功能：

(1) 发表个人动态。

(2) 查看好友动态。

(3) 查看关注的公共主页的动态。

(4) 查看加入的小组的动态。

(5) 查看广告。

2）FB 的公共主页（粉丝页）

FB 的公共主页有如下主要功能：

(1) 在 Facebook 发布广告。

(2) 公共主页可信度。

(3) 管理支持。

(4) Facebook Messenger。

(5) Facebook 快拍。

(6) Facebook 预约。

3）个人主页和公共主页比较

FB 的个人主页与公共主页的异同如表 7.1 所示。

表 7.1　FB 的个人主页与公共主页的异同

FB 主页	相同	差异		
个人主页	都能发表动态	一个账号对应一个个人主页	个人管理个人主页，个人账号被封即个人主页无法使用	不能用于商业推广
公共主页		可以创建多个公共主页	可以添加多个管理员，一个账号被封不影响公共主页的使用	可以用于商业推广

3. 基于 Facebook 的跨境电商营销

1) 建立卖家的品牌专页，传达品牌理念

(1) 在 Facebook 创建公共主页，在主页上可设置卖家的企业品牌、推广活动等。具体可以设置名称(账号名称成熟后勿修改)、头像、封面(初期不要用产品介绍图片)，添加行动按钮(根据最终目的)，如立即购买、立即预订、发消息、去逛逛、发邮件、联系我们、玩游戏、使用应用等。公共主页应该与卖家在跨境电商平台的店铺或者独立网站的风格基本保持一致。

(2) 增加粉丝推广自己的主页，形成社交网络和圈子。为了吸引粉丝，建议不要生硬宣传自己的产品信息，而是要尝试着讲一下品牌和企业背后的人和故事；或者转载好文章，每周 2 条，发布时间控制在当地中午 12 点半到 2 点之间，这时效果最好；原创文章发布时间放在上午 10 点以后；当地时间下午 3 点到 6 点适合发布一些有趣的、有话题感的内容，这段时间外国女性比较有空，写评论参与的可能性较大。

2) 给跨境电商平台的卖家店铺和产品引流

Facebook 是当今唯一可以在流量上和谷歌并驾齐驱的站点，因此不能放弃 Facebook 带来的大流量。如何利用 Facebook 为网站带来流量呢？

(1) 完善个人信息资料。
(2) 在涂鸦墙和照片夹中放置一些比较有意思的、有价值的信息。
(3) 建立起社交网络。
(4) 经常保持更新。
(5) 活跃起来。
(6) 安排好个人主页。
(7) 确定需要的应用。
(8) 使用 Facebook 的广告联盟。

3) Facebook 广告

Facebook 广告有多种形式，如流量广告、行为转化广告、消息广告、页面粉丝增加广告、增加活动参与人数的广告、视频广告、游戏 App 安装内置广告、派送优惠券投放广告。

Facebook 的广告是以蓝白色为设计基调的，可以使用具有号召性的标题，同时避免大量的文字描述。此外，根据 Facebook 数据统计，广告中采用笑脸或者幽默、搞笑、奇特、有内涵的照片，能第一时间抓住客户眼球，可以增加广告点击率。同时，Facebook 对广告的规格大小有一定的标准。

广告投放可以选择按照区域、年龄、性别、情感状态等维度定向投放，也可以针对某些客户行为进行广告投放。Facebook 有一个选项为 Life event，Facebook 可以抓取到客户的 Life event 数据区分人群精准投放。如新晋父母可以投放母婴类广告；准新娘可以投放婚纱礼服广告。Facebook 广告投放前 3 位是：游戏、旅游以及美食。投放广告不仅仅为了获取流量，更重要的是获取客户数据。FB 广告在第 5 章中详细介绍。

4）在 Facebook 上开店实现流量的转化

创建 Facebook 店铺。创建店铺需要填写支付方式，因为店铺有交易会涉及收款问题，可以采用直接结账（绑定 Paypal 账号，资金风险大）、跳转到第三方平台产品链接结账（跳转到速卖通、亚马逊、Wish、自建网站上结账）两种方式。

在店铺中可以上传产品，设置标题、产品图片、定价、产品文字介绍。与其他平台不同，Facebook 不负责店铺的流量，卖家需要自己去创建粉丝团去拓展自己的社交圈；或者可以通过广告获取浏览量，有创意的店铺可以吸引更多的粉丝。

5）搜集精准的客户信息，开发 B2B 客户

通过 Facebook 可以精准找到客户。如在 Facebook 搜索框中输入关键词，如 Phone Case，点击"搜索"按钮，不会只搜索出默认的第一个页面。接着点击"页面"→"查看更多结果"，搜索到的结果页面大多会标注页面是来自哪里的，有多少粉丝（Likes）等。选择其中一个页面点击进入，如图 7.9 所示，可以从简介中看到这是巴西的一个厂家。

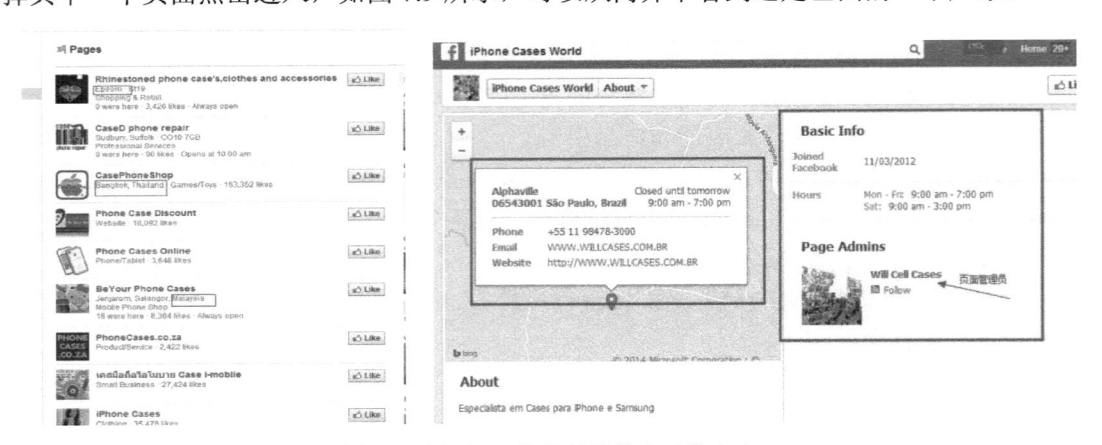

图 7.9　通过 FB 搜集精准信息开发客户

在这里可以发现关键联系信息：邮箱、地址、网站、电话、运营时间、页面管理者，可以添加管理者（记住一天不要添加超过 3 个）。如果没有联系信息，可以返回到前面，点击"Message"按钮，给这个页面的运营者发信息，或者可以通过页面的社会化按钮标签，如 Facebook、Twitter、Google+图标也可能获得具体联系方式。

此外，在 Facebook 广告中，有个 Power Editor 高级功能，它可以实现定制化受众的功能。将老客户联系表单导入就可以知道老客户中有多少人在使用 Facebook。

4．基于 Facebook 的创新营销案例

1）Cheese & Burger Society（简称 CBS）赞助的粉丝引导

CBS 在 FB 上有个 Wisconsin Milk Marketing Board 的赞助主页，是一个谈论喜爱的汉

堡与烤肉的平台，也是 CBS 推广威斯康星奶酪的新方式之一。

平台引导要求访客成为粉丝才能获取特定的内容、折扣或参加比赛，这次比赛为 CBS 赢得了 1000 个新粉丝。CBS 开发了"发送给好友"App，允许粉丝发送一个奶酪汉堡给好友，简单有趣，又流传甚广。

营销特点：针对话题讨论，而不是某个特定的品牌/领域；寻求运用照片、比赛等创新形式与粉丝互动(注：FB 发现，照片与视频更容易被显示在粉丝的订阅上，也就是说人们更热衷于分享照片。根据 Pixable，FB 上每月大约有 60 亿张照片被分享)。如果可以，卖家开发 App 鼓励粉丝分享内容是更好的营销方式，如"发送给好友"App。

2) FB 上的美国运通开放论坛

美国运通公司为小企业主或小企业的领导开设了一个论坛。通过与 FB 的战略合作，运通公司为小企业搞了一个大范围比赛，为他们增加了关注度和粉丝数。方式是在 FB 墙建立持续的互动，运通公司运用问题、引用和文章引发粉丝们参与，发布的博文越短越好(Buddy Media 发现，不超过 80 字的博文比长篇大论多 27%的参与度)；此外，运通公司还非常聪明地结合了奖励机制，奖励 2 万美元，并且粉丝可以用会议奖励积分换取 FB 的广告位；运通公司还借助特定的程序与 FB 集成，突出运通公司的作者及其作品。

营销特点：整合博客与 FB 页面；博文注意多样性手法的运用；建立战略性合作机制，让粉丝有利可图。

3) 红牛强有力又有趣的行动号召

粉丝停留的时间越长、回访越多，他们转告好友并且最终选择企业产品服务的机会就更大。为此，红牛开发了一系列游戏，开通了自己的电视频道。红牛通过活动标签告诉粉丝们在哪儿可以找到游戏，并创造性地在标签框里融合了品牌 Logo。

营销特点：大胆而有创意地寻求关注；利用游戏、电视、App、视频、照片等新奇方式留住粉丝；有效利用活动标签，与粉丝面对面。

4) Threadless 的照片栏

Threadless 是一家基于社媒的在线 T 恤公司，他们邀请设计师设计 T 恤并售卖粉丝选择的款式。可以想象，他们有相当多的粉丝参与度(每条帖子都有评论)。基于设计的公司应当利用制图能力让站点看起来更有意思，Threadless 定期更换照片栏的形象，轮转不同的形象照片；给粉丝们按照兴趣和地域分组，并为不同兴趣组设计专门的页面，如小孩设计页面；Threadless 还利用"见面"，从线上走到线下，通过世界各地的见面会走入社区；Threadless 的大部分产品是在线销售的，所以有竞争性的照片至关重要。但 Threadless 本着取之于民、用之于民的品牌策略，邀请普通人做模特，进行真实有趣的产品推广；Threadless 的最大特色是让粉丝参与设计与选品，举办比赛或挑战赛邀请粉丝参与开发新的产品、流程或者概念，并邀请粉丝投票，从中获益；Threadless 还发起 T 恤挑战赛，充分调动了社区的创造力，鼓励大家的参与。

营销特点：邀请粉丝参与产品的设计、投票；利用照片优化在线购物体验；通过交叉推广相关页面与见面活动，建立并强化社区。

5) Skittles 的独特欢迎墙

Skittles 是一家七彩糖果公司，他们通过 FB 深化娱乐和搞怪的公司文化。在欢迎页面上,他们提供了深度参与品牌互动的机会;提供社交按钮链接到好记的广告上,提供体验彩虹的机会(链接回官网);滚动推出"本周最粉丝",可能正好是出现在一系列喜剧场景的喜剧演员;Skittles 的墙拥有独特的声音、永远用第一人称,以个人的语气发布,好玩而富有创意。

营销特点:欢迎页加入社交按钮;有友好有趣的指引;以个人的语气发布好玩而富有创意的信息。

7.2.2 LinkedIn

LinkedIn 是一家面向商业客户的社交网络(SNS)服务网站,成立于 2003 年。网站的目的是让注册用户维护他们在商业交往中认识并信任的联系人,俗称"人脉(Connections)"。LinkedIn 是商务人士使用较多的 SNS 工具,尤其是有国际业务的企业员工或者自由职业者,聚集的多是高端白领人群甚至企业中高层管理人员,对跨境 B2B 企业来说,通过 LinkedIn 甚至有机会接触到企业决策层人员,这是 LinkedIn 的核心竞争力。

1. LinkedIn 的优势

LinkedIn 会使用各种指标来度量推广效果:用户数量、印象、引起的活动、点击率、粉丝、订阅数、CTR、CPC、费用等。LinkedIn 的高端特性决定推广内容必须是干货,是所有内容里最好的、最有价值的。职场人士时间本来就少,如果用一些空洞烂俗的内容进行轰炸,很容易使用户产生反感。此外 LinkedIn 重视关系的建立,体现在对用户的情感化管理上,比如哪些人访问你的主页,分享了什么内容,对内容有什么反馈,这些是企业和用户建立关系的基础(即了解用户)。LinkedIn 还会更多做问题解决者,而不是产品推销者,更多提建议,彰显价值。

2. 基于 LinkedIn 的跨境电商营销

通过 LinkedIn+谷歌搜索组合找到目标用户。

(1) 登录后输入产品名称,然后选组群 Group 进行搜索。如 LED LIGHT,选可以 view 的先进去;如果是 join 的,就点击加入,等待工作人员审核通过即可。

(2) 寻找目标用户。点击人物头像进去看个人介绍,可以看到 Contact Info 的链接。点击 Company Website 会直接跳转到其公司网址。还可以用谷歌搜索其他信息,如输入命令"E-mail"prolite-group.com,得到公司网站信息。再者可以利用谷歌搜索到企业邮箱,如输入命令:"E-mail"Rob Huston ledcanada.com,在其博客中可以找到网址。

7.2.3 Pinterest

Pinterest 是一个国内外流行的图片分享网站,在此每天都有上千万图片被分享,曾获得无数品牌及用户的一致好评。Pinterest 采用瀑布流的形式展现图片内容,无须用户翻页,新的图片不断自动加载在页面底端,让用户不断地发现新的图片。Pinterest 堪称图片版的 Instagram 和 Twitter。人们可以将感兴趣的图片保存,其他网友可以关注、转发图片。

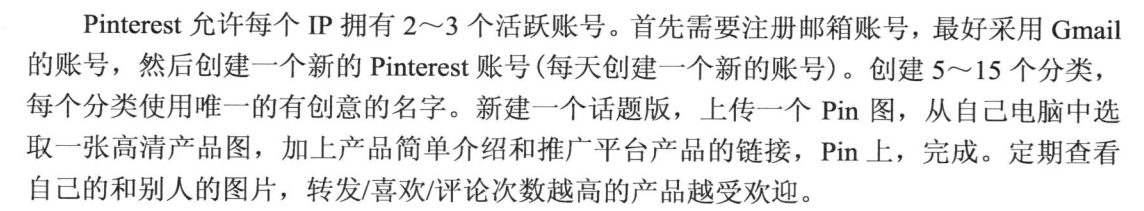

Pinterest 允许每个 IP 拥有 2~3 个活跃账号。首先需要注册邮箱账号，最好采用 Gmail 的账号，然后创建一个新的 Pinterest 账号(每天创建一个新的账号)。创建 5~15 个分类，每个分类使用唯一的有创意的名字。新建一个话题版，上传一个 Pin 图，从自己电脑中选取一张高清产品图，加上产品简单介绍和推广平台产品的链接，Pin 上，完成。定期查看自己的和别人的图片，转发/喜欢/评论次数越高的产品越受欢迎。

1. 借助 Pinterest 推广产品

(1)产品图片引人注目。Pinterest 主要是追求美，享受美，所以要建立美丽而有价值的形象。产品图片要抓住用户的情感，引起共鸣，了解他们的需求。需注意图片通常为白色背景。

(2)对图片进行号召性动作的说明。要让用户知道你 Pin 图的目的，增加些号召性说明语："你不得不看的…""点击图片看怎么…"等。图片需要拥有足够引人注目的魅力，有让人非转不可的冲动，并且要满足人们的消费需求。

(3)知道 Pin 图的最佳时机。把图 Pin 上去的目的就是要让用户看到，吸引更多的关注，但还需要注意 Pin 图的时机，否则 Pin 上去的东西很少人看，没有效果。Pinterest 的最佳 Pin 图时间是美国东部时间下午两点到四点和美国东部时间晚八点到凌晨一点。

2. 通过 Pinterest 来引流量

(1)完善头像简介，确认网站。资料很完善又很确定的网站会让人心里很有安全感。

(2)在网站上添加"Pin It button"的按钮。可以是一个按钮，也可以是当鼠标经过图片的时候出现一个 Pin 按钮。

(3)要做一个 Rich Pin。Rich Pin 使图片信息更丰富，Rich Pin 有六种形式，分别是 App 类型、电影类型、美食类型、文章类型、产品类型和地点类型。

(4)Pin 链接要有相关性，否则就是无效的推广。

(5)每个 Board 的名字及里面的简介都需要添加关键词。Pinterest 就像一个小型的谷歌网站，名称、简介、Board 的名字和简介、图片里面的描述都需要注意关键词的布局。

(6)想方设法让账号活跃起来，增加互动性。账号的活跃度对账号的权重有很大的作用。

(7)每天都要更新。尽量保证每天花一点时间来更新。

(8)产品最好要符合 Niche(利基市场)。有一定的搜索性，但是竞争又不太激烈。

3. Pinterest 群工具——Pingroupie

只要加进群中就可以 Pin 图到群里面，群成员都可以收到卖家添加了一张图片到群里(如果对方没有关掉群设置的话)的邮件，在其个人消息里面也都可以收到。

1)查找感兴趣的群

利用 Pingroupie 目录和关键词可以找到卖家想要找的相关群。通常可以依据 Repin 或者 Like 的人数来选择群，这两个参数越高，就代表这个群越活跃。

2)查找竞争对手的粉丝

很多外贸人士都喜欢关注别人的粉丝，来希望对方的粉丝回粉。最简单的就是找到竞争对手，然后关注他的粉丝。卖家可以针对哪些用户 Pin 了竞争对手而找到精准客户。

方法 1：用这个链接 http://www.pinterest.com/source/abc.com，把 abc.com 替换成卖家的竞争对手，这样就可以查看哪些用户 Pin 了竞争对手，对他们进行关注会更精准，同时也可以找到哪些图片是最受欢迎的。

方法 2：用软件查找地址：https://app.buzzsumo.com/，这个工具可以依据关键词，查看哪些文字在过去 24 小时、过去的一周、过去的一个月、过去的一年表现得最好。

找到一个竞争对手的网站，在上面直接输入其完整域名，然后按照 Pinterest 的高低来过滤，这样就可以知道竞争对手有哪些图片是表现非常好的，可以学习他，也可以利用这些信息建立 Board 和上传受欢迎的图片。

7.3 社交媒体战略

7.3.1 社交媒体营销战略

1．利用好社群资源建立连接

社交媒体营销以"分享和参与"为核心，用户通过社交媒体来分享产品的信息和观点，这与以往传统营销中"自上而下"的理念不同，社交媒体强调"自下而上"进行品牌推广，企业必须进入社交媒体营销中，通过与用户的对话和互动建立情感联系，情感是市场的主题之一，如果能赢得用户的情感认同距离赢得市场也只有一步之遥了。

用户早已不满足于购买完商品就结束，他们更愿意通过社交媒体与卖家和其他用户共同完善所购商品，网上经常会看到很多产品的测评报告。卖家也欢迎用户在购买后对商品进行评估和分享，将优秀的测评报告放到首页或给予返现之类的奖励，这样既满足了用户分享的目的，又提升了商品的品牌形象和认可度。

2．口碑营销

在社交媒体时代，网络口碑在用户购买决策过程中扮演着越来越重要的角色，用户乐于通过以往用户对于该商品的评价最大限度地减少购买风险，通过了解品牌在社交媒体上的口碑，用户极易改变原有的对该品牌的态度。虽然企业的口碑是用户自发传播的，但是仍然需要企业有意识地去维护，社交网络的发达可以轻而易举地让某个产品一夜之间红火起来，亦可以让其口碑毁于一旦。

3．发布符合平台特性的内容

社交媒体所承载的内容与形式越来越丰富多样，从文字、图片、音频到视频，只要是人们能想到的信息，几乎都能以简短而快捷的形式进行传播，快节奏的生活和发达的移动通信设备导致用户保持注意力的时间越来越短，获取的信息量也越来越大，因此，需要更重视传播的内容，众多品牌通过内容营销取得了不同凡响的营销效果，给品牌带来了极好的网络口碑。

4. 充分发挥好 KOL 和 KOC 的推荐作用

KOL（Key Opinion Leader）为关键意见领袖，一般指某些行业或者领域内的权威人士。KOC（Key Opinion Consumer）为关键意见用户，一般指能够影响朋友、粉丝，使其产生消费行为的用户。相比于 KOL，KOC 的粉丝更少，影响力更小，但在垂直用户人群中拥有较大的决策影响力，能带动其他潜在用户的购买行为，有效实现高转化率。

7.3.2 社交媒体营销步骤

1. 分析目标客户的特征

人群特征包含两种：显性及隐形特征。显性特征指通过轻度的接触就能够得到的信息，如人口属性中的性别、年龄、职业、籍贯、国家等，以及消费特征中的收入、购买力、购买渠道偏好等。隐形特征指需要通过深入的接触才可以发现的信息，如性格特征，喜欢宅、活泼、颜控、极简主义等。

分析完目标用户画像后，通过 Google Analytics（或其他分析工具）中的推荐流量来源，将品牌自身目标用户的特征和不同平台的用户画像相对应，选择出一个最为合适的平台。还可使用竞争对手分析，跟踪竞争对手当前成功的内容，并评估他们在社交媒体方面的优势和劣势。

2. 设置目标和定义指标

不是所有平台都对每一个品牌都适用，需要确定目标。许多从事社交媒体的企业一开始面临的最重大问题是：从未设定相关且符合实际的社交媒体营销目标。社交媒体营销目标需要整体融入企业的业务规划中，应该补充在企业的总体业务目标中。

企业的社交媒体营销目标针对业务而定，并与总体业务目标相辅相成，可以分为以下几点。

(1) 提高品牌知名度。
(2) 提升销售量。
(3) 提高投资回报率。
(4) 提升销售额。
(5) 扩大粉丝群。

3. 定义内容策略

内容策略应基于目标和目标市场，需要确定受众和潜在用户面临的主要挑战，并了解如何解决这些问题，这构成了内容策略的选题基础。制定营销日历可能是自动化社交媒体发布的最佳方案，这样就不会在每天发布内容时感到迷茫。不仅仅企业自己的内容会呈现在社交媒体里，竞争对手的内容同样在这里，所以如果想要脱颖而出，就需要有能够吸引到目标用户的社交媒体内容。

4. 了解社交媒体机制

为了增加内容的覆盖范围，需要弄清楚社交媒体的内容发放机制。必须知道选定的社交媒体平台更喜欢哪种内容格式。例如，Facebook 上的视频内容比其他内容具有更好的受众覆盖面。因此，应该在 Facebook 上创建视频内容，因为与文本、链接或图像帖子相比，它将获得更好的覆盖面。

5. 定义社交媒体策略

大多数主流社交渠道的覆盖面正在减少。如果设定了较大的营销目标，则需要考虑社交媒体付费广告。社交媒体付费广告可为网站吸引流量、增加应用下载量、产生潜在客户、提高知名度和参与度，并通过不同类型的广告直接产生销售。根据目标，设置预算并规划一个广告系列，其中需要概述各个广告系列预算、目标受众群体、广告系列目标、广告格式和出价策略。

6. 监控、测量和优化

活动开始后，需要不断监控社交媒体活动，跟踪哪些方法有效，停止不起作用或只是浪费时间的活动。大多数社交媒体学习都来自实验，所以如果某些活动没有产生任何结果，应该继续修改方法，直到达到目标。

当然，企业对目标用户、社媒平台会进行数据分析，策划社媒推广合作是非常耗时耗力的，中国企业走出海外做营销更是存在沟通的壁垒，因此，一些跨境电商企业与拥有海外 KOL 资源的营销团队或海外网红合作，在海外开展营销活动。

7. 注意社交媒体营销中的伦理问题

使用协同过滤进行个性化推荐的一个关键问题是：在未经用户同意或在用户不知情的情况下搜集用户的信息。这种做法在许多国家（如美国）是非法的，违反了隐私法。基于权限管理的实践可以解决这个问题，实证研究表明，基于用户许可的做法能够在移动广告中产生更为积极的态度（Tsang 等，2004）。

隐私伦理问题的负面影响也会在 Facebook 发生。2014 年 6 月，Facebook 搜集用户数据的方式发生了重大转变。它宣布，将先前搜集的用户互联网行为调整为推广基于兴趣的广告。这意味着 Facebook 会搜集用户的上网行为，并将其与用户在 Facebook 上的内部行为进行比较。这有助于广告商更好地了解用户的兴趣，并向用户提供更相关的广告。在这种情境中，许多用户认为 Facebook 侵犯了他们的隐私。Facebook 正在调整策略，提供严格的隐私控制策略，以及与数字广告联盟合作建立退出机制，以便让 Facebook 和其他公司知道用户不想接收这些特别的定向广告。

> **案例**
>
> 2020 年 2 月，化妆品品牌雅诗兰黛因不安全的服务器泄露了 4.4 亿条用户敏感信息；2020 年 6 月，广东省侦破了一宗特大公民个人信息泄露案件，此案涉及 10 亿条个人信

息遭泄露的问题；以及全球最著名的信息泄露事件——Facebook 5000万名用户的信息泄露。2019年Facebook就因为8700万名用户信息泄露事件而被美国联邦贸易委员会(FTC)罚款50亿美元。这些事件让人们清楚地认识到，数据一旦泄密，隐私就无从谈起。

案例

星巴克(Starbucks)

1. 利用Facebook、Twitter等社交媒体进行宣传。2011年，Starbucks为了促销新推出的黄金烘焙豆咖啡，开发出Facebook App，让用户通过程序获得新产品信息、享用免费的黄金烘焙咖啡，并传送电子卡片给朋友。Starbucks也在Twitter上宣传这项活动，并通过文章将用户引导到Facebook网页。

2. 季节限定、任务促销、双管齐下。南瓜拿铁是Starbucks秋季限定的产品，季节性的供应令用户感到物以稀为贵，使得南瓜拿铁更具吸引力，于是Starbucks在Facebook上推出"为自己城市喝彩"的活动。粉丝只需要在Facebook上投票给自己的城市或完成其他任务，胜出的城市可以优先享受到Starbucks的季节性产品南瓜拿铁。

3. 2013年10月，Starbucks推出赠送五美元咖啡礼券的促销活动。用户只要登录Starbucks账号，输入信用卡号码，再于Twitter上发布"@给受礼者"，Starbucks就会传送五美元的电子折价券给你的朋友。对方可以把券展示给柜台人员，就能换取咖啡。这项活动大为成功，短短两个月内，就有27000人用Twitter换咖啡，而且超过三成的人买了不止一张折价券，换算下来，Starbucks进账了18万美元。更重要的是，Starbucks因此取得了54000名用户的Twitter账号、手机与用户ID等信息。

4. 呼应时事的广告与主题标签。2013年初，大风雪Nemo袭击美国之后没多久，Facebook和Twitter就出现在寒冬中握着热咖啡的Starbucks广告。Starbucks利用#Nemo与#blizzard等标签，让品牌和产品与用户生活紧密相扣。

5. 用幕后群像拉近与消费者的距离。当竞争对手努力用主题标签攻占Instagram版面时，Starbucks却选择无声胜有声，单纯分享公司内部的有趣图片与各地用户的照片，成功提高了品牌的亲和力。

6. 与社交媒体携手做慈善。Starbucks也善用社交媒体强化企业的社会责任形象，2012年，Starbucks与Foursquare合作推动抗艾滋的慈善活动。从6月1日到10日，用户只要到美国与加拿大任一间Starbucks，并在Foursquare上打卡，Starbucks就会捐1美元，直到捐出25万美元为止。

成功的原因：品牌的影响力强；鼓励分享，如咖啡购买体验等；用户获得参与感，体验个性化；实时且一致的信息传播；利用社交促销获客。

【课后任务】

1. 请选择某跨境电商公司，结合社媒分类整理该公司的社交媒体。
2. 制定社交媒体方案，确定如何开展公司的免费和付费流量引流。
3. 讨论如何规避社交媒体营销时的伦理问题。

【实践操作】

Facebook 平台模拟推广虚拟仿真实验操作示例

第 8 章　独立站营销

【学习目标】

相较于传统的第三方平台营销，独立站营销越来越多地成为许多跨境企业出海销售商品的选择，与传统平台相比，独立站管束更少、佣金更低和自主性更高，使得企业可以依据自身品牌性质发挥更大的优势。然而企业也面临着诸多难题：独立站是什么？如何构建属于自己的独立站？如何使自己的独立站更快更好地占据市场？本章将就以上问题进行阐述，并且结合案例使读者获得更深层次的理解。希望通过本章的学习，企业在使用独立站进行海外拓展时可以更加轻松方便，更好地增强自身在海外市场的竞争力，获得良好的效益和快速的发展。

【引例】

近年来，随着改革开放的持续深入，中国外贸的新业态新模式得到了快速的发展。2021年的海关数据显示，2021年中国跨境电商进出口总额达1.98万亿元，同比增长15%，其中出口额占1.44万亿元，同比增长24.5%。然而，目前主流跨境电商平台仍然存在不少局限性，为了更好地扩大销售以赚取利润，一种新的业务增长渠道——独立站开始进入跨境电商卖家的视野。2022年3月22日人民日报海外版报道称，28.5%的跨境电商卖家在2021年建设了独立站，如图8.1所示。

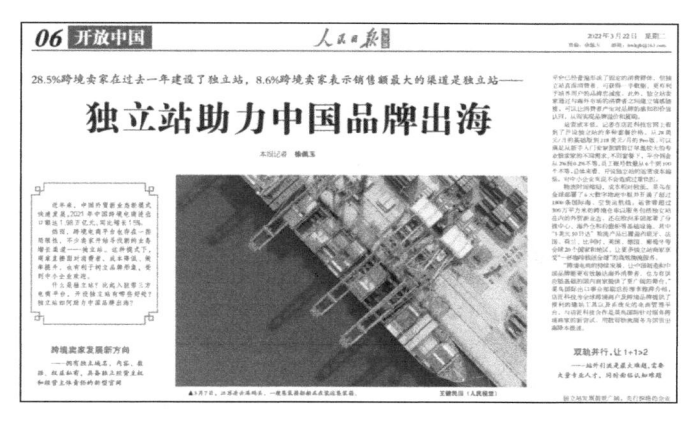

图 8.1　独立站助力中国品牌出海

8.1 独立站优势

8.1.1 独立站与第三方平台

1. 独立站

独立站是指基于网站建设技术或 SaaS(Software as a Service,软件即服务)技术建立的拥有独立域名的企业网站,网站上的内容、数据、权益私有,具备独立经营主权和责任,企业作为卖家通过网站进行商品线上推广、销售、售后等一系列交易和服务。

卖家自建独立站与在第三方平台上入驻交易有很大不同。第三方平台是提供信息保存和搜索服务的网络平台服务商(根据国务院的《信息网络传播权保护条例》),在跨境电商领域,如亚马逊(Amazon)、阿里巴巴国际站(Alibaba)、全球速卖通(AliExpress)、易贝(eBay)、虾皮(Shopee)等。网络平台服务商需要设置规则,平台上卖家也需要依靠平台分发的流量做电商;独立站则相反,可以通过各类渠道和方式进行网络推广,推广所带来的流量、品牌印象、知名度等都属于独立站所有,所以独立站是跨境电商从开拓市场到树立品牌创造力和影响力的必然结果。

2. 独立站和平台的区别

(1)品牌化:在第三方平台进行销售,消费者对第三方平台的品牌认知要先于独立站,而对独立站的运营也同时是对自己品牌的运营。

(2)流量:第三方电商平台大多是流量思维,不断探索公域流量以激活平台内部流量池,打造平台爆款产品;而独立站重点围绕品牌塑造,将公域流量转为私域流量,所有流量都需要自己去推广获取,虽不及第三方平台有流量优势,但是获取渠道会更加多元化。

(3)规则:为规范入驻平台的良莠不齐的商家,也为了符合国家法律法规的要求,第三方电商平台大多需要制定较多的规则和限制,且设置违反规则的代价。独立站中的产品和服务相对可控,独立站拥有者对其承担完全责任,因此网站规则相对较少,仅需满足法律法规要求即可。

(4)比价:由于第三方平台都是多卖家销售同类产品,消费者可以进行横向对比择优选择,独立站则没有对比价格的说法,网站都是自己的产品,营销自主性强。

(5)佣金:第三方平台的盈利模式大多来自交易佣金,佣金比例在 5%~30%不等。独立站的交易成本中不需要考虑佣金一项。

3. 常见的独立站建站工具

常见的独立站建站工具主要有以下几种。

(1) SaaS 建站平台:最常见的就是 Shoplazza、Shopify、Shopline、Ueeshop 等,其中深圳的 Shoplazza 是目前跨境电商卖家用得最多的国内 SaaS 建站服务商。

(2)开源建站平台:目前跨境电商最常见的就是 Wordpress+Woocommerce 的商城建站

方式，除此之外还有 Magento、Opencart 等，这类开源建站方式适合有一定技术开发基础的用户，相对于 SaaS 建站方式上手相对较难。

（3）自主开发：这类建站方式不依赖任何 SaaS 或者开源建站，自有或者外包建站开发，建站及维护成本也相对高很多。

8.1.2 独立站模式及优势

1．独立站运营模式

近年来，随着跨境电商的兴起，独立站越来越受到跨境卖家们的青睐，布局独立站也成为各跨境电商卖家标配，独立站的运营模式大致可归纳为四类。

（1）Dropshipping 模式，也叫无货源模式。Dropshipping 模式中卖家通过速卖通等平台进行选品，并将所选商品直接上架到独立站中进行售卖。在这一模式下，卖家只需要将潜在消费者引流到独立站即可，待消费者下单后，由供应商直接发货到消费者手中。这种模式的优点是压力和风险小，卖家没有资金与库存压力。缺点是这种模式对选品的要求比较高，采用该模式的卖家需要准确识别能卖出去的商品。

（2）铺货模式，指的是在独立站中上传大批量的日常生活用品进行售卖，这种模式包括了杂货铺模式和爆品模式。杂货铺模式主要通过投放广告等方式获得曝光，从而为独立站带来订单转化。爆品模式就是沿着这个模式，通过对不同商品进行测试找出高转化率的商品，进而针对高转化率的商品加大投放预算，从而打造出爆品商品以获取利润。

（3）垂直品类模式，指对某个行业或者细分市场进行深化运营的模式。该模式一般从商品的差异化定位和独特的品牌附加值入手，为特定细分领域人群提供更加符合其需求的特定类型产品，用一句话概括就是精细化运营特定品类商品。

（4）DTC（Direct To Customer）模式，也就是直接面向消费者的营销模式。在 DTC 模式中，卖家通过互联网与终端消费者直接进行点对点的联系，实现了去中心化、去平台化和去中间商差价。该模式以消费者为直接导向，这有利于卖家塑造自身品牌，帮助卖家完成多渠道的营销、引流和进一步沉淀忠实消费者。

除上述的几种模式外，还存在一些其他的独立站运营模式，如 COD、POD 等模式。COD 模式指的是货到付款的模式，这种模式通常流行于东南亚、中东地区，COD 模式相比于其他运营模式对消费者的签收率更加关注。POD 模式是给消费者提供定制产品的运营模式，如销售印有定制图案的水杯、印有定制涂鸦的短袖、印有定制图腾的摆饰等。

2．独立站优势

跨境电商出海企业构建的独立站是可以实现交易功能的小型品牌官网。与其他出海销售模式相比，独立站模式具有独立性强、自由度高、可以获取与沉淀更多私域流量、可以提高消费者的忠诚度四大优点。

（1）独立站让企业独立性更强。企业拥有独立的网站意味着企业拥有独立的空间、域名、页面，从而拥有更高的自主权和更强的灵活性，不必担心平台规则的变动影响运营。

（2）独立站使企业的自由度更高。第三方平台会设置复杂且变化快的运营规则，对卖家日常运营造成较多的限制,甚至稍微不慎就会被平台处罚,造成损失。而独立站不受相关平台的规则限制,可以进行更高自由度的网站设计和营销推广,企业拥有完全的自主权。

(3)独立站可帮助企业获取和沉淀更多私域流量。独立站的流量会更加多元,在海外,可以通过 TikTok、YouTube、Facebook、谷歌搜索、网站展示广告、邮件营销、联盟营销甚至是一些线下的活动引流,将独立站作为消费者的落地转化渠道,以此来提高所有营销活动的转化效率。消费者可以自由地从其他社交媒体跳转独立站,由此所带来的流量、品牌印象、粉丝社群、用户画像等数据都沉淀在私域,从而为之后提升消费者购物体验奠定了基础,同时也能够给企业带来更高的品牌溢价机会。

(4)独立站可以提高消费者的忠诚度。在独立站环境中,企业可以真正地直面消费者,了解消费者的真实需求和用户画像,企业可以独立自主地与消费者建立联系,提升顾客的品牌忠诚度,鼓励消费者发展成为产品或服务的终身客户。同时独立站也更能体现企业自己的品牌形象和实力,更易于打造沉浸式的品牌体验,不断累积企业品牌实力,让消费者对企业产生更高认可度和信任度。独立站既可以提升产品的消费者信赖度,也有助于提高消费者对品牌的忠诚度和复购率,是品牌可持续发展的根本。

> **案例**
>
> **亚马逊平台商家危机的应对**
>
> 2021年5月以来,不少跨境电商企业接连出现亚马逊账号被封的情况,其中不乏头部卖家。据深圳跨境电商协会估计,2021年5月以来亚马逊的打击行为使至少5万个中国商家账户受到负面影响,中国跨境电商蒙受的经济损失超过1000亿元。亚马逊封店潮也引发诸多跨境电商企业的反思。网经社电商研究中心分析师张周平表示,经过此次亚马逊封号事件后,跨境电商卖家未来除了尊重平台规则,利用规则谋求发展外,也要积极拓展独立站。独立站会对企业的运营能力造成考验,其中包括引流、转化、留存、售后服务等一系列流程,与在第三方平台上的操作模式并不一样。

8.2 独立站建设

8.2.1 独立站要素与评价

1. 优秀网站要素

一个优秀的网站,需要在五个方面做到无可挑剔:设计、结构、内容、优化和维护。

(1)设计。视觉设计决定了浏览者对网站的第一印象,因此非常重要,不错的第一印象不仅可以吸引浏览者点击进入网站进一步进行浏览,也可以帮助企业在消费者心中树立良好的形象。

(2)结构。清晰的企业网站结构脉络可以帮助企业清楚表达企业的主要信息和服务,从而更好地引导消费者浏览,并最终引领消费者采取购买商品的行动。企业可以根据自身经营业务等将网站划分成多个部分,每部分成为一个一级栏目,并且可以根据需要继续划分为二级、三级、四级栏目。过多的栏目数量或者栏目层次会给消费者带来麻烦,一般来说,一个中小型企业网站的一级栏目不应超过 8 个,而栏目层次在三级以内比较合适。

(3)内容。内容是一个优秀网站的核心,丰富的内容可以大大增强浏览者的体验感,同时也可以加大消费者对产品和服务的了解。

(4)优化。优化在这里有两个含义,第一是企业的网站需要内部优化,如结构上是否还存在问题、链接内容是否有指向错误等,这些问题会导致浏览者不能顺畅地访问网站,造成一部分消费者流失。第二是企业网站的搜索引擎优化,也就是为确保搜索引擎爬虫可找到网站所进行的一系列优化。

(5)维护。成功建立一个网站之后,企业需要根据消费者的喜好、现如今的流行趋势、主推的产品或服务持续更新网站内容,并做好消费者反馈,维护网站,增强网站黏性。

2. 优秀网站评价

1)网站建设评价

评价一个企业网站的优劣有很多不同的标准,根据前面五要素,结合搜索引擎和 SaaS 服务商对网站的评价,从语言运用、页面设计、信息结构和用户界面四个方面设计的网站质量评测表如表 8.1 所示。

表 8.1 网站质量评测表

考评方面	考评内容	评价
语言运用	是否使用了侮辱性、嘲弄性或者冒犯性的语言?	严重问题
	是否存在拼写和语法错误?	普通问题
	是否使用了互联网上的特殊用语或者流行语,如大虾、菜鸟等?	普通问题
页面设计	所使用的非标准颜色文字在不同背景颜色下的可读性如何?	严重问题
	在 800 像素宽的显示屏上浏览网页是否需要水平滚动条?	严重问题
	表格的宽度是否用相对宽度(占窗口的比例)来定义?	严重问题
	网站本身的链接是否会被当成广告?	严重问题
	超过 30KB 大小的图像是否必要?	普通问题
	是否调用了其他站点的图像?	普通问题
	表示段落起始的图形标志(Bullets)是否运用得恰当?	普通问题
	用于分栏的杠状图形是否运用得恰当?	普通问题
	是否运用了闪烁、走马灯或者动画的文字效果?	轻微问题
	是否对图像尺寸用 Height 和 Width 标签做了定义?	轻微问题
	访问者能否判断出需要使用竖直滚屏?	轻微问题
	重要的图像是否有大小两种版本?	轻微优势
	背景图案的大小是否小于 15KB,与文字的反差是否足够?	轻微优势
	一个页面图像的总大小是否小于 50KB?	一般优势
	图像是否有用 ALT 标签加注的文字说明?	一般优势

续表

考评方面	考评内容	评价
页面设计	对于分割开的大的文档有没有准备适合打印或存储的完整文档？	一般优势
	页面是否适合快速浏览？	一般优势
信息结构	页面已有的 URL 是否有变更？	严重问题
	页面标题离开上下文是否有意义？是否适合搜索引擎索引和用户收藏？	严重问题
	页面标题是否与页面内容相符？	严重问题
	页面标题与正文标题是否相符？	轻微问题
	是否利用超文本结构使复杂内容结构化？	重要优势
	用于建立链接的文字内容能否说明链接对象的主要内容？	重要优势
	页面是否提供访问者反馈渠道（如电子邮件链接或者表单）？	一般优势
	长的页面是否包含内容目录或者摘要？	一般优势
	是否包含内容作者的背景信息？	一般优势
用户界面	链接是否打开新的窗口？	普通问题
	是否存在无效链接？	严重问题
	服务器响应时间是否过长？	严重问题
	公司的名称和标志是否出现在每个页面上？并链接到公司主页？	普通问题
	页面是否包含更新日期的说明？	普通问题
	热点图的可点击部分是否清楚可见？	普通问题
	图形导航按钮有无文本标签？	普通问题
	搜索特性是否允许用户指定搜索范围？	普通问题
	链接颜色是否是标准（默认）颜色？	轻微问题
	超过 100 个页面的网站是否有搜索功能？	重要优势
	链接是否使用了 Title 标签对链接属性加以说明？	一般优势
	超过 1 屏半的页面下方是否有导航链接？	一般优势
	包含多个部分的文件页面是否包含指向高一层次的链接？	一般优势
	指向大文件的链接是否提供关于文件大小的说明？	轻微优势

2）网站运营评价

建好网站仅是自建站的第一步，做好网站的运营才能实现独立站的价值。因此可以通过网站运营能力的评价表来考核，如表 8.2 所示。

表 8.2 网站运营能力评价表

数字指标	运营：访问速度；跳出率；转化率；复购率；复购比例；客单价；退货率；客诉数量等	其他指标	用户：平台留评；客诉解决；响应速度；跨平台服务；售后反馈；邮件文案本地化程度等
	广告：流量；转化率；跳出率；ROAS；点击率；CPA；CPM 等		
	统筹：SKU 销量；活动参与率；客单价；争议率等		企业：新品调研、竞品调研、用户画像贡献、网站设计、设计本地化程度等

运营能力指的是企业的经营运行能力，即企业运用各项资产赚取利润的能力，它分为数字指标和其他指标。数字指标包括了三个方面。（1）运营方面：包括访问速度、跳出

率、转化率、复购率、复购比例、客单价、退货率、客诉数量等；(2)广告方面：包括流量、转化率、跳出率、ROAS、点击率、CPA、CPM 等；(3)统筹方面：包括 SKU 销量、活动参与率、客单价、争议率等。其他指标也包含了两个方面。(1)用户方面：平台留评、客诉解决、响应速度、跨平台服务、售后反馈、邮件文案本地化程度等；(2)企业方面：新品调研、竞品调研、用户画像贡献、网站设计、设计本地化程度等。进行企业的运营能力的分析，有利于企业优化网站结构、改善不足之处、提高消费者的转化率、改善自身的经营管理能力。

3．建站职能分工

结合以上建站和运营的需求，独立站营销团队的职能分工可以从项目统筹、站内运营、广告投放、社媒运营、UI/平面设计五个维度出发，不同的维度被分配到的职能与工作也不同，各个维度之间需要互相了解清楚，在充分了解其他维度的职能之后，能更好地进行自身的工作。可以探讨项目统筹、站内运营、广告投放、社媒运营、UI/平面设计五个维度的职能分别是什么，如表 8.3 所示。

表 8.3 独立站营销团队职能分工表

项目统筹	站内运营	广告投放	社媒运营	UI/平面设计
把控调性	数据分析	数据分析	社媒发帖	网站视觉
统筹工作	产品管理	账号管理	线上活动	响应需求
数据分析	订单管理	FB 优化师	素材指导	
品牌发展	库存管理	谷歌优化师	粉丝互动	
	物流对接		KOL 营销	
	前后客服			
	邮件营销			
	弃单召回			

8.2.2 自主建站流程

1．注册域名和申请 IP 地址

企业可以申请一个代表自己企业的域名，做好域名解析，与自己网站服务器的 IP 地址捆绑，以便让消费者可以访问网站。域名可以申请国际域名和国内域名两种。一个好的域名必须遵循以下原则：简短、切题、易记，最好与企业品牌等相关，因为域名如企业的品牌一样，具有无形资产价值，因此有些企业会用自己公司的名字或商标的名称作为自己网站的域名，如阿里巴巴、亚马逊等。确定域名并查询未被注册的情况下，可以向权威机构申请注册，缴纳费用获得批准后方可使用。

域名地址用层次树状命名，若干子域名按规定的顺序连接，级别从左到右逐渐增高，并用圆点隔开，表现形式为：主机名.n 级子域名……二级子域名.顶层域名(通常 $2 \leqslant n \leqslant 5$)。顶层域名有国家顶级域名，由两个字母组成的国家或地区代码，如 cn 表示中国，us 表示美国，uk 表示英国等；通用的国际域名如表 8.4 所示。一般来说，大型的或有国际业务的公司或机构不使用国家或地区代码，而使用表示机构性质的国际域名。

表 8.4 通用的国际域名

顶层域名	机构性质	顶层域名	机构性质
com	商业实体	arts	从事文化娱乐的实体
edu	教育机构	firm	企业和公司
gov	政府部门	info	从事信息服务业的实体
int	国际组织	nom	从事个人活动的个体
mil	军事机构	rec	从事休闲娱乐业的实体
net	互联网络	store	商业企业
org	社会团体(非营利组织)	web	从事 Web 相关业务的实体
aero	航空运输企业	biz	公司和企业
cat	加泰隆人的语言和文化团体	mobi	移动产品与服务用户和提供者
coop	商业合作团体	jobs	人力资源管理者
name	个人	museum	博物馆
travel	旅游业	pro	有证书的专业人员

2. 确定网站的服务器解决方案

域名需要与服务器 IP 地址捆绑，因此需要决定网站存放于哪个服务器上。网站的服务器有以下四种方案可供选择。

(1) 自建服务器机房。这种方案具体需要自建机房，配备专业人员，购买服务器、路由器、交换机、机房的辅助设备、网管软件等。在服务器上还要安装相应的网络操作系统（如 Windows 2000 或 UNIX），开发使用 Web 服务程序，设定各项 Internet 服务功能，包括设立 DNS 服务器及 WWW、FTP 服务器、电子邮件服务器，建立自己的数据库查询服务系统等，再向电信部门申请专线出口。由于成本较高，这种方案适合对信息量和网站功能要求较高的大中型企业。

(2) 服务器托管，也称为主机托管。企业购买服务器，将其放置在某个经营"整机托管"业务网站的数据中心的机房里，由网站机房的技术人员对服务器进行"看护和照顾"，相比于自建服务器机房，它对技术和成本的要求更低。

(3) 租用虚拟主机。这是服务器方案中最经济的方案。使用计算机技术把一台服务器主机分隔成多台"虚拟"的主机，企业租用其中的一部分空间，虚拟主机之间完全独立，并可由租赁用户远距离控制管理。由于虚拟主机开销较低，因此适用于对信息量和网站功能要求不高的中小企业。

(4) 租用云服务器。云服务器（Elastic Compute Service，ECS）是一种简单高效、安全可靠、处理能力可弹性伸缩的计算服务。其管理方式比物理服务器更简单高效，用户无须提前购买硬件即可迅速创建或释放任意多台云服务器。云服务器的弹性计算能力可以自动计算资源，因此收费模式灵活、可以按需计费。如一家企业需要自建独立站，最初产品和内容较少，流量不大，每月可以支付较少的流量和空间费用。后期企业知名度提高，产品增加，流量暴增，云服务器可以随时调整资源，企业再根据流量支付更多的费用，也就是企业可以根据业务波动随时购买和释放资源。

无论企业选用哪一种方案，都应当根据企业的规模、网站预计的访问流量、建站的投资及以后网站运营的费用来选择确定。

3．网站规划和开发

互联网上有无数的电商网站，为了保证公司的网站能从众多类似的网站中脱颖而出，公司在建设电商网站之前必须要对整个站点进行策划。跨境电商企业的独立站要求有在线交易功能，因此网站必须是动态网站，这就要求网站必须要有数据库。因此建站内容要包含网站框架布局、网页设计、Web 前端开发、数据库架构、后端开发、产品详情页设计等。网站的风格和功能要根据企业自己的特点做充分的准备，使网站的基调符合消费者的需要，使网站的功能方便消费者的使用，一个好的、有鲜明特色的电商网站会吸引很多浏览者再次访问。

4．网站的发布和推广

开发完成的网站上传到 Web 服务器上，然后在 Internet 上发布。接着就要开始进行网站推广，通过推广提高网站的访问率。网站的推广一般有以下几种方式。

(1) 在各大搜索引擎上注册，让消费者可以通过搜索引擎找到网站。

(2) 在传统的广告媒体中对网站的内容、网站的地址、产品的性能以及可以提供的便捷服务进行宣传，扩大网站的影响。

(3) 在访客量较大的电子公告板上发布广告信息或开展与企业相关问题的讨论，进一步扩大网站的影响。

(4) 通过电子邮件将网站的信息发送给消费者。

(5) 通过与其他类似网站合作，建立友情链接、交换链接等。

5．网站的更新维护

网站建成之后，在运营过程中需要定期更新网站的信息，及时总结经验与教训，逐步完善网站的功能。如在网站上及时发布企业最新的产品、价格、服务等信息；对消费者信息进行搜集、统计并交各部门及时处理分析；对消费者的投诉或需求信息要及时处理并向消费者反馈处理结果；网站页面设计要经常更新，不断增加新的营销创意，提高网站的知名度；保持良好的设备状态，维持企业网站设备不间断地安全运行；注意网站安全管理，监测、防止病毒的攻击和恶意的访问；对网站消费者进行不断地推广和优化工作；对网站的经营需要不断地进行测试和评估。

8.2.3 SaaS 技术建站

自主建站要求企业有足够的人力资源储备，这对于许多企业而言门槛较高，因此基于 SaaS 技术的建站方式是许多跨境电商企业的选择。SaaS 技术平台可以为企业提供独立站、海外营销、品牌运营等三大核心服务,如店匠科技。通过店匠平台构建独立站有诸多优势。(1)建站工具丰富。可以构建多终端品牌电商站、高效后台管理系统、全球覆盖的支付与物流服务、完善的客服和售后系统;(2)可以提供精准的海外营销服务,包括内容制作、受众判断、广告渠道筛选,精准触达受众实现高效转化,包括精准的广告渠道、消费受众的判断和本土内容的营销;(3)可以提供品牌运营服务,帮助中国品牌更好地掌握出海方法,加强企业的出海能力,包括品牌形象塑造、海外市场咨询、社交媒体营销和数字营销。

基于 SaaS 技术的建站步骤如下。

1. 开店必知——政策规则

首先,企业需要了解各平台的政策规则,选择一个良性的业务,任何生意都不能超越道德和法律准则。并且,不同国家地区的法律差异较大,独立站销售的商品必须遵守当地的法律,因而企业事先要进行仔细的调研。如果商品情况比较特殊,还可以咨询当地律师或求助其他专业人士。

其次,有一些建站行为是不被允许的。如 Shoplazza 的禁止行为有:(1)侵犯他人知识产权;(2)恶意欺诈行为;(3)泄露个人隐私或其他应予保护信息的行为;(4)骚扰信息;(5)枪支弹药、爆炸物、违禁药品等产品。

2. 域名和品牌

选择并且购买一个域名,是独立站生意的开始,它就如同品牌的名称一样重要。企业可以通过平台购买域名,如通过 Godaddy、Name.com、Namecheap.com、国内的阿里云等平台完成域名的购买。以 Godaddy 为例,企业进入 Godaddy 网站后,搜索需要的关键词,选定域名进行付款操作即可。企业在选购域名的时候,需要注意以下几点:(1)域名越短越好;(2)选择容易拼读,容易发音的词或词组;(3)避免侵权;(4)用英文而非汉语拼音;(5)尽量不要使用符号和数字;(6)后缀一般情况下首选 com 或 net、cn。企业在完成域名的购买后,需要回到 Shoplazza 的后台进行绑定,直到出现"绑定成功"的字样才真正完成。

3. 商品发布

丰富优质的商品是一个店铺的核心,面对一个全新的网站,企业首先应当完成基本的商品上传,方便后期在装修店铺时反复调试,这样可以为企业节约大量时间。

首先,企业进入店铺的后台,根据商品的具体情况,如商品是否上架、是否需要物流发货、属于哪个产品专辑等完成商品新建。其次企业需要替商品添加主图和具体的文字描述,方便消费者查看。最后企业需要完成最重要的一步,设置商品的价格,它包括商品的售价和消费者所需要支付的运费,这步会直接影响商品的销售,因此需要慎重决定。

企业还可以对商品进行整理,以分类专辑的形式展示多个商品,在进行具体的设置之前,企业应该对商品做一个整体的规划,代入消费者自身购买的场景与需求,设置商品专辑和导航栏,确保消费者可以轻松地查找和查看。

4．店铺装修

1）主题选择及设计规划

首先企业需要挑选合适的主题模板，主题的选择将直接影响站内的设计和后续的维护工作，选择一个主题并良好地使用是快速装修店铺的秘诀。

2）店铺的页面设计

店铺的设计至关重要，它往往能决定消费者是否认可企业的商品和独立站。进入"店铺装修"标签，点击主题装修按钮，就可以看到当前正在使用的主体模板，企业可以按照自己的喜好进行编辑。Shoplazza 还可以编辑网站内部的商品和其他页面，Shoplazza 将可以编辑的页面分为了"首页""商品详情""专辑详情""搜索""404""结账页"，以及企业可以自由创建的新页面等。如企业进入了商品详情页，就可以针对商品展示的具体形态进行编辑。

3）店铺个性化设置

在中国的跨境电商行业中，绝大部分卖家都是以团队的形式进行运作，个人卖家极少。在团队合作中，每个成员都会有不同的角色位。根据职能来划分，大致会有运营人员、产品管理人员、店铺管理人员以及客户服务人员等类型。不同角色位的成员所负责的工作内容不同，对于店铺后台的操作权限有不同的需求。所以企业需要将成员的账号添加到后台，并授予相应的权限，才能保证工作的顺利进行。

5．店铺设置

1）设置收款工具

独立站的一项重要特点就是能较大程度地保证企业的"资金安全"，让资金更加稳定、自由掌控。这是因为独立站拥有更多元的收款方式供企业和消费者选择，这将同时为企业和消费者提供便利。这里推荐 PayPal 和信用卡收款两种工具。

首先是 PayPal，它是全球很多国家消费者首选的支付工具。无论是 PC 端还是移动端，它都能很好的支持。PayPal 的注册也很简单，首先需要登录 PayPal 的官网如实地填写企业信息，随后企业需要对账户进行认证和银行卡的绑定，最后再进行邮件的激活。

其次是信用卡的收款工具，它们可以让消费者在网站上使用信用卡进行消费。如 Stripe，它的优势在于交易佣金低、不收取其他费用，并且简单易用。但企业必须拥有一个香港或其他国家地区的公司主体，才能申请 Stripe 并进行使用。除了 Stripe 之外，企业也可以根据自身情况选择钱海、PingPong 等其他信用卡收款工具。

2）进行物流商和运费设置

对线上业务而言，物流决定了商品的交付质量和消费者的最终体验。企业需要首先确认自己的发货地和物流方，接着需要设置物流方案，确保消费者了解运输细节。企业应当尽量将自己的业务设置包邮优惠，即使不能做到无条件免邮费，也尽量设置满足某个金额或者几件商品获得包邮的优惠活动，这会在很大程度上帮助企业提高业绩。

3）添加数据分析工具

为理解消费者的真实需求及反馈，可以在网站中添加一些数据分析工具，可以了解消费者如何使用网站，为什么下单或不下单，从而更好地优化店铺装修效果。这类工具有以下几种。

(1) Fullstory，可以录制独立站消费者的操作行为。商家将相关代码嵌入到独立站中，就可以自动为消费者的行为录屏，还可以提供消费者单点行为的记录数据，如消费者在浏览页面时的点击、滑动、跳转行为，并把这些单点行为串联起来，梳理出他们的行为路径逻辑。

(2) Mouseflow，一款记录用户鼠标活动的工具，最主要的功能就是自动捕获用户鼠标在网页上的所有移动、点击和滚动行为，并以最直观的"录屏（Recordings）"形式还原用户在网站中的行为。

(3) Lucky Orange，美国的一款在线网站实时分析工具，功能较为多样化。除了对访问数据的记录，还可进行表格分析，在网站中创建调查、实时聊天等。

6．营销引流

独立站作为企业的官网和店铺，需要企业利用大量的广告和宣传来吸引消费者。企业必须选定广告活动的目标。如果一开始企业的网站产品数量并不是很多，但未来将以一个完善的品牌形象出现在消费者面前，则企业可以在前期以曝光网站为主要目标。如果企业的产品已经准备好了，希望立即看到订单，那就可以把所有广告的目标设定为带来销售。

8.2.4　独立站流量

1．独立站流量重要性

互联网时代以流量为"核心"。对于企业而言，企业想要自身的商品或服务获得更多的关注，就需要采取各种措施进行引流。对于一些选择了独立站作为销售平台的企业来说，除非顾客主动输入域名并进行访问，否则本身是不会有访客进入的。因而拓展企业独立站的知名度、使独立站获得更高的关注度就显得尤为重要了。

高流量的企业独立站有以下几点好处。

(1) 在顾客由访问到下单的转化率一定的前提下，流量越高则商品成交额越高，企业业绩越好；

(2) 对于好的商品，顾客很愿意向自己的亲朋好友进行介绍，因此访问企业网站的人数越多，就会带来越多的流量，形成一个正向的循环；

(3) 企业实现长期发展的重要步骤之一就是听取顾客的反馈进行改良，流量越大，筛掉无效评价之后可以采用的精准反馈也越多，有利于企业维持顾客的忠诚度，塑造良好的品牌形象。

2．统一流量管理

企业获得的流量可以分为外部流量和私域流量两种类别。外部流量，也称为公域（Internet）流量，是指商家直接入驻平台实现流量转换。私域流量是指从公域、它域（平台、媒体渠道、合作伙伴等）引流到自己私域（官网、顾客名单），以及私域本身产生的流量（访客）。企业为了获得更多流量和维持流量的稳定，要采取措施对流量进行统一的管理。

外部流量的来源有很多，如谷歌、Facebook、社媒等流量媒介带来的流量，还可以来源于京东、淘宝等顾客常用的平台电商。外部流量带来的顾客分为三种类型：第一种类型的顾客在电商平台购买企业的商品后，了解企业品牌并转去官网购买，这一部分流量会转化成企业的私域流量；第二种类型的顾客并没有在企业的独立站进行消费，因此被称为数据沉淀和弃购顾客；第三种类型的顾客则是在企业的独立站消费过一两次之后就没有更多的消费了。企业为了获得更多的私域流量，需要对第二种和第三种类型的顾客采取再营销的手段，尤其是对第三种类型的顾客，企业需要根据顾客的订单信息、顾客的售后反馈对其进行针对性的邮件营销。如图 8.2 所示，以上过程不断循环往复，最终留下来的流量和一开始从流量媒介带来的流量一起构成了企业的私域流量。

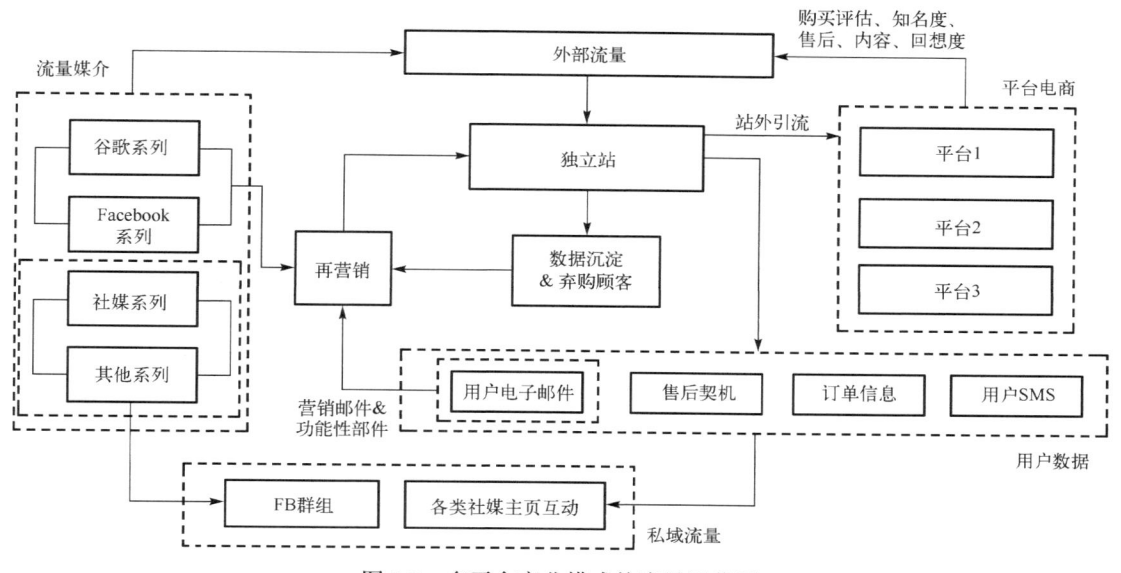

图 8.2　多平台商业模式的流量运营图

企业在各个平台成功引流之后，也需要不断与顾客进行交流互动来维持与顾客的黏性，如通过建立企业官方粉丝群组，在微博、微信公众号等平台上发表语言文字与顾客进行互动，加强企业与顾客的交互，以此来稳定已获得的私域流量。

3．独立站优化原则

独立站要开展优化，有两个基本原则。

（1）坚持以顾客为导向：全面优化独立站应当把对顾客体验感的优化置于首位，通过各种独立站推广方法，如搜索引擎、分类目录、资源合作等，让潜在顾客了解企业网址。同时需要从独立站内部基本要素出发，为顾客获取信息创造方便的途径，如合理的独立站导航、清晰的栏目结构层次、丰富的产品介绍信息、方便的联系方式等。

（2）独立站基本要素的优化是独立站优化的基础：包括独立站结构设计合理、独立站信息有效、网页下载速度快、独立站内容优质和独立站功能强大等方面。其中以独立站结构和独立站内容优化最为重要，偏离这些基础去进行独立站优化，无疑是本末倒置的。

4. 独立站 SEO 与 SEM

通过搜索引擎优化与搜索引擎营销，在谷歌、Bing、Yahoo 通过免费或付费的方式，快速将独立站提升至较高的排名，从而获得了更大的流量。具体请见第 9 章。

8.3 独立站营销案例

案例一：销售额半年内翻番：3C 品牌 Hidizs 如何打造品牌的长期价值？

1. 公司背景

Hidizs 海帝思公司起源于 2012 年，由一支专业的音频研发技术团队创立，目前已自主研发出无损音乐播放器、耳塞、解码耳放、音频线材等多种便携式音乐产品。

2. 面临的难题

在公司发展前期，为了提高自身知名度，Hidizs 曾借助众筹平台进行品牌营销，最终获得了不小的成功。在借助众筹平台打响知名度后，如何将如此庞大的流量有效引进自己的流量池便成为了 Hidizs 心中的难题。在品牌推广受限之时，Hidizs 找到了店匠 DTC 团队洽谈起合作事宜。店匠 DTC 团队通过分析总结出了 Hidizs 当下所面临的两方面困境。(1) 在独立站搭建初期，Hidizs 的整体品牌感呈现较弱；(2) 由于拓展渠道受限，流量的转化过度依赖于 Direct & Organic，转化渠道占比不健康。

3. 公司对策

为了有效解决上述难题，店匠 DTC 团队设计了一系列的解决方案。
(1) 重视付费渠道转化率，扩大付费渠道的销售占比；
(2) 提高邮件营销 (EDM) 的转化金额投入资金量；
(3) 采用众筹+独立站的经营模式，实现 1+1>2 的营销效果。

4. 最终成效

(1) 经过半年的经营和调整，Hidizs 的销售额提高了 158.58%，其中付费渠道的销售额占到了总销售额的 30%以上；

(2) 在保持 Organic Search（自然搜索流量）和 Direct（直接流量）对品牌的贡献度的基础上，Hidizs 结合分群分层后的邮件营销点击/转化情况，为目标顾客定制了不同的产品触达路径，最大限度地盘活了种子顾客，加大了品牌内容的曝光，最终结果显示 Hidizs 在邮件营销转化金额方面的提升达到了惊人的 382%；

(3) 通过在独立站制作独立的众筹产品落地页等方式，Hidizs 实现了精美的新品预热页面打造，充分营销了活动，形成了大量对外分享的流量，在半年时间内实现了销售额翻番的成绩，加深了顾客层面的品牌认知，实现了品效合一的经营目标。

案例二：平台转型独立站，Alloyworks 的品牌化升级之道

1．公司背景

Alloyworks 公司主营"汽车散热器"配件的生产和全球零售，现拥有两家自营大型工厂，可自主把控产品质量和产量。此外，Alloyworks 还拥有规模超百人的线上营销团队，经过不断的营销策划和经验总结，在短短数年间，Alloyworks 在 eBay、亚马逊等平台上成功做到了类目第一。

2．面临的难题

做到平台类目第一后，Alloyworks 在成为口碑之选的同时也面临着平台带来的束缚和局限性。首先，平台的流量价格日益增长，顾客获取成本逐渐升高，加之平台内部顾客品牌意识较弱，竞争对手层出不穷，公司在营销方面的资金需求日益增加；其次，由于 Alloyworks 销售产品的体积和重量较大，其运输成本持续攀升。最后，产品原材料成本也在不断攀升，这导致公司整体成本不断增长。提升客单价和利润以及增强顾客黏性和复购率成为 Alloyworks 的当务之急。

3．公司对策

在深刻认识到平台的局限性之后，为寻找破局出路，Alloyworks 公司参加了各种跨境活动，终于在 2019 年了解到独立站模式。在与多个团队深入沟通后，Alloyworks 公司最终决定委托店匠 DTC 团队进行独立站从 0 到 1 的 DTC 代运营业务。

店匠 DTC 团队在深入了解、调研 Alloyworks 工厂、产品和顾客群体后，决定通过品牌策划、Logo 设计、品牌建站、精细运营、广告引流转化、社媒红人赋能等方式，逐步实现 Alloyworks 公司"发烧级高性能汽车配件"的品牌建设。

其做出的具体措施如下。

(1) 塑造全新品牌，赋予全新定义。店匠 DTC 团队为 Alloyworks 定制了全新的英文 Logo 和品牌形象，使之能够在众多汽配品牌中突出并获得关注。

(2) 定制开发 Alloyworks 专属的多条件组合搜索工具，将运营方式转化为以顾客和数据为导向的精细化运营。

(3) 通过线上线下营销相结合的方式，使品牌认知达到最大化。

4．最终成效

在 Alloyworks 公司和店匠 DTC 团队的共同努力下，Alloyworks 公司的 Facebook 粉丝数涨至 26000 人，Instagram 粉丝数涨至 3700 人，Alloyworks 独立站在第三个月业绩增长就突破了 100%，第二季度初步实现盈亏平衡，至第十个月，独立站提前两个月完成独立站年度业绩目标。在总体业绩保持高速增长的同时，其转化率、ROAS、复购率等细分指标也保持着稳步增长。

案例三：从平台到独立站，ATUMTEK 如何通过整合营销销售额增长 127%？

1. 公司背景

ATUMTEK 是一家主营办公、家庭使用的支架类产品的公司，其旗下产品包括自拍杆、手机支架、显示器伸展臂等。在亚马逊相关类目中，ATUMTEK 以数亿美元的年销售额稳居榜首。

2. 面临的难题

与众多其他的亚马逊卖家和顾客不同，ATUMTEK 的母公司很早就有品牌运营意识，ATUMTEK 从 2020 年初就开始了建设独立站的尝试。但是其内部团队在经过半年的摸索后，觉得品牌建设效率始终过低，于是他们决定在前期找到一个合适的第三方伙伴共同进行建设，提高品牌建设效率，最终店匠 DTC 品牌营销团队成为 ATUMTEK 的合作伙伴。

3. 公司对策

为了能够更高效地实现品牌建设，店匠 DTC 品牌营销团队采取了以下几点对策。
(1) 通过按时区投放、优化素材测试及文案测试等方式对 ATUMTEK 的广告账户进行优化；
(2) 优化顾客沟通渠道，与顾客进行直接沟通。

4. 最终成效

在实施对策后，店匠 DTC 品牌营销团队通过顾客调研继续对独立站进行优化。调研结果显示，72.8%的顾客对网站信任打了 8 分及以上，绝大多数的顾客喜欢简约的网站风格。根据顾客调研数据，同时根据 ATUMTEK 提供的专属售后保障（30 天产品保障，1 年保修，注册售后时间可延长至 3 年）以及主推产品线的变化，店匠 DTC 品牌营销团队对 ATUMTEK 官网浏览和购买路径进行了更深层次的优化，进一步提高了网站整体转化率。

经过短短半年时间，店匠 DTC 品牌营销团队与 ATUMTEK 通过紧密合作整合了渠道营销，实现了和顾客直接对话的沟通方式，使 ATUMTEK 的顾客转化率从 1.3%突破到惊人的 4%。

案例四：10 小时吸金 10 万美元，初创品牌 SPEEDIANCE 实现从 0 到 1 快速破圈

1. 公司背景

SPEEDIANCE 成立于 2020 年，致力于制造一系列具有高价值内容的智能健身产品，其旗下的 SPEEDIANCE App 可以通过与健身器械的深度连接，有效追踪顾客的热量消耗、心率、运动强度等数据，为顾客进一步提供定制化的健身体验，更好地营造沉浸式健身氛围。

2．面临的难题

通常健身产品仅提供硬件设备，随着移动互联网的发展，逐步出现与硬件设备配套的 App 应用程序。但在实际应用场景中，大多厂商的 App 仅仅提供健身训练内容，而独立站本身提供产品资讯，两者割裂无法相互赋能。这实际上浪费了双方在流量、复购等诸多应用上可以协同的机会。为了更好地吸引顾客，激发顾客的购买热情，SPEEDIANCE 决定与店匠 DTC 品牌营销团队合作，共同开发独立站+App 的全场景沉浸式交互模式。

3．公司对策

店匠 DTC 品牌营销团队经过与 SPEEDIANCE 的深入交流，最终确定了一系列产品解决方案和专业技术支持。

（1）打造独立站+App 全场景沉浸式交互方式，通过支持 SPEEDIANCE 实现单账号多平台登录的方式，将原来割裂的用户体验场景更好地无缝联系到了一起；

（2）构建场景化+多矩阵营销的营销渠道，避免品牌生态老化，形成新的盈利点；

（3）通过自制健身课程内容构筑品牌护城河。

4．最终成效

通过一系列的独立站建设方案，SPEEDIANCE 的品牌公信力变得更强，顾客对健身的热情变得更高，通过 SPEEDIANCE 独立站进行的消费也变得更多，有效完成了品牌精细化顾客运营，开辟了智能健身的全新市场。

案例五：通过独立站众筹超目标 1721%！潜水推进器品牌 LEFEET 如何在小众专业类目突围？

1．公司背景

LEFEET 成立于 2018 年 5 月，倡导"精干简约，超强科技感，功能上以模块化为导向，丰富用户体验，让水上运动变得更加有趣"，是一家专注于小众专业级水领域产品的创新型科技公司。自面市以来，LEFEET 凭借其深厚的产品研发实力多次荣获行业嘉奖。

2．面临的难题

为了实现出海的目标，LEFEET 公司决定以众筹的方式开启出海之路。2018 年 10 月，LEFEET S1 概念机首次于众筹平台亮相，上线当日即完成众筹目标，最终以超过原定目标 1721%的众筹金额完成首次众筹亮相。自亮相首日，LEFEET 便在潜水圈积累了一定的声名。LEFEET S1 第一年完成 2000 台交付目标，第二年实现了销量翻倍。

众筹的成功让 LEFEET 坚信了潜水这个市场值得深耕，为了扩大销路，LEFEET 公司决定开启独立站运营模式。可是，从众筹搬到独立站，应该怎么做营销又是一个难题。

3．公司对策

经过与多个团队的沟通，LEFEET 最终决定与店匠 DTC 品牌营销团队合作，共同建设独立站。2019 年，LEFEET 与店匠 DTC 品牌营销团队开始合作，成为店匠 DTC 品牌出海业务签约品牌。在经过充分调研准备后，以技术、数据为导向，店匠 DTC 品牌营销团队为 LEFEET 制定了从海外建站、店铺运营到全方位品牌营销的整套服务方案。

（1）确定人群定位。经过前期与 LEFEET 的深入沟通，店匠 DTC 品牌营销团队锚定了最终的顾客群体：世界各地的潜水、水下活动爱好者；年龄层在 30+，有稳定收入的中高层优质用户；

（2）打通营销链路。店匠采用了付费渠道和免费渠道并进的方式进行营销链路的开拓。在付费渠道方面，自 2020 年 7 月起，在店匠品牌营销团队的协助下，LEFEET 开启了谷歌广告的投放。考虑到众筹的成功让 LEFEET 有了一定的品牌热度，前期店匠在谷歌中重点投放了搜索广告和购物广告，同时为提升 LEFEET 的品牌流量池，进一步开启了视频广告和发现广告，依托谷歌、YouTube 和 Discovery 的巨大流量，LEFEET 得到了大量的流量汇入。在低成本营销方面，店匠决定通过 Facebook 进行品牌推广，店匠将 Group 小组作为运营的私域"武器"，采用一系列营销策略开展产品推广。

4．最终成效

经过一年的运营，LEFEET 的 Facebook Group 已经拥有超过 1300 名核心成员，有效建立了和粉丝正向沟通的基石。在整个品牌出海过程中，LEFEET 以自身卓越的产品力优势为盾，辅以独立站强大的 DTC 品牌塑造力、社交媒体庞大的流量池为矛，创造和传达了属于这个品牌独有的价值魅力，收获了来自世界各地顾客热烈的追捧。

【课后任务】

1．请从跨境电商企业视角比较独立站与第三方平台的优劣。

2．选择某一跨境电商企业网站，用网站质量评测表考核网站建设水平。

3．假设你是跨境电商企业要建设企业独立站，请问你会选择自主建站方式还是 SaaS 建站方式？为什么？

4．请结合本书前面章节，为某企业制定一份企业网站流量的引流方案。

【实践操作】

独立站建站虚拟仿真实验操作示例

第9章 搜索引擎营销

【学习目标】

搜索引擎每天为数百万用户提供服务,以检索用户提出的问题的答案或解决他们的难题。本章首先详细描述了搜索引擎的发展和原理,以及常用于搜索引擎优化的长尾理论;其次说明了 SEO 和 SEM 的区别,了解关键词竞价排名;最后介绍谷歌搜索引擎营销。通过本章学习,掌握搜索引擎原理,学会制作关键词词表,了解谷歌搜索引擎营销操作。

【引例】

Trends Finder/爆款发现器

为帮助卖家更好地掌握先机与潮流趋势,谷歌运用人工智能技术,为跨境电商卖家定制 Trends Finder(爆款发现器),帮助卖家掌握流行趋势,探知用户喜好。如女装跨境电商 SHEIN 就利用这一工具提升核心市场转化率。利用 Trends Finder 工具的数据分析,卖家能够了解用户搜索模式,预测最新流行的产品类型和属性,以此来优化自己的产品类目,快速打造爆款产品。目前谷歌 Trends Finder 工具已经覆盖 19 个市场、17 个零售品类、300 个零售子品类、1000 多种服饰特性。

9.1 SEO 和 SEM

9.1.1 搜索引擎原理

1. 搜索引擎发展

搜索引擎的发展大致经历了四个阶段。

1)第一阶段(1994—1997 年):将网站免费登录到主要搜索引擎

初期搜索引擎的主要任务就是将网站登录到搜索引擎,并通过 META 标签优化设计以取得较为靠前的排名。

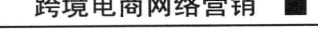

2) 第二阶段(1998—2000年)：技术型搜索引擎的崛起引发搜索引擎优化

免费的搜索引擎优化由早期单纯的 META 标签优化，发展为适应搜索引擎检索的网页内容优化设计、增加网站被高质量网站链接的数量、提高网站总体质量等。一个网站如果符合被搜索引擎收录的规则，并被谷歌收录，其站内所有的网页可以自动被收录。

3) 第三阶段(2001—2003年)：免费搜索引擎转向付费模式

从 2001 年下半年起，国内外主要搜索引擎服务商陆续开启收费登录服务。当时主要有两种付费情况：比较简单的一种类似于原有的在分类目录上登录网站，区别仅仅在于只有当网站缴纳费用之后才可以获得被收录的资格，另一种则是购买关键词广告。

4) 第四阶段(2004年之后)：搜索引擎优化被高度重视，关键词广告爆发式增长

微软、亚马逊等公司也推出了自己的搜索引擎系统，这些系统冲击了第三方搜索引擎市场，大批搜索引擎优化公司及搜索引擎广告代理机构诞生，搜索引擎营销市场逐渐走向巅峰。

2004 年之后搜索引擎仍然在不断发展和创新之中，如图片搜索、新闻搜索、博客搜索、地图搜索、视频搜索、实时搜索、商品搜索等；搜索结果展示也从早期单一的纯文本网页信息发展到图文结合及多媒体形式的综合信息等；搜索引擎算法也在不断地调整。

2. 搜索引擎原理

搜索引擎拥有强大的搜索功能，使得绝大多数用户乐意使用它找到自己想要的网络资源，如产品、知识、网站等，因此搜索引擎成为目前最重要的网络营销工具。按工作原理来分类，搜索引擎常被分为两类：一类是纯技术型的全文搜索引擎，如谷歌和百度。它们通过爬虫从互联网提取网站的信息(以网页文字为主)，建立相关数据库，并检索与用户输入条件相匹配的记录，按一定的顺序排列后返回结果；另一类被称为分类目录，此类搜索引擎虽然有搜索功能，但严格意义上只是按目录分类的网站链接列表而已，最具代表性的莫过于 Yahoo、新浪。

亚马逊、速卖通等电商平台都有内部搜索引擎，亚马逊的搜索引擎和算法几乎与谷歌齐名，要进行搜索引擎营销就需要了解搜索引擎的基础原理。

搜索引擎包含：搜索器，一个遵循一定协议的计算机程序(蜘蛛程序)；分析器，从蜘蛛程序抓回的网页源文件中抽取主题词，并对其赋予不同的权值，以表明相关程度；索引器，生成从关键词到 URL 的关系索引表；检索器，根据用户输入的关键词在索引器形成的倒排表中进行查询；用户接口，用户输入搜索请求和显示搜索结果的接口。

搜索引擎的运作原理如图 9.1 所示。

1) 蜘蛛程序抓取并保存互联网上对用户有价值的资源

蜘蛛程序从数据库中已知的网页出发，访问这些网页并抓取文件存入数据库，跟踪网页上的链接访问更多网页，这个过程就叫爬行。当通过链接发现有新的网址时，蜘蛛将把新的网址录入数据库等待抓取。跟踪网页链接是蜘蛛发现新网址的最基本方法，蜘蛛程序挖出每一个网页的链接，当不再有链接指向其他页面时，它就返回。

互联网上的网页很多，仅中国网页数量就为千亿级别，被蜘蛛抓取并被建立索引的网页数量则为百亿级别，而用户能看到的网页为 10 亿级别，最后真正被点击的网页只有 1～

2亿个。因此做搜索引擎推广，一方面要让搜索引擎主动抓取，多建立知名网站链接，另一方面可以主动发送网页给搜索引擎，存入数据库。

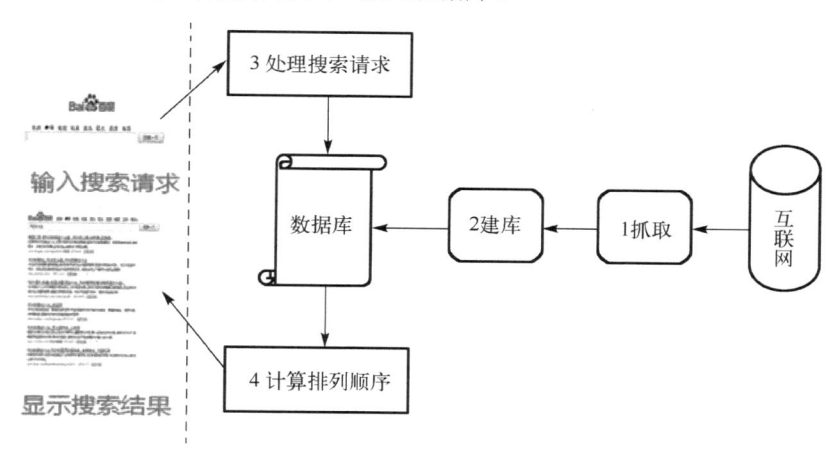

图 9.1 搜索引擎的运作原理

2) 对蜘蛛抓取的网页建立数据库

搜索引擎对抓取的网页分解及分析，记录网页及关键词信息，以表格形式储存在数据库中，网页文字内容、关键词出现的位置、字体、颜色、加粗、斜体等相关信息都有相应记录。

最简单的搜索数据库含有每一个词的记录，跟着是含有这个词的所有网页的列表。当一个搜索引擎正在创建搜索数据库时，它会检查蜘蛛程序发现的每个网页中那些独特的词，检查每一个词是否在数据库中存有记录。如果有记录，就在记录的末尾加上这个网页地址。如果没有记录，那创建一个包含有网址的新记录。搜索引擎将每个网址转换成一个独特的数字，存储在数据库中。如表 9.1 所示，如搜索"电商企业"的时候，搜索引擎查看数据库，先找到关键词"电商企业"的记录，已经有 7221 条记录，同时发现有新的网页，给这个网页分配编号 7222，在包含关键词"电商企业"的文件编号中添加 7222 编号，而这个编号对应的 URL 链接地址、标题和描述都将存入数据库中。

表 9.1 搜索数据库内容示例

文件	URL	标题	描述
7221	www.eblab.com	电商实验室	******
7222	www.ebca.com	电商中文网站	******
...	...	...	...

3) 处理搜索请求

前面两步是用户搜索前搜索引擎所做的准备工作。用户在搜索引擎中键入词汇，单击搜索按钮后，搜索引擎程序即对输入的搜索词进行处理。首先是分析搜索请求，如中文特有的分词处理、去除停止词、判断是否有拼写错误或错别字、同义词处理等情况，搜索词的处理十分快速。然后筛选与搜索请求相匹配的结果，用户使用的搜索词经过切词可以分为多个，匹配就是从这多个关键词的数据表中找到的同时包含多个关键词的那些网页。

4）对匹配出来的网页进行排序

搜索结果大多是按照"相关性"来排序的，即与搜索请求相匹配的程度。而"相关性"是由不同要素按照一定的公式计算出的，这些要素主要包含关键词密度（关键词在网页上出现的频率越高越好）、关键词突出度（关键词在网页上出现的位置越突出越好）、链接流行度（被其他网页链接得越多越好）。购物搜索引擎排序的要素还可以加上价格、评分、销售量、店铺等级等，每个搜索引擎的要素均不同，要素所占的重要程度也不同，如速卖通的搜索排序规则。这就是算法中的核心机密部分，如 PageRank 是谷歌排名运算法则（排名公式）的一部分，是谷歌用来标识网页的等级/重要性的一种方法，也是谷歌用来衡量一个网站的好坏的重要标准。

3. 长尾理论

长尾理论是指只要产品储存和流通的渠道足够大，需求不旺或销量不佳的产品所共同占据的市场份额可以和那些少数热销产品所占据的市场份额相匹敌甚至更大，即众多小市场汇聚成的可与主流市场相匹敌的市场能量。主体和长尾与总量之间的关系如图9.2所示。

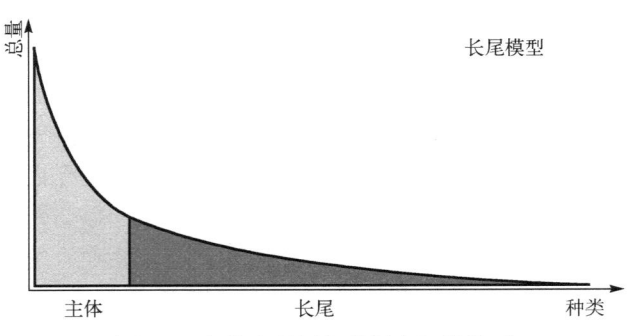

图 9.2 主体和长尾与总量之间的关系

运用长尾理论能更好地解释用户对关键词的检索行为及效果转化，Google AdWords、亚马逊、iTunes 均从长尾理论中获益过。长尾理论可以被认为是反"二八定律"的，在用户通过搜索引擎检索的所有关键词中出现率为 20% 的关键词产生了 80% 的访问量，而另外 20% 的访问量才是网络营销者更值得关注的点，因为另外仅带来 20% 访问量的关键词可能转化率更高。100 个关键词通过 Overture 检索时为网站带来的访问量产生的"长尾现象"如图 9.3 所示。

可见，与"二八定律"相反，长尾理论中"尾巴"的作用需要营销者花精力关注并应用于网络营销中。

> **案例**
> 谷歌是一个最典型的"长尾"公司，其成长历程就是把广告商和出版商的"长尾"

商业化的过程。以占据了谷歌半壁江山的 AdSense 为例，它面向的用户是数以百万计的中小型网站和个人。对于普通的媒体和广告商而言，这个群体的价值微小得简直不值一提，但是谷歌通过为其提供个性化定制的广告服务，将这些数量众多的群体汇集起来，赢得了非常可观的经济利润。据报道，2023 年谷歌的市值已达 2 万亿美元，被认为是"最有价值的媒体公司"，远远超过了那些传统的老牌媒体。

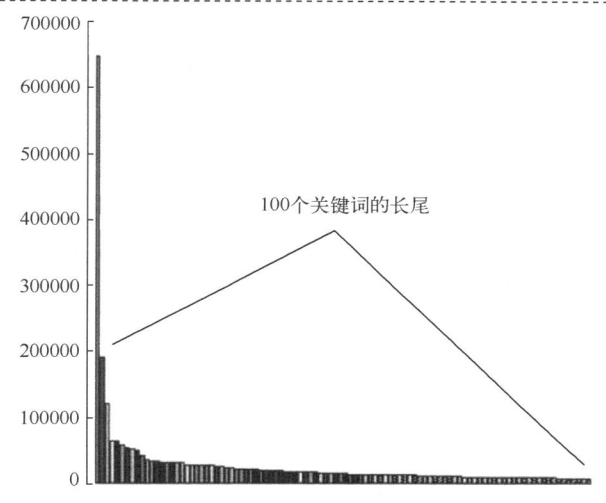

图 9.3　100 个关键词为网站带来的访问量产生的"长尾现象"

9.1.2　SEO 与 SEM

1. SEO（搜索引擎优化）

SEO（Search Engine Optimization，搜索引擎优化）是指在了解搜索引擎自然排名机制的基础上，对网站进行内部及外部的调整优化，通过改进网站在搜索引擎中的关键词自然排名，最终获得更多流量，从而达成网站销售及品牌建设的目标。SEO 有以下几种获取流量的方式。

1）通过提升网站关键词排名来获取流量

从 SEO 的角度来讲，关键词可以分为核心关键词（品牌词，产品词）和长尾关键词（其他的词、长词及由关键词组合成的词）。虽然一般网站选择的核心关键词的搜索量会比较大，但因为竞争的关系，一个网站所能优化的核心关键词的数量是很有限的，其排名能够占据的首页位置数量也有限，所以除了依靠网站核心关键词的排名来获取流量，还应该利用大量长尾词的排名来提高流量，某些长尾关键词发挥优势的效果更加明显。如，搜索"篮球鞋"的人和搜索"耐克 2018 年新款男士篮球鞋"的人，明显后者购买意向更强烈。网站通过良好的核心关键词和大量的长尾关键词获取排名，在搜索结果页面占据更多的流量入口，为网站获取到更多的浏览用户。

2）通过网站外部来获取流量

SEO 引流可以借助其他第三方平台，如新闻媒体、自媒体、论坛贴吧、问答社区或者博客，用大量关键词、长尾词及内容形成矩阵化布局，经过长时间积累甚至可以达到全网覆盖的效果，从而抢占更多的排名和曝光，为网站带来源源不断的精准流量，从而提升个人或品牌口碑，最终达到引流转化的目的。

3) 通过发表优质的内容维持流量

在越来越重视用户体验的时代下，SEO 同样要重视分析用户的搜索需求，了解用户搜索这个关键词时是希望得到什么。企业根据不同的关键词来制作不同的优质的着陆页、高品质详情页等，优质的内容能够吸引用户的关注和兴趣，好的内容设计可以直接达到特定的转化效果，来帮助企业维持已经获取到的流量。

网站是用户浏览并交易的平台，因此优化的前提是给自己安上"用户视角"，切实地理解用户的真实需求及反馈。如网站上可以显示和记录访问数据、创建调查、实时聊天等功能(如 Lucky Orange 分析工具)；录制独立站用户的操作行为，如浏览点击、滑动、跳转行为，并把这些单点行为串联起来，梳理出他们的行为路径逻辑(FULLSTORY 插件)；自动捕获用户鼠标在网页上点击和滚动的行为(Mouseflow 工具)等。

2. SEO 站内优化

通过优化网站或者网店的内容、关键词、链接等方面，提升网站在相关领域的排名以获取更多的流量。

(1) 结构优化：用户访问网站时，应该可以通过主页到达任何一级栏目首页、二级栏目首页以及最终内容页面；通过任何一个网页可以返回上一级栏目页面并逐级返回主页；网站主栏目清晰并且全站统一，每个页面都有一个辅助导航，通过任何一个网页可以进入任何一个一级栏目首页，如果产品类别/信息类别较多，设计一个专门分类目录是必要的；设计一个表明了站内各个栏目和页面链接关系的网站地图，首页一次点击可以直接到达最重要内容的网页(如核心产品等)；一个网页经过最多 3 次点击可以进入任何一个内容页面。

(2) 标题优化：网页标题不宜过短或者过长，一般来说 6~10 个汉字比较理想，最好不要超过 30 个汉字，网页标题应概括网页的核心内容，网页标题中应含有丰富的关键词。

(3) 内容优化：高品质的详情页可以让用户更深入了解企业的商品和服务，可以帮助提升企业的转化率。如通过打造一个完全不同体验感的商品详情，将用户带入到真实的购物场景体验中。在详情页中列出明确的包裹投递时间范围，提升用户的购物体验，或者提前向用户告知运费费用，甚至可以在详情页中增加库存剩余、当前浏览人数等信息刺激用户下单。具体的内容优化可以表现在以下几点。

① 网页要有标题或者标题要包含有效的关键词；
② 网页正文中有效关键词比较多；
③ 不要堆砌关键词；
④ 不要大量地使用动态网页；
⑤ 网站 URL 层次不要过多；
⑥ 在其他已经被搜索引擎收录的网站上提供链接；
⑦ 与高质量的网站链接；
⑧ 网站内容经常更新；

⑨ 网站中不含有错误链接；
⑩ 每个网页都有独立的、概要描述网页主体内容的网页标题；
⑪ 每个网页都应该有独立的、反映网页内容的 META 标签（关键词和网页描述）；
⑫ 网页每个标题都应该含有有效关键词；
⑬ 网页每个主体内容都应该含有适量的有效的关键词文本信息；
⑭ 某些重要的关键词应保持其在网页中相对稳定。

3. SEM（搜索引擎营销）

SEM（Search Engine Marketing，搜索引擎营销）。SEO 主要是通过技术手段获得好的自然排名，SEM 则包含通过技术手段和付费手段（如付费的关键词广告、关键词竞价排名），通过综合作用来获得更好的搜索排名。在网上有很多介绍如何付费做 SEO 优化的方法，实际上应称为 SEM。

搜索引擎营销的根本目标是引导更多搜索者购买产品。据调研发现，33%的搜索者会进行购物，44%的网民利用搜索引擎为购物做调研。利用各类搜索引擎，如谷歌、Bing、Yahoo 等，通过免费或付费的方式营销，快速提升网站排名，从而获得了更大的流量。

关键词竞价排名是 SEM 的主要方式之一。具体操作时有两个注意点，一是 SEM 经费的控制，二是 SEM 效果的提高。在 SEM 的经费控制上，建议做好开源节流，开源就是打开流量，节流就是阻止无效流量。提高预算，扩宽匹配模式，降低关键词出价等都是开源的办法，而缩窄匹配模式等则是节流的办法。在关键词的选择上要尽可能圈定潜在用户群体，精准锁定目标用户群体。在 SEM 效果的提高上，可以针对不同的创意设计不同的着陆页，也就是把关键词及对应的创意做一个归类，针对不同的用户及创意内容设计不同的着陆页内容。着陆页最直接涉及是否能直接达到销售或转化的目的，所以着陆页的设计是整个推广环节中最为重要的转化环节之一。

SEO 和 SEM 都有自身的优势和劣势，仅仅使用两者中的其中一个或许会被其不足之处局限住，将 SEO 和 SEM 结合起来使用能获得 1+1>2 的效果。

9.1.3 关键词竞价排名

1. 关键词表制作

关键词表制作一般分为四步：寻找核心关键词、拓展关键词、筛选关键词、分类关键词。

1) 寻找核心关键词

首先从潜在用户搜索习惯出发，也就是以终为始，从用户需求出发，全方位寻找产品或者网站的核心关键词；其次是内容为王，深入挖掘自身和竞争对手的内容，从核心产品/服务方向寻找核心关键词，成为核心关键词的主要来源；再次要能触类旁通，发现用户和网民常用的核心关键词，作为核心关键词的补充来源；最后是善假于物，挖掘目标人群的搜索行为、偏好和兴趣，发现潜力核心关键词。

一般地，核心关键词可以分为四类：产品词，指企业提供的产品/服务名称、别称，能体现网民最明确的搜索意图，是企业关键词词库中的必备词；产品咨询词，指用来咨询产品或服务相关信息的、贴近用户口语的词汇和短句，咨询词往往最接近潜在用户的意图，并且容易影响用户的购买决策，是企业关键词词库的明星词；品牌词，指独一无二的可以体现品牌实力的名称词，搜索品牌词的人群都是带着明确目标的潜在用户，所以品牌词是企业关键词词库至关重要的战略词；行业词，指表达产品和服务所在类别、体现行业特殊性的词，这类词可能影响潜在用户对同类产品的偏向，启发用户新的需求，同行业的企业都会体现，是企业关键词词库的潜力词。

但核心关键词的整理还是处于主观臆断阶段，有闭门造车之嫌，如何验证这些词是否是用户最需要的呢？这时可以借助一些工具，如国内的百度指数、海外的 Google Trends 等。这是以海量网民行为数据为基础的数据分享平台，可以体现某个关键词在百度的搜索规模有多大，一段时间内的涨跌态势以及相关的新闻舆论变化、关注这些词的用户是什么样的、分布在哪里、同时还搜了哪些相关词，可以帮助用户优化数字营销活动方案。百度指数还可以进行基于单个词的趋势研究（包含整体趋势、PC 趋势还有移动趋势）、需求图谱、舆情管家、人群画像；基于行业的整体趋势、地域分布、人群属性、搜索时间特征。

2）拓展关键词

在核心关键词的基础上，可以进一步拓展关键词，构成长尾关键词。长尾理论解释了对于中小卖家而言长尾关键词的重要性。

如图 9.4 所示，可以从以下 8 个维度进行关键词的拓展。

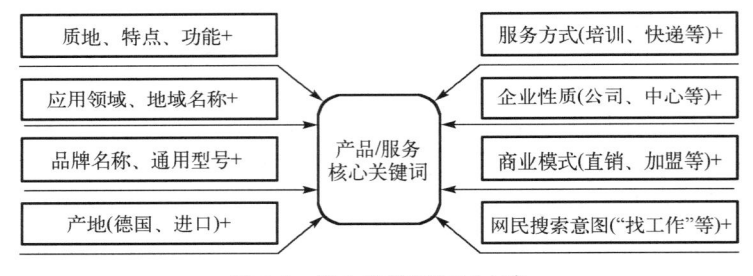

图 9.4 核心关键词拓展方向

3）筛选关键词

通过前面两步可以发现大量的关键词，但不可能每个关键词都采用，一则预算不允许，二则也不需要，因此可以进行筛选，根据推广需要、KPI 和预算进行提炼筛选。

4）分类关键词

结合用户购买行为模式，如图 9.5 所示，可以将所有的关键词进行一定的分类，分为人群词、产品词、口碑词、通用词、品牌词等。不同类型的关键词在检索量和相关性方面会有不同，在展现量、点击率、转化率等方面的表现也会有所不同。

用户在不同时期会使用不同类型的关键词，推广时需要结合时间段选择关键词类型，如图 9.6 所示。

2. 关键词触发机制

用户在搜索框输入搜索内容的时候，搜索引擎会进行不同方式的匹配。

常见的关键词匹配方式有 3 种，分别是广泛匹配、词组匹配和精准匹配。

图 9.5 关键词分类

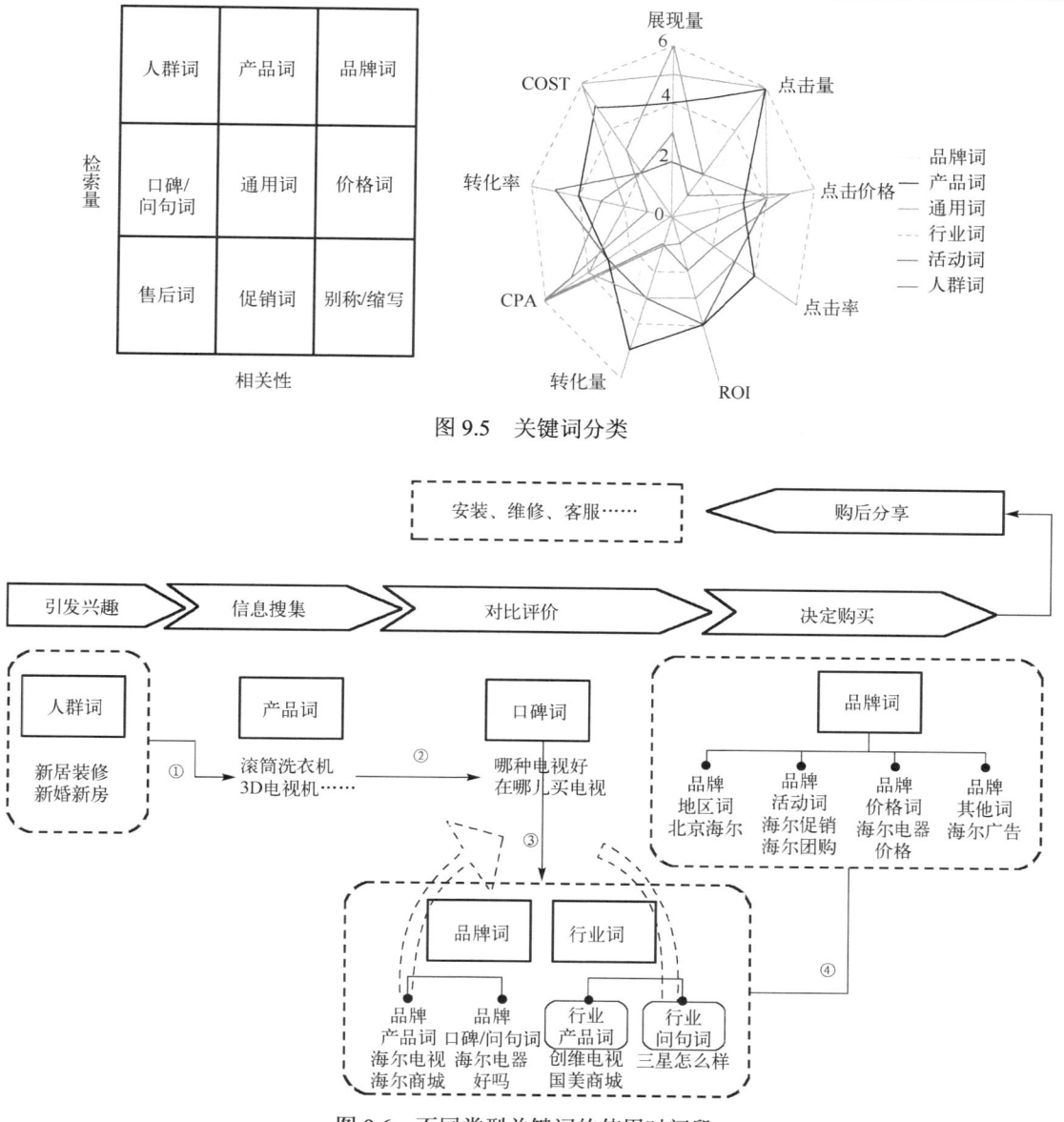

图 9.6 不同类型关键词的使用时间段

(1)广泛匹配：假设有 A 与 B 两个词组，A 与 B 顺序可以对调，A 与 B 前后可以插入关键词，只要一个词组或一个词语中包含 A 与 B 这两个关键词就算匹配成功，广告就会曝光，广泛匹配带来的泛流量很多，但精准度略低。

(2)词组匹配：有 A 与 B 两个关键词，A 与 B 只能调整前后顺序，A 与 B 的前后或中间不允许添加任何关键词，在对于关键词顺序拿捏不准时可以使用词组匹配。

(3)精准匹配：需要对关键词非常有把握，知道使用这个关键词的用户的习惯与输入顺序，精准匹配的转化率是三种匹配方式中最高的，但需要前期根据用户搜索习惯及行为方式进行有效提取。

3. 关键词竞价排名(PFP)

关键词竞价排名是一种按效果付费的网络推广方式。用少量的投入就可以给企业带来大量潜在用户，有效提升企业销售额和品牌知名度。其基本特点是按点击付费(Pay per Click)，推广信息会出现在搜索结果中(一般是靠前的位置)，如果没有被用户点击则不收取推广费。速卖通的直通车和 Wish 的 PB 就是采用竞价排名推广。

付费排名(简称 PFP)有一个特点：出价越高的商家可以获得越高的排名，即在关键词搜索结果的列表中，如果想获得相较竞争者更靠前的位置排名，就要出比竞争者更高的价格，为同一个关键词付费的高低决定了一个商家的广告排名。付费排名的方式可以给规模较小的公司带来优势，他们很容易在某个关键词的搜索结果列表中占据一角，以此来增加访问流量，吸引更多浏览者。付费排名计费方式按照每次点击的成本(CPC)计费。

> **案例**
>
> 某公司 A 在谷歌上投放了以"千岛湖旅游"为关键词的搜索引擎广告，假定这个关键词的点击率预计为 1%，公司 A 为关键词设定的每次点击费用为 1 元。如果有另一公司 B 用同样的关键词在谷歌上进行推广，设定的每次点击价格为 0.9 元，那么公司 A 的推广信息将出现在公司 B 之前。但是，假定公司 B 同时选择了"千岛湖"作为关键词，而这个关键词的点击率估算为 2%，由于公司 B 所投放关键词广告的综合效果可能更好，那么当公司 A 和公司 B 的广告需要同时出现在同一个检索结果页面时，公司 B 的广告将出现在公司 A 之前。

9.2 谷歌搜索引擎营销

9.2.1 谷歌算法

谷歌搜索算法需要考虑很多因素，包括查询的关键词和相关的关键词、不同网页的相关性和可用性、用户所在的国家或者区域等。

谷歌算法会时常更新，比如在搜索引擎的早期算法中，关键词出现在页面的次数越多，这个网页跟这个关键词越相关，但这导致了一些低质量网站的出现，为此搜索引擎很快进行了修复。因此及时掌握谷歌算法的更新，可以让网站排名不会因为算法更新而受到大幅波动。算法可以看作谷歌的门神，熟悉算法的网站能更好地获取排名，但如果网站多次违反这些算法的规则，将会被谷歌算法惩罚，最终导致网站流量持续大幅下降、网站被谷歌索引收录的数量大幅下降，甚至网站会从搜索引擎结果中消失。

谷歌有 3 个重要算法。

1. Google Panda 熊猫算法

2011 年 Google Panda 熊猫算法发布，目的是减少谷歌搜索引擎中内容农场或低质量网站的存在。熊猫算法主要审查网页内容是否存在内容薄弱(页面内容非常少、无相关性)、重复内容(出现多个相似或一样的页面)、低质量内容(缺乏深入或建设性资讯,对用户毫无价值)、内容农场(内容来源通常都非原创性内容)、内容和关键词相关性低等问题。

2．Google Penguin 企鹅算法

2012 年 Google Penguin 企鹅算法发布,目的是惩罚利用黑帽 SEO 手法排名的网站,针对外部链接。

黑帽 SEO 是指网站运营者操纵外部链接,将链接大量指向同一个网站以提升 SEO 排名,且网站和被链接的网站并不具有相关性,当这种外部链接数量相当大时,企鹅算法会认为是该网站购买的外链,从而认定为恶意链接,网站会因为违反搜索引擎规则而受到惩罚。当然,如果是因商业合作或其他需求需要建立外链时,可以将链接加上 nofollow 标签,可以避免被谷歌视为恶意操纵链接。

3．Google Hummingbird 蜂鸟算法

2013 年 Google Hummingbird 蜂鸟算法发布,主要是针对用户的搜索意图进行更复杂的分析,甚至了解用户口语化的搜索,就像人工智能一样,让用户有更好的体验,使用户快速且精准地获得自己想要的搜索结果。因此蜂鸟算法相当于填补了低质量内容网站与 SEO 之间的灰色地带。想要符合蜂鸟算法,最简单的方法是使网站内容自然通顺、口语化且容易阅读,符合用户阅读习惯,使其获得良好体验。

9.2.2　Google AdWords

Google AdWords 是一种通过使用谷歌关键词广告或者谷歌遍布全球的内容联盟网络来推广网站的付费网络推广方式,可以选择包括文字、图片及视频广告在内的多种广告形式。该广告形式按点击计费,广告被点击一次收一次钱,可以精确地覆盖目标用户、更全面地控制预算、得到可衡量的价值回报。

Google AdWords 提供的关键词策划师工具是一款寻找关键词的工具,无论是要做广告还是 SEO 都可以用它来寻找关键词,其功能强大齐全,并且是免费的,无论是经验丰富的老手还是新手都用得上。关键词策划师英文全称为 Google Keywords Planner,简称 GKP。

1．Google AdWords 账号注册

要使用关键词策划师工具,需要先登录 Google AdWords 并且注册一个账号,注册过程很简单,只需要邮箱就可以,并且不用充钱就可以使用。

如图 9.7 所示,Google AdWords 账号注册的步骤首先是:"注册"→"登录"→"专家模式"→"广告设置(不设置则点击直接创建账号)"。

图 9.7　Google AdWords 账号注册

接着确认商家信息，选择国家、时区、结算币种(提交后无法修改)，如图 9.8 所示。

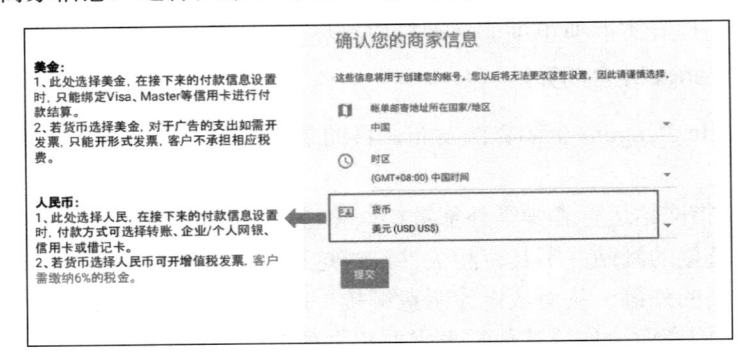

图 9.8 确认商家信息

再完善付款信息(此设置是永久性的，可能会用于税务和身份验证)，在前一步币种选择人民币或美元在付款选项中会有不一样的内容，如图 9.9 所示。

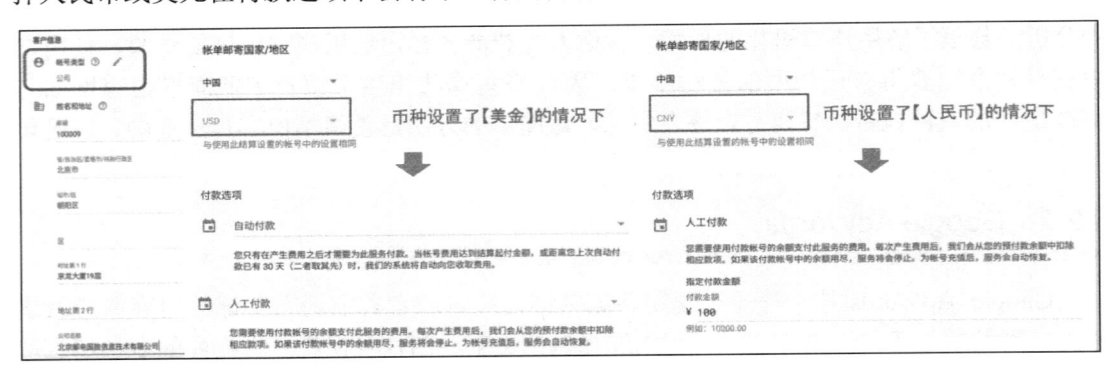

图 9.9 完善付款信息

在币种设置了[美元]的情况下，付款方式可以绑银行卡或 PayPal，银行卡只能绑定 Visa、Master 等信用卡。在币种设置了[人民币]的情况下，付款方式可以选择转账、企业/个人网银、添加信用卡或借记卡。付款有两种方式：自动付款与人工付款。自动付款仅存在[美元]账户中，会从绑定的信用卡或 PayPal 账号内自动扣款。人工付款需选择[人工付款]方式，设置好商家信息、付款选项、付款方式后，即可进入充值环节。设置好[付款方式]后，勾选[我同意 Google Ads 条款及条件]提交即可，如图 9.10 所示。

图 9.10 付款方式条款

绑卡常见问题及解决方法，如表 9.2 所示。

表 9.2　绑卡常见问题及解决方法

付款方式	货币	潜在问题	替代方案
信用卡（Visa/Master with union pay）	美元	无法将卡与账户相关联	建议使用 Visa/Master with union pay
信用卡（Visa/Master）	美元	无法将卡与账户相关联	1. 清除 Cookie 并缓存重试 2. 选择其他 VPN 供应商
PayPal	美元	报错：位置不匹配 欺诈付款而暂停账户	建立使用 Visa/Master

如果需要查看或修改付款资料，可以在"工具与设置"→"结算概要"中设置。还可以设置账户权限，根据不同的使用环境与需求，管理员可通过权限设定增加与移除角色，如图 9.11 所示。

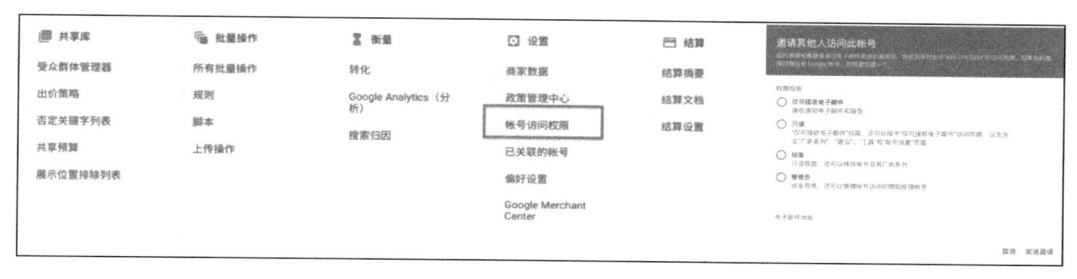

图 9.11　设置账号访问权限

2. Google AdWords 广告设置

Google AdWords 广告设置有以下步骤。

（1）建立新广告系列，如图 9.12 所示。

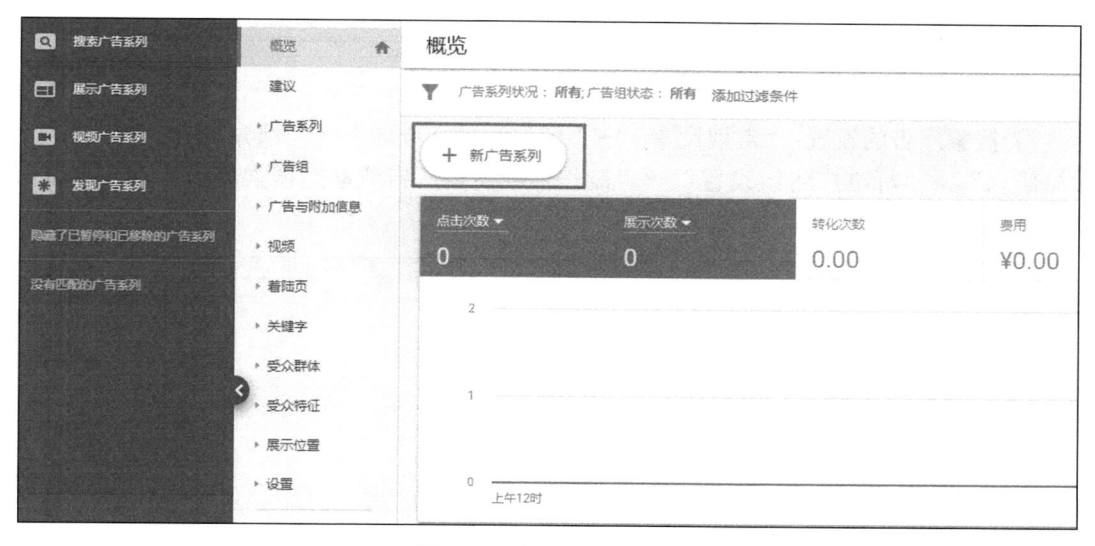

图 9.12　建立新广告系列

(2) 选择营销目标,如图 9.13 所示。

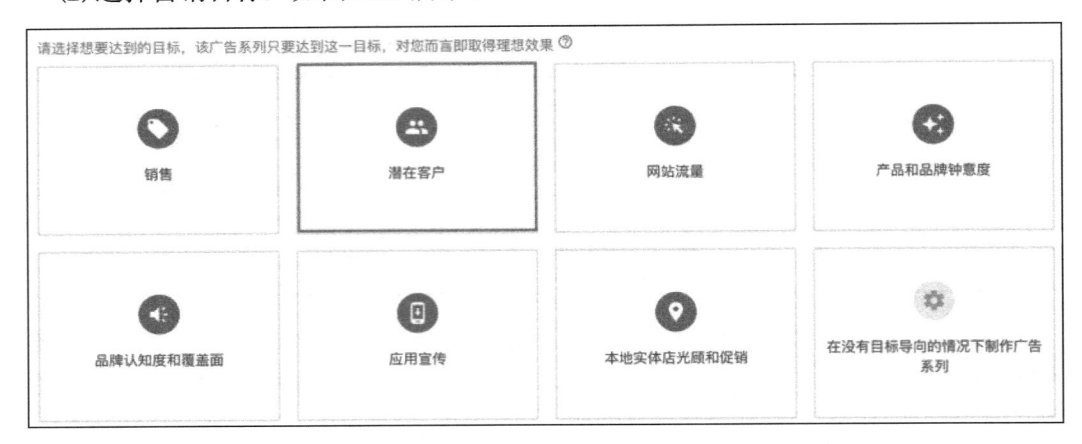

图 9.13　选择营销目标

(3) 选择广告系列类型,如图 9.14 所示。

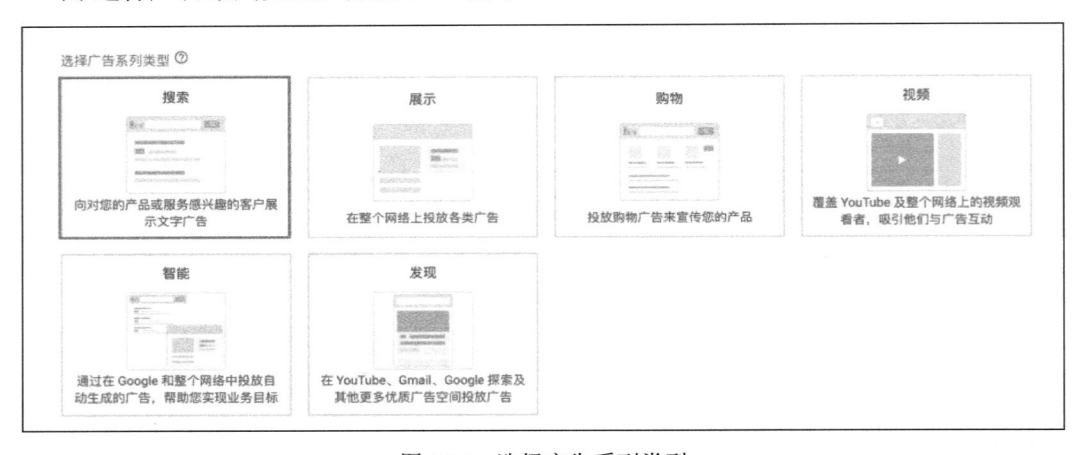

图 9.14　选择广告系列类型

① 搜索广告的设置:"常规设置"→"定位和受众群体"→"预算与出价"→"广告附加信息"→"标准广告组设置"→"制作标准搜索广告或动态搜索广告",如图 9.15、图 9.16、图 9.17 所示。

图 9.15　搜索广告的设置 1

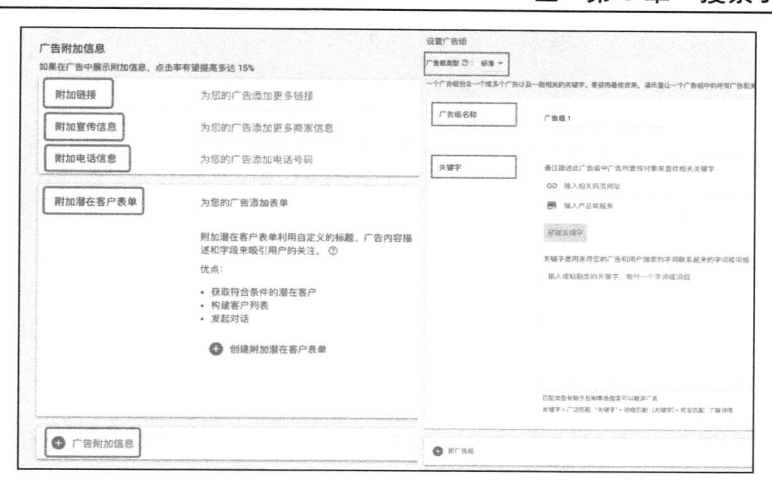

图 9.16　搜索广告的设置 2

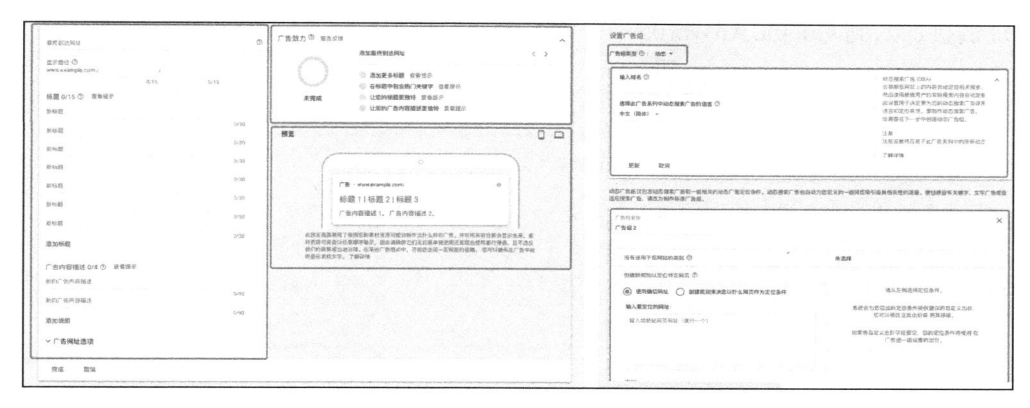

图 9.17　搜索广告的设置 3

② 展示广告设置：先选择广告系列子类型；常规设置中"投放网络"按钮改为"地理位置"按钮；预算出价中需要设置着重实现目标，如转化次数；添加受众人群；制作广告，其格式与搜索广告不同，如图 9.18、图 9.19 所示。

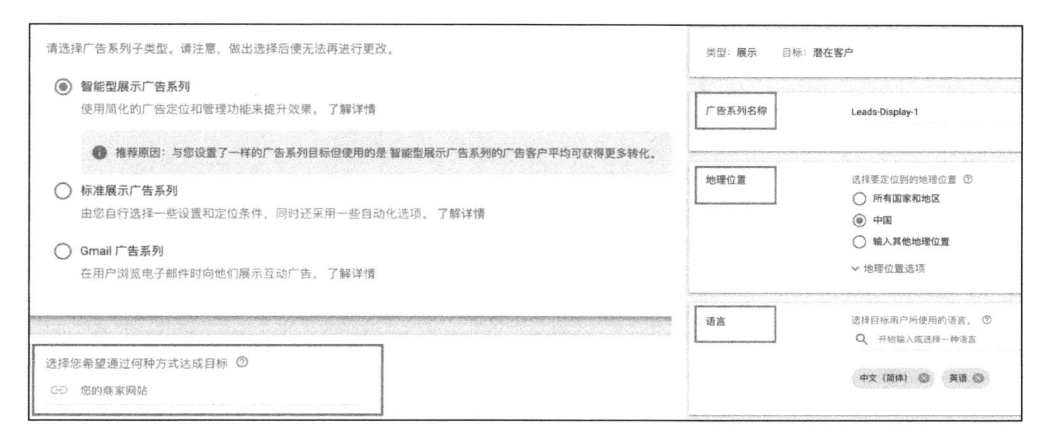

图 9.18　展示广告的设置 1

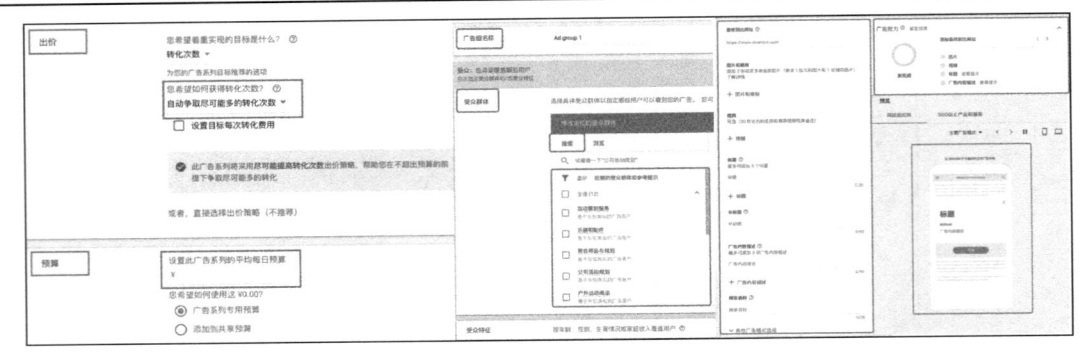

图 9.19　展示广告的设置 2

③ 视频广告设置：选择视频广告系列类型后，在常规设置时确定出价策略与预算；广告制作类型可以选择标准或者自适应，根据受众特征浏览和定位受众群体，选择广告展示位置。与前面两类广告不同，制作好的视频广告需要先上传至 YouTube 频道内，再将视频网址链接加入到 Google AdWords 账户内并制作广告，如图 9.20、图 9.21 所示。

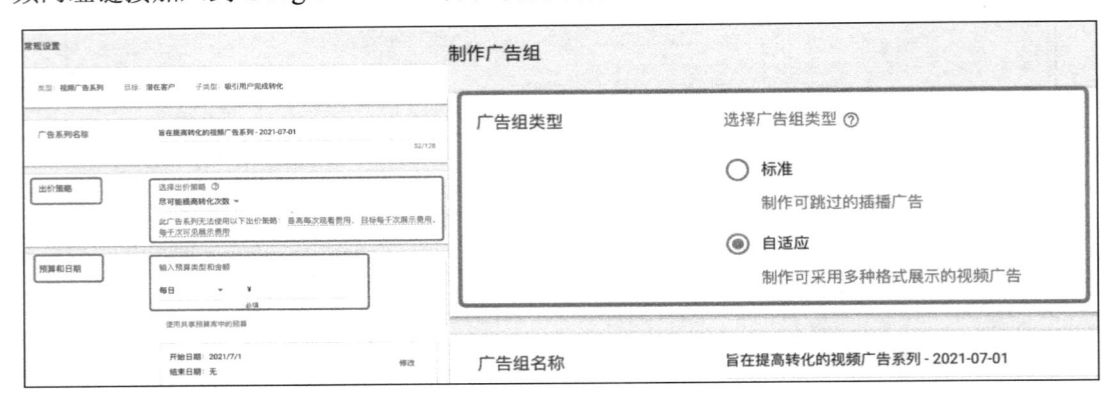

图 9.20　视频广告的设置 1

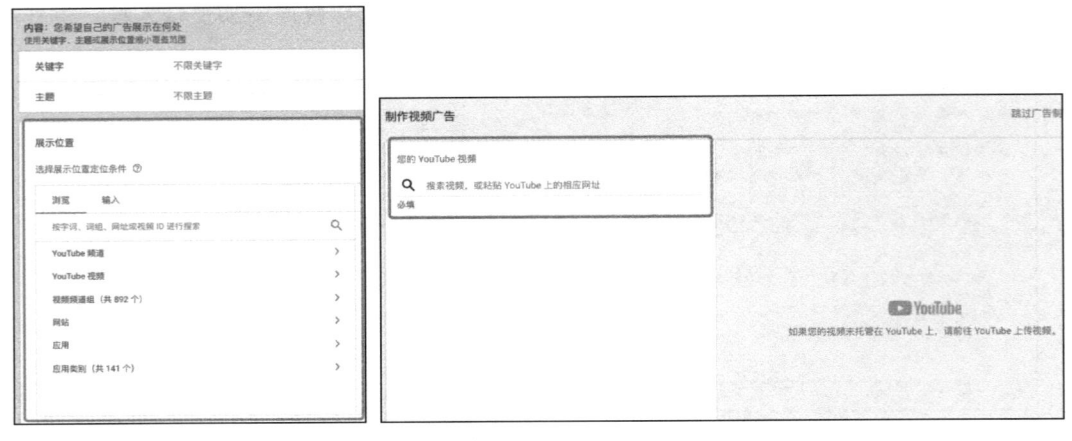

图 9.21　视频广告的设置 2

④ 发现广告设置：发现广告指的是在 YouTube\Gmail\谷歌探索及其他更多优质广告空

间投放广告。发现广告只获取移动端流量,并不会在 PC 端投放。发现广告设置上有些不同,是在受众全体中可以设置再营销用户,且发现广告的制作格式略微有些不同,如图 9.22 所示。

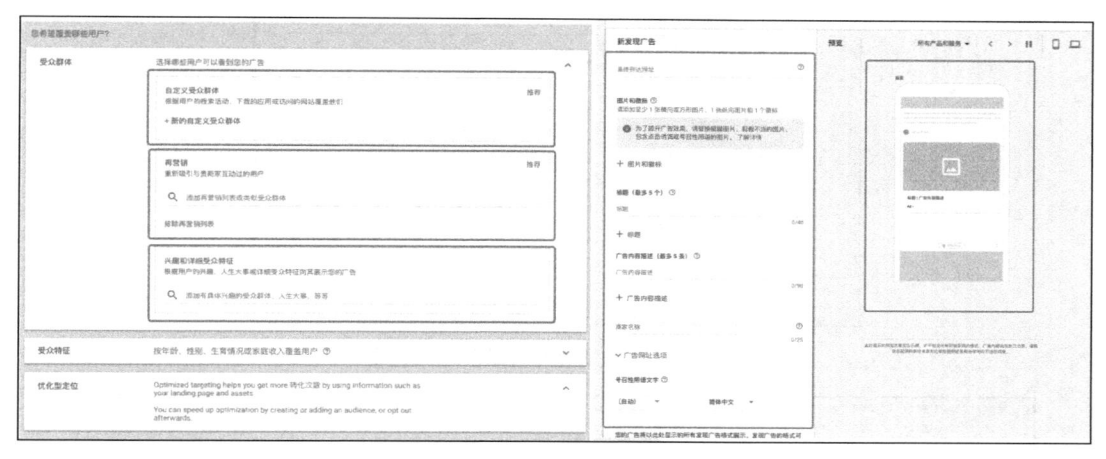

图 9.22　发现广告的设置

⑤ 购物广告设置:购物广告的营销目标是销售,广告类型可以是智能购物广告系列或者标准购物广告系列;出价策略最好选择按点击收费,并针对转化率进行优化出价,如图 9.23 所示。

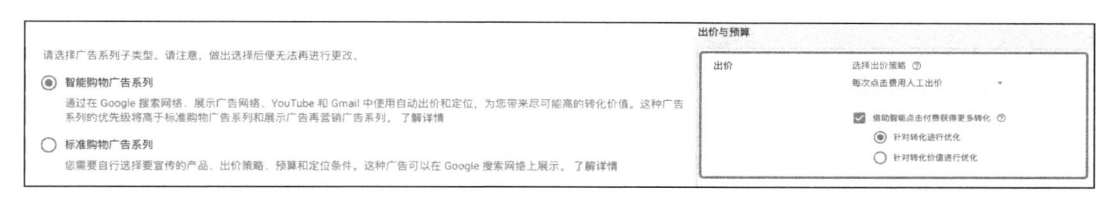

图 9.23　购物广告的设置

(4)选择目标达成方式并发布广告,如图 9.24 所示。

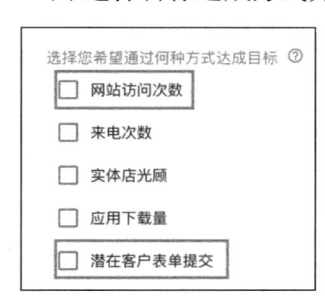

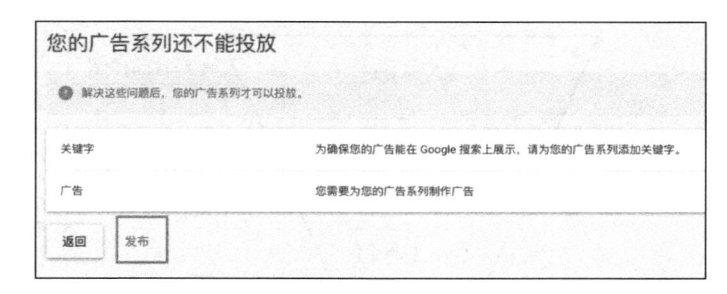

图 9.24　选择目标达成方式并发布广告

(5)投放广告,可以选择投放网络、地理位置、投放产品组等,如图 9.25、图 9.26 所示。

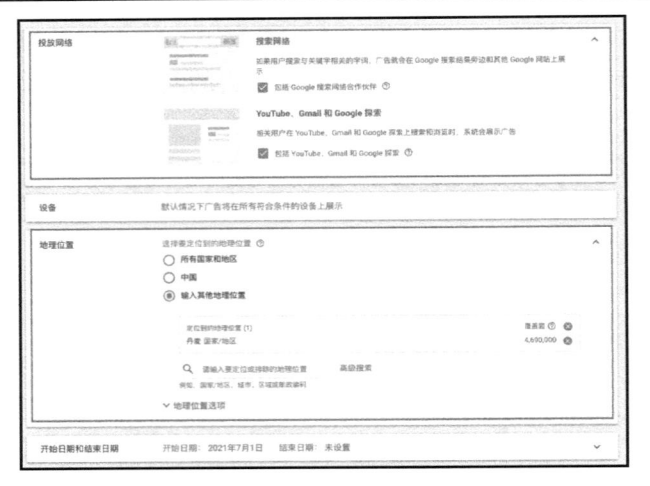

图 9.25 选择投放网络以及地理位置

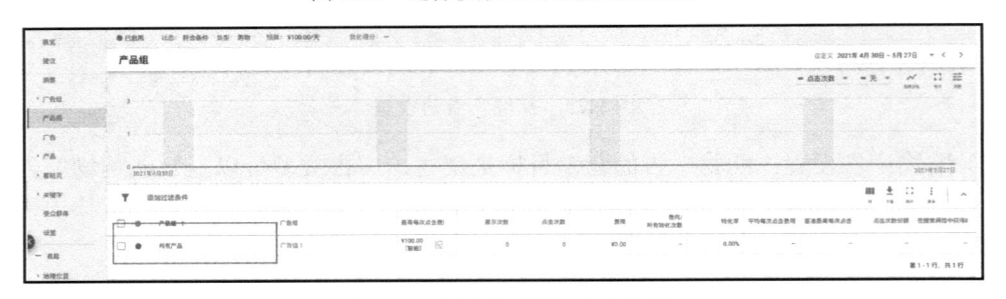

图 9.26 选择需要投放的产品组

9.2.3 营销全漏斗（Full Funnel）与谷歌账户结构

搜索引擎营销可以帮助企业拉新和复购。拉新营销是指针对还没有买过产品的消费者做出的营销活动；复购营销是指针对消费第二次或更多次的消费者做出的营销活动。结合全漏斗模型，谷歌账户中可以设置营销活动进行拉新和复购，如图 9.27 所示。

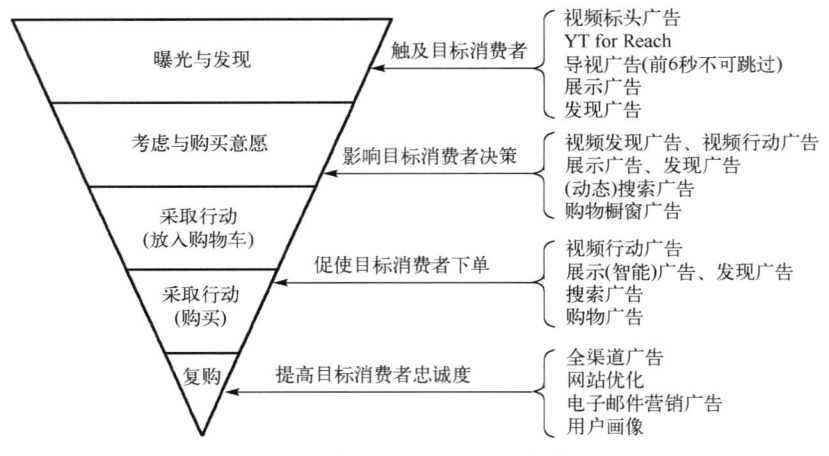

图 9.27 营销漏斗与搜索引擎营销

基于营销漏斗的谷歌推广方式如表 9.3 所示。

（1）"曝光与发现"层面。其目标是吸引更多的目标消费者，这是拉新的重要环节。谷歌搜索引擎选用展示广告方式，选择兴趣相似的受众群众 Affinity、自定义的兴趣相似受众群众 Custom Affinity 以及选定展示位置；

（2）"考虑与购买意愿"层面。此层面可以影响目标消费者的决策行为。谷歌账户中可以选择视频行动广告（自定义的意向受众群体 Custom Affinity、有具体兴趣的受众群体 In-Market、人生大事）、展示广告（自定义的意向受众群体 Custom Affinity、有具体兴趣的受众群体 In-Market）；

（3）"采取行动（放入购物车）和采取行为（购买）"层面。目标是能够促使目标消费者下单。谷歌搜索引擎采用视频行动广告、展示广告、发现广告、搜索广告和购物广告等多种形式，实现静态再营销、动态再营销和品牌词营销；

（4）"复购"层面。目标是能够提高目标消费者忠诚度。谷歌搜索引擎进行网站优化、品牌定位，并通过电子邮件营销来实现二次消费。

表 9.3 基于营销漏斗的谷歌推广方式

目标	类型	产品	考虑因素
曝光与发现	视频	标头广告	受众特征定位
		TV4 reach 插播广告	所有人群定位方式
		6 秒导视广告	所有人群定位方式
	展示	展示/Gmail 广告	自定义的兴趣相似、展示位置；通用关键词
		展示/Gmail 广告	兴趣相似的
		发现广告	兴趣相似的、自定义兴趣相似；通用关键词
考虑与购买意愿	视频	视频发现广告	自定义的意向、有具体兴趣的、通用关键词
		行为插播广告	自定义的意向、有具体兴趣的、通用关键词
	展示	展示/Gmail 广告	有具体兴趣的
		发现广告	自定义的意向、有具体兴趣的、通用关键词
	搜索	搜索广告	兴趣相似的、自定义的意向、有具体兴趣的；通用关键词
		动态搜索广告	网站、类别、产品
	购物	橱窗广告	连接 Google Merchant Center
采取行动	视频	行动插播广告	静态再营销
	展示	展示（智能）广告	无须设定
		发现广告	静态再营销、品牌词
		展示/Gmail 广告	静态再营销、动态再营销、品牌词
	搜索	搜索广告	静态再营销、品牌词
	购物	普通购物广告	静态再营销
		普通购物广告	连接 Google Merchant Center

9.2.4 谷歌的其他产品

1. 谷歌洞察商机之眼——全球商机通

全球商机通是谷歌在 2018 年 3 月上线的一款免费营销工具，它主要面向出口企业，提供给企业全球范围内同行业的各种数据和市场信息。

全球商机通将行业划分为 16 个大类，其中每个大类还会再细分成几个小类，企业可以直接从搜索框中输入本行业进行查看，也可以通过产品分类来查找同行及相关行业。通过这个工具，企业可以对目标国家的经济、人口、消费习惯等做一个深入的了解和调研，为企业寻找目标市场提供一个更准确的依据。

谷歌的全球商机通的数据都是免费的，数据也非常详细，其产品类别列表如图 9.28 所示。

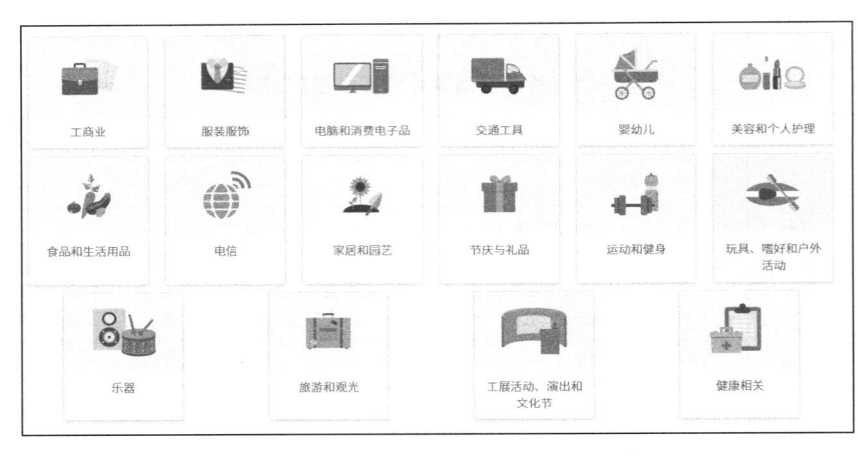

图 9.28 全球商机通产品类别列表

如图 9.29 所示，以蓝牙无线配件和设备产品为例，全球商机通能搜索出五个市场的数据报告，如下为美国蓝牙配件市场情况，通过分析美国的市场情况，可以看到 36%的人在购买决策中会使用搜索引擎。

图 9.29 美国蓝牙配件市场情况

2. 谷歌制造商/品牌商零售计划——Google for Retail

谷歌制造商中心是制造商直接向搜索引擎巨头提供有关其产品详细信息的平台。如图 9.30 所示，谷歌想要关于任何产品最准确的信息，都可以直接从制造产品的公司获取，这样可以保证谷歌向其客户提供的信息的准确性。

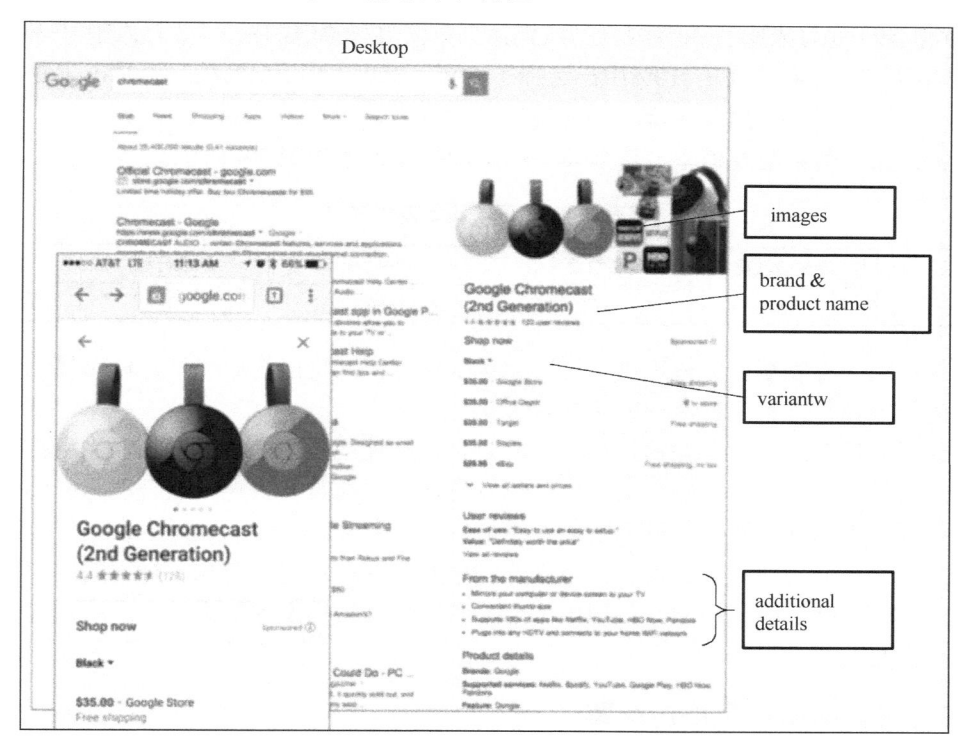

图 9.30 Google for Retail 展示

9.3 谷歌营销案例

案例一：搜索引擎营销数据跟踪

背景：A 公司投入了 5000 美元的资金，通过搜索引擎营销为自己带来了 15000 美元的销售额。A 公司还可以如何进一步优化营销策略？

分析：可以通过具体分析每个特定关键词带来的收益或损失来进一步优化营销策略。深层次分析跟踪数据发现，15000 美元的销售额都是由 5 个关键词带来的，而且每个关键词带来的销售额都是相等的 3000 美元，这 5 个关键词所花费的总成本是 3000 美元；另 2000 美元的成本用于购买另外 10 个关键词，但这 10 个关键词未给商家带来任何收益。

措施：舍弃 10 个没有用的关键词，减少浪费掉的 2000 美元成本。

建议：商家要投入时间深入分析跟踪数据，从中节省大量成本。

案例二：结合营销漏斗模型分析流失率

背景：B 公司专售女性服饰，目标受众是 18～25 岁的美国女性。公司估计在美国 3 亿人口中，目标受众比例大约占 1%。谷歌营销效果如下：300 万搜索引擎使用者中有 2%看到公司广告；6 万人中有 30%浏览产品详情页，说明在考虑购买；1.8 万人中有 20%将产品放入购物车；3600 人中有 10%用户选择了购买；360 人中有 1%在三个月内重复购买(4人)。B 公司在这有限的市场的流失率有多大？

分析：结合营销漏斗模型，该公司不同阶段的流失率如表 9.4 所示。

表 9.4 不同阶段的流失率

阶段	曝光与发现	购买意愿考虑	计划采取行动	采取行动	复购
流失率	−98%	−70%	−80%	−90%	−99%

措施：通过谷歌数据分析工具对比同类竞争者在不同阶段的流失率，针对显著低于行业水平的环节调整营销广告活动的预算和方式。

建议：分析对产品感兴趣的目标用户，更具针对性地展示广告，增加曝光率；针对点击展示广告的用户，增加视频行动广告以激发目标用户的具体兴趣；结合展示广告的点击率以及视频广告的观看数据，增加智能展示广告、视频行动广告、发现广告、智能购物广告等，让有兴趣的用户采取行动，如放入购物车并购买；针对已有购买行为的用户，采用优化网站流程以提高购物体验、使用电子邮件营销推荐给朋友、扩大产品品牌差异化程度等方式提高复购率。

案例三：优化网站提高用户存留

背景：C 公司的谷歌营销活动一直较为成功，曝光、点击、行动等效果都很好，但公司营销人员分析数据时发现产品复购率一直很低。

分析：调研发现 60%的用户对公司网站服务不满意。

措施：通过网站优化(购物体验就绪度模型)、电子邮件营销订阅/推荐朋友计划、品牌差异化三驾马车并行提高用户存留，提高复购率。

建议：

(1)依据用户需求不断调整网站，提高转化及品牌忠诚度，可以按照表 9.5 对网站进行评估。

表 9.5 用户需求评估

考核选项	考核内容
网站上提供商品相关的信息	商品评分与评价、商品库存状况、配送选项、预计送达日期/时间
建立有效的知识库，减少用户咨询量	本地语言、易于浏览、内容实用
顺畅的交易流程	提供优先付款方式、优化移动结账流程、提供偏好的付款方式、增强安全防护
满足用户对配送和退货选项的期望	加急配送选项、免费配送、简单退货流程、物流跟踪信息与状态更新

续表

考核选项	考核内容
确保用户在收货时感到满意	按照确认的日期交货、货物状况良好、准确履单、免费退货、提供退货通知
在购物季有效优化用户服务管理	提供用户偏好的客服渠道、以本地语言提供高质量的支持、及时支持、主动沟通

(2) 设置老用户清单，明确目标群体。

(3) 准备特别的广告素材。如针对用户买过的产品提供优惠或互补产品；通过提供订阅折扣等方式提高订阅率；给未订阅者提供优惠或推荐新产品；针对订阅者，推销对用户终身价值更高的产品。

【课后任务】

1. 分析为何谷歌关键词搜索符合长尾理论。
2. 选择某一跨境电商平台产品，为这个产品制作关键词表。
3. 在有条件的情况下，注册 Google AdWords 账号并进行广告设置。

【实践操作】

搜索引擎投放虚拟仿真实验操作示例

Chapter 10

第 10 章　短视频与直播营销

【学习目标】

通过本章的学习，掌握直播营销理念，了解直播流程内容；了解短视频营销发展现状和优势，以及短视频营销策略。掌握网红营销的优势，网红营销对企业的作用，及企业如何开展一次网红营销活动。

【引例】

Undiz 在 TikTok 平台成功出圈

Undiz 是一家内衣品牌，为提高知名度，Undiz 在 TikTok 发布了 3 个 One Day Max in-feed 广告，让这些广告在 For You 动态运行一天，并保证在用户看到的第一个视频中运行，产生短而有效的高曝光率。Undiz 还发布了一个品牌接管广告，在应用程序打开时占据屏幕，并立即通过自动音效吸引人们的注意。这两个广告都将用户引向挑战赛页面，广告整体创意非常突出，色彩鲜艳，再加上简单有趣的舞蹈动作、变化多样的服装和朗朗上口的配乐，使众多年轻用户参与其中。此外，Undiz 开启挑战赛，结合网络名人营销实现引流转化。挑战是最接近用户的方式，Undiz 通过整合品牌信息，吸引众多用户积极参与挑战赛，让粉丝更加认同商品价值和品牌调性。同样，网络名人营销也是跨境品牌与受众建立联系的关键因素。大部分 TikTok 网络名人有非常垂直的风格和人设，在他们的私域流量池中粉丝黏性极高。因此，Undiz 利用挑战赛与网络名人相结合的方法接近用户，产生了惊人的效果。目前，TikTok 中越来越多的品牌通过网络名人营销创造品牌影响力，将网络名人营销融入广告，进一步扩散到更大的流量池中。例如，通过网络名人发布原创视频，放置品牌或产品关键词，@品牌官方账号和主题标签#；或网络名人帮助商家品牌在评论区进行营销演讲指导，发布产品/商店链接；同时，商家在与网络名人合作的过程中，可以在其账户主页上通过视频内容、评论区、私信引导，放置产品/商店链接。

10.1　站内直播营销

直播已全面渗入中国实体经济零售、批发、生产等所有产业链条，直播带货、B2B 直播、生产直播、直播大会、跨境直播等新业态新模式层出不穷，将引领中国电商发展新常态。据不完全统计，过去两年人们在手机端观看视频的时间增加近1000万分钟，预计2021年全球网络流量将约有82%为视频形式。

相较于国内直播市场的日渐成熟，国际海外跨境电商直播更具发展空间及潜力。同时，国内电商平台直播经验能有效地指导卖家在各跨境电商平台上的发展。目前，海外跨境电商直播需求旺盛，已经成为跨境电商的一个新风口。

10.1.1 直播营销理念

1. 直播营销的优势

直播营销具有许多优势，如以下几点。

(1) 信息实时输出。实时直播给观看的用户带来更多的真实感和现场感，用户可以通过评论的方式针对产品信息与主播进行交流互动。

(2) 缩短营销链路，转化率高。相对于传统电商营销模式，直播电商模式少了广告投放环节，缩短了营销链路，同时缩短了商品成交时间，提高了转化率。

(3) 明星、网红的流量效应。明星、网红自带粉丝流量，可以迅速为商家带来人气，推动产品销售。

(4) 更为丰富深入的用户体验。电商直播提供深度实时、富媒体形式的商品展示，为用户带来了更丰富、直接、实时的购物体验。

直播还拉近了品牌商与用户的距离，缩短了品牌孵化和消费认同时间，有利于打造网络爆款、孵化新品牌。直播还助力国货品牌出海，一批国货品牌依托直播平台大放异彩。如，安踏、李宁通过加大与速卖通等跨境平台合作，已经在《BrandOS TOP 100 出海品牌社交平台表现力白皮书》中分别排名第 47 位和第 90 位，领衔国内服饰品牌出海榜单。

2. 直播营销重要性

直播营销是指在直播现场随着事件的发生、发展进程同时制作和播出节目的营销方式，该营销方式以直播平台为载体，可以使企业达到获得品牌提升或是销量增长的目的。

直播营销是一种营销形式上的重要创新，也是非常能体现出互联网视频特色的板块。对于广告主而言，直播营销有着极大的优势，如以下几点。

(1) 通过语境形成事件营销。直播内容的新闻效应往往更明显，引爆性也更强，可以更轻松地进行传播和引起关注。

(2) 更能精准定位用户群。在观看直播视频时，用户需要在一个特定的时间共同进入播放页面，这种时间上的限制能够真正识别出并抓住这批具有忠诚度的精准目标人群。

(3) 能够实现与用户的实时互动。相较于传统电视，直播的一大优势就是能够满足用户更为多元的需求。直播不仅仅是单向观看，用户还能一起发弹幕吐槽，喜欢谁就直接献花打赏，甚至还能动用民意的力量改变节目进程。这种互动的真实性和立体性，也只有在直播的时候能够完全展现。

（4）深入沟通形成情感共鸣。在这个碎片化的时代里，人们在日常生活中的交集越来越少，尤其是情感层面的交流越来越浅。一批具有相同志趣的人聚集在一起，聚焦在共同的爱好上，情绪相互感染，达成情感气氛上的高位时刻。如果品牌能在这种氛围下做到恰到好处的推波助澜，其营销效果一定也是四两拨千斤的。

（5）为企业带来更强的竞争力。如通过直播形成粉丝私域流量；直播流量大又增加店铺曝光机会；直播中商品信息展示可以更直观；直播中通过抽奖等活动可以提升用户黏性。

3. 直播营销的关键点

1）内容

首先，明确直播的主题、关键信息，同时同步好其余的细节文档和物料等。而内容的关键是合适的内容以及合适的主播，卖家选择主播时要考虑其粉丝覆盖的人群、风格以及是否与产品品牌相符，而直播的内容也必须保证优质性和可讨论性。

2）策划

商业直播的全面开启意味着对直播策划的要求也越来越高，完全靠颜值、唱歌跳舞等才艺维系粉丝人气的时代已经过去了。这种情况下，如何吸引粉丝点击进入观看以及维系粉丝持续观看、主动分享、获得信任并转化就是商家直播的关键。

3）互动

直播互动在一场直播中十分重要，直播的最大特点就是它的平等沟通性、实时性和互动性。直播平台的主播需要学会与粉丝沟通交流的技能，进行关于直播话题的互动问答、抽奖赠礼等，让粉丝感受到被尊重和重视，粉丝才会愿意继续观看、主动分享、关注并长期支持。

4）扩散

作为社交媒体营销的重要环节，直播从来都不是独立存在的。所有优秀的商业直播案例往往都会配合社群、短视频等渠道的预热、导流及扩散。此外，结合专业的商业直播平台，通过多渠道的扩散来吸引更多目标用户的关注，更能够打造出一场场成功的商业直播活动。

10.1.2 直播营销的重要元素

本书以直播中的人货场作为直播营销的重要元素展开介绍。

1. 元素之一：主播

直播人货场中的人包含两个方面，一是主播，二是粉丝，作为直播营销的重要元素之一的就是主播，选择合适的主播是直播营销的关键。

直播营销中的主播目前分为几类，明星大V、网红、商家自播、虚拟主播等。不同类型的主播各有优缺点。

明星指的是具有名气，可以自带流量，有大量的粉丝群体的主播，但需要甄别明星的粉丝是否确实是企业的目标客户群，否则也可能带来不利影响。

网红则是经过包装的 IP 形象，具有好玩、搞笑、有较高颜值或者让人耳目一新等特点，所以包装网红店员、包装网红老板也是不错的选择，以品牌人格化来聚集用户群体和增加粉丝黏性。有不少的 MCN（Multi-Channel Network）机构就在招收和培养网红储备，据调查，吃鲸 MCN 在杭州直播孵化基地外国 KOL 储备已超过 1 万名，"双 11"速卖通平台主播数同比增长近 5 倍，"黑五"主播数同比增长 28 倍。

商家自播则大多是企业员工，在一些关键时刻会有企业老总或者企业知名人士等，尽管在话术等方面商家主播可能难以与其他专业主播相比，但相对而言他们对产品非常熟悉，介绍产品更为专业。

虚拟主播可以不分时间段 24 小时播报，可以提升店铺直播能力，探索"无人直播"模式。而且虚拟主播大多包含一些游戏或者文化元素，可以自带粉丝流量，尤其是吸引年轻用户。在 2021 年的 618 期间，虚拟主播开始试水。如洛天依 6 月 3 日登录淘宝直播天猫金明星直播间，初音未来在 6 月 8 日入驻淘宝，成为"淘宝人生次元大使"，一禅小和尚在快手直播带货。

当然直播主播不可能单兵作战，需要有团队支撑。主播团队一般包含以下成员：主播（负责店铺直播工作，介绍售卖产品）、助播（协助主播直播）、场控（调动直播间氛围，维护直播间秩序）、运营（写脚本、盯直播、看数据）。基础人员配置中至少包含 1 个主播、1 个场控&运营。

2．元素之二：商品

直播营销的中枢是商品，联系了商家、主播、粉丝。从国内直播电商趋势看，直播的热销品类呈现"哑铃型"分布格局，如图 10.1 所示。刚需、高频、低价的消费品与高标价、低复购率、种草许久的消费品都会受到直播电商用户的喜爱。

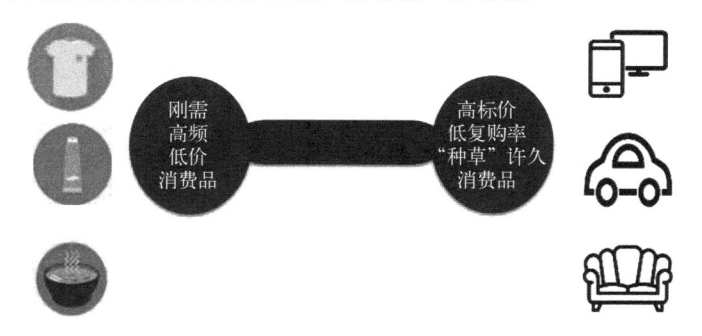

图 10.1 "哑铃型"直播电商热销商品示意图

直播营销时可以将商品分为以下几类。

1）爆款

爆款可以是以下几类。

（1）高性价比产品：有明确的价格锚定、相对有价格优势、可全网比价，或附加价值更多的商品在直播中可以呈现更多的福利；

(2)高颜值产品：直播可以很直观地展示商品，如白色及彩色的服装款式更利于在镜头面前展示；或者那些看到容易让人产生购买冲动的商品。

爆款也可以在一些普适性强的商品中产生，这类商品可以带来更广泛的流量。

2）引流款

市场热度高的商品，如高性价、高频、刚需类产品。

3）利润款

与引流为主的爆款或引流款不同，利润款可以为企业带来现金收益。一般情况下，毛利至少要50%以上，同时要有足够的库存和供应链支持。

4）剧透款

剧透款指开播前为了吸引用户进直播间而设置的产品，可以先选择大家熟知的产品作为剧透款，用价格优势、特定话术吸引用户。

5）宠粉款

指吸引用户长时间留在直播间的产品，一般选择知名度高、高频使用、高性价比、刚需类产品。

3．元素之三：直播场

直播中的场，主要指以下两方面。

一方面指的是直播平台这个流量场，如国内电商中的淘快抖是三大核心场，一些游戏直播平台主要进行种草和垂直类直播，而国内的微博是中国核心网红平台，微信则是极度私域化的流量场。

另一方面是直播场地。由于各平台逐渐降低直播门槛、有各类政策的支持与市场显著的教育成果，更多商家通过直播在更广泛的时间段和更多的场景中展示产品。直播营销场地越来越多元化，除了在有镜头、灯光、音效、背景的直播间展示商品，营销人员还可以在产地、工厂、商圈、档口等场景进行直播。

(1)产地直播：适合农产品直播，手机成为"新农具"，直播成为"新农活"；

(2)工厂直播：将生产制造环节"透明化"，加强消费者体验、加深品牌信誉增值；

(3)商圈直播：各地知名商圈开启直播售卖的同时为线下实体门店引流；

(4)档口直播：线下专业市场与直播电商新业态结合，迈开数字化转型步伐。

在不同场地可以开展不同形式直播，如测评直播、教学直播、探厂直播、娱乐直播、互动直播等。无论哪一类直播形式，在直播场地布置中都有以下几点要求。

(1)设备选择：手机+美颜灯+支架(基础配置)；相机+三脚架(全圈幅相机、大光圈镜头)+美颜灯+摄影灯2个(进阶配置)。

(2)灯光要求：画面与背景整体色系协调，室内光线均匀，不受阳光、射灯影响，冷白光为佳。

(3)空间要求：场地可满足站、坐、走姿，背景墙纯色，隔音效果佳。

(4)场景设置：后、中、前景分明，人居中，产品陈列有层次，近景、大景都满足。

(5)货品+辅助道具：产品各款各色齐全，计算器、秒表、氛围KT板、尺码表、讲解展示资料准备好。

10.1.3 直播流程设计

提前准备直播流程能够大幅度降低直播出错率,还可以保障主播全场直播的稳定输出、节奏控制;使主播可以带动直播间互动氛围,促进流量转化、增强粉丝黏性。通常,直播流程包括直播前、直播中、直播后三个板块,三个板块涉及的工作内容各有不同。

1. 直播前的准备

(1)熟知平台直播规定。首先确定账号是否符合平台直播的条件,如此前亚马逊规定只有在亚马逊品牌注册的美国专业卖家才可以通过 Amazon Live 进行直播。此外,还需要额外注意平台直播中的违禁行为,不能违反平台规定。

(2)确定直播软件,了解是否需要额外下载软件才能开启直播。如在申请亚马逊直播前,卖家们需要先登录 Amazon Live Creator App 绑定个人账户信息,然后登录到 Amazon Seller Central 创建直播,还需要通过提前测试,确保直播能够正常开启。

(3)直播间布置。依据地点直播可分为户外直播和室内直播,卖家需根据商品类目自行选择,如户外直播更能展现渔具产品的特点,室内直播的装修色调、产品摆放、灯光设计需要贴合产品。如直播间使用白光这种接近自然光的色温,利于在镜头前展示服装和化妆品、护肤品等产品的状态,减少色差。

(4)确定直播人员。跨境电商区域分布十分广泛,语言无法完全统一,卖家需结合自身的受众人群选择同语种的主播。并且,对主播的控场能力、语言表达能力、专业素养等方面也要有一定的要求。此外,直播并不是靠主播一个人撑起来的,还需要为其配备直播助理、场控、运营等人员组成直播团队。

(5)确定直播时间,挑选合适的时间才能获取更多的流量。需要根据不同品类的产品选择合适的直播时间,如服装账号、美食账号选择的时间不一样。黄金时间一般都是在早上7-8点,中午11-13点,晚上20-24点。每次直播时间最好不要低于2小时。

(6)直播选品。选品是一项很重要的工作,主要根据三个分类来选定产品线:福利产品、主打爆款产品以及高利润产品。福利产品:特点是价格极低,主要用于引流、活跃直播间气氛、提升用户互动的积极性。爆款产品:爆款产品也是主打产品,特点是性价比高,辐射范围大,能满足大部分用户需求,主要用来拉销量。高利润产品:这类产品价格会相对较高,主要用来做利润。

(7)了解直播带货的产品信息,提前使用直播带货产品。要足够熟悉产品,不断挖掘产品卖点并结合用户痛点,这样用户才有购买欲望。

(8)直播脚本的准备。直播脚本就是写一个总体的大纲,包括明确直播主题、把控直播节奏、调度直播分工、开场的预热、直播间的互动、产品讲解、产品测评、抽奖环节、案例分享等。

(9)开播前的预热。直播间的前期工作做好以后,不能盲目的直接开播,而是要给直播间进行预热引流,尽可能吸引更多的用户。

2. 直播中的注意点

(1) 直播热场。正式开场前的直播热场互动是很有必要的,可以用一些直播间互动小游戏或者是当下热点来引导直播间粉丝互动、留言,让观众愿意在直播间停留。这些是其中的一方面,最关键的还是主播的话术能不能勾起人的兴趣,只有让直播间的用户产生兴趣,主播才有机会详细地展示产品。

(2) 活动介绍。如果当天有营销活动,主播可以用相对直白、简洁的语言简化活动规则并告知直播间观众,确保大部分观众都能了解活动规则,重点突出活动福利,激发用户的购买欲望。

(3) 产品介绍。把观众的注意力引向产品,根据自身的带货直播类型合理分配时间进行产品介绍;期间可以利用限时秒杀、优惠券等营销手段增加直播间人气,让用户的购买欲望转化为行动,促进直播间爆单;当整体在线人数较高,但自然流量转化率不理想的时候,抓住"憋单"(憋单是很多直播间会采用的手法,即主播在粉丝已对价格好奇或有购买欲望时,为提高流量延长链接和价格告知时间)时机提升直播间互动率,营造火热氛围,延长新入场观众在直播间的停留时长。

3. 直播后的复盘与社群建立

1) 直播人员复盘

主播复盘:用直播间的实时监测数据与主播一起进行状态总结,需要关注脚本和各种话术、控场能力以及对直播状态总结。如3%的转粉率是及格,5%是优秀;5%的评论率是及格,10%是优秀;人均停留时长30秒是及格,2分钟是优秀,其中平均停留时长最能说明直播内容的吸引力;转化数据(带货转化率)是反映直播间购买力和主播带货能力的重要指标,1%是及格,3%是优秀。

直播团队需要密切关注整个流程设置,选品、排品、视觉效果,以及各种重要数据维度。还需关注引流方案的效果,及时进行后台操作及配合。除每个角色进行自己职责范围内的复盘,还需要整个团队一起开会复盘,共同讨论整体配合中出现的问题。同时,对直播间粉丝提出的问题进行汇总,再根据问题共同对话术进行优化。

2) 直播数据复盘

对直播间的流量变化数据进行回顾。通过流量渠道分析,可以了解直播间流量来源分布情况;通过分析流量变化趋势,可以了解每个时间段的流量;对付款率的变化进行总结,如果直播间有300人下单,仅有100人付款,这说明付款率偏低,需要找出粉丝下单不付款的原因。此时,卖家可以通过直播转化漏斗找到需要优化的流程,提高下一场直播的带货转化率,如图10.2所示。

图10.2 直播转化漏斗图

3) 建立社群

进入直播的用户大部分是平台的公域流量,

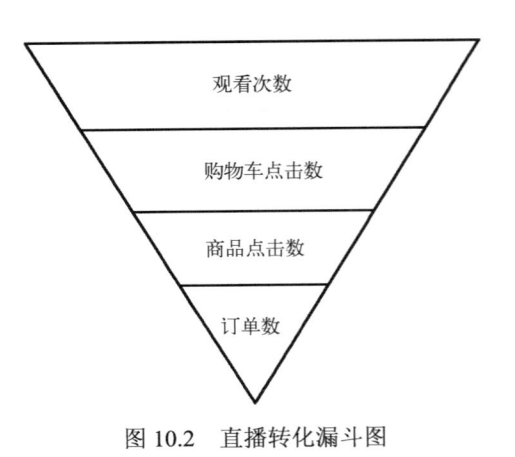

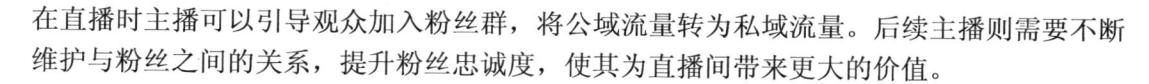

在直播时主播可以引导观众加入粉丝群，将公域流量转为私域流量。后续主播则需要不断维护与粉丝之间的关系，提升粉丝忠诚度，使其为直播间带来更大的价值。

10.2 短视频营销

广义的短视频通常指 5 分钟以内的视频，内容发布主要来自平台上活跃的 KOL 用户、机构账号及普通大众用户。短视频全球化时代已经到来，短视频出海将在未来几年掀起巨大浪潮。

10.2.1 短视频营销的优势

短视频营销是内容营销的一种，短视频营销主要借助短视频的形式，通过选择目标受众人群，向他们传播有价值的内容，以此吸引用户了解企业品牌产品和服务，最后实现流量转化并形成交易。在移动互联时代，短视频营销凭借其时长短、内容富有创意的优势，成为企业重要的营销方式。做短视频营销最重要的就是找到目标受众人群和创造有价值的内容，短视频营销的优势可以包含以下几个方面。

1）娱乐化

与图文形式相比较，短视频更容易吸引用户。传统的图文阅读需要耗费更多的精力和耐心，很难突破人们对阅读的恐惧和惰性，也很难抓住受众眼球。没有文字的图片虽然可以直观地轻松浏览，但是却存在承载信息少的问题。而短视频在娱乐化这一方面具有极大的优势，它能够将视听结合，比单独的图文更生动有趣，内容形态更多样化，具有较强的视觉冲击力，可以减少人们在获取信息时感受到的枯燥与疲惫，更符合现代用户泛娱乐化的心理。因此，借助短视频进行营销更容易吸引用户。

2）碎片化

随着人们生活节奏的加快，人们对长视频的耐心逐渐减少，短视频时长短、节奏鲜明、趣味性强的特点恰恰解决了这个问题，用户可以随时利用自身的空闲时间轻松浏览短视频。

3）生活化

短视频深度渗透用户生活，实现全场景化。近几年，短视频已经成为用户日常生活的一部分。调查显示，短视频突破了场景的限制，用户观看短视频的场景包括在中午吃饭休息时间、睡前碎片化时段、通勤路上等。

10.2.2 全球短视频市场

1. 全球短视频市场规模

根据 2025 年互联网人口（亚洲 33.8 亿人、北美洲 5.8 亿人、欧洲 7.1 亿人、南美洲 3.6 亿人、大洋洲 0.3 亿人、非洲 7.6 亿人）和各大洲短视频渗透率（亚洲 60%、北美洲 70%、欧洲 55%、南美洲 60%、大洋洲 55%、非洲 25%），FastData 预测全球短视频市场将迎来爆发期,如图 10.3 所示,全球短视频市场规模五年内有望超万亿美元(各大洲短视频市场规模=各大洲互联网网民数×短视频渗透率×短视频 ARPU(Average Revenue per User,即人均用户收入)),2025 年全球短视频市场规模可达 1358 亿美元。各大洲市场规模可划分为:第一梯队(北美洲)、第二梯队(欧洲、亚洲)、第三梯队(南美洲、大洋洲)、第四梯队(非洲)。

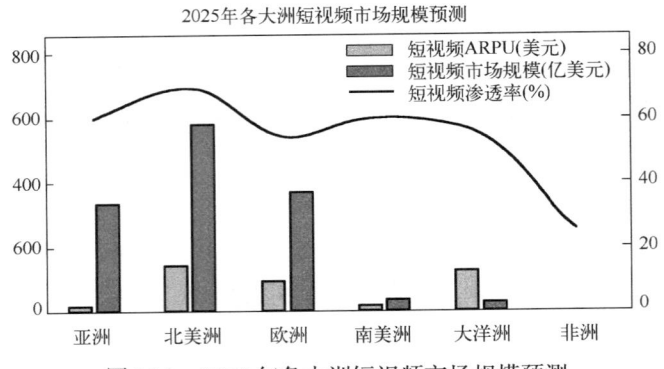

图 10.3　2025 年各大洲短视频市场规模预测

2. 全球短视频行业发展节点

(1) 2012 年 Twitter 收购 Vine,2013 年进入 IOS 和安卓平台,拉开了海外短视频序幕。

(2) 2017 年以后,以字节、快手为代表的中国厂商开启出海进程,推动海外短视频市场进入成长期,各类应用功能不断完善、营销推广步伐也不断加快。

(3) 2018 年字节收购 Musical.ly,并与 TikTok 合并,新平台沿用 TikTok 名称,奠定了短视频霸主地位。

(4) 2020 年疫情暴发后,海外短视频消费市场集中爆发,海外巨头也迅速入局短视频。在众多短视频应用中,TikTok 率先实现爆发,成为行业发展的引领者。

3. 各洲短视频区域分布及特点

根据 FastData 报告,TikTok 和快手在不同洲的用户分布不同。各洲短视频的发展也各有特点,如图 10.4 所示。

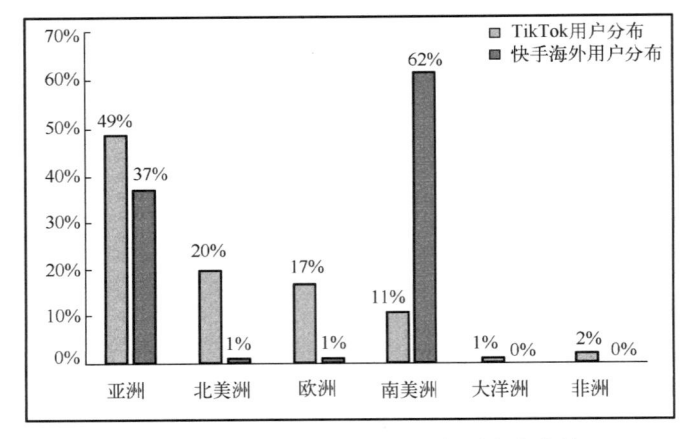

图 10.4　TikTok 和快手海外短视频用户分布情况

(1)北美市场：市场较为成熟，单用户价值高，进入门槛高，目前 TikTok 以绝对优势领先，本土超级应用 Instagram、YouTube、Snapchat 等新增短视频功能入局。

(2)拉美市场：以巴西为代表，用户互联网黏性较高，用户热情奔放、乐于分享，与短视频基因适配。目前快手仍保持一定优势，TikTok 快速追赶。

(3)东南亚市场：以印度尼西亚为代表，仍具备人口红利，受地域和文化影响对中国互联网公司接受度较高。目前 TikTok 整体领先，快手 SnackVideo 快速增长。

(4)印度市场：人口红利大，互联网普及率还不高，用户乐观开朗、自来熟、喜爱拍照分享。目前受封禁政策影响，字节产品折戟，快手 SnackVideo 近期快速增长。

4. 短视频营销渠道——TikTok

目前全球短视频领域的主要玩家有 TikTok、Facebook、谷歌、Twitter、快手、欢聚时代等，TikTok、YouTube 等短视频广告营销渠道正飞速崛起，2022 年 TikTok 广告收入预计可达 130～150 亿美元，2023 年有望达 500 亿美元。TikTok 作为新兴广告平台，仍处于快速发展阶段，其广告投放成本目前低于谷歌、Facebook 等平台。

从商品销量维度看，2022 上半年 TikTok 商品销量主要由印度尼西亚市场贡献，东南亚新开市场中菲律宾销量处于前列。从商品类目看，2022 年上半年 TikTok 全球最热销的商品类目为美妆个护，在 TikTok 印度尼西亚市场珠宝首饰成为客单价最高的类目。从市场分布情况来看，全球直播带货主要集中在印度尼西亚和越南，其中印度尼西亚直播带货数量占比最高。TikTok Shop 未来将会在更多的国家上线，并覆盖全球。TikTok 服务商生态也正在加速完善中，目前主要有跨境 MCN、跨境 TSP、跨境星探、跨境 TSD 等，在 MCN 与 TSP 领域已经涌现出一批十分具有影响力的机构。

TikTok 的广告投放营销呈"组合布局"，包括红人营销、音视频、直播等有强互动性质的广告营销模式。TikTok 广告类型有如下几种。

1)信息流广告

(1)出现在自动播放的视频列表中（"为你推荐"For you 栏）。

(2)时长最长可达 60 秒。

(3)适用所有账户，没有企业规模或投放预算门槛。

(4)支持点赞、转发、评论等功能。

2)开屏广告

(1)用户首次打开 TikTok 时显示的全屏广告。

(2)短小精悍 3 秒的静态图片(3～5 秒的动图或视频)。

(3)高曝光率和强覆盖率，每天限一名广告客户进行投放，对全体 TikTok 用户进行推送。

(4)预算费用高，适合体量较大、具有相当广告预算的广告主。

3)红人营销

(1)实现目标一：直接表明销售意图(即红人直接传播产品销售信息，借助自身流量带动产品销售)是当下的主要模式。

(2) 实现目标二：增加曝光带货。即红人不直接表明销售意图，通过穿戴商品、开箱测试、与品牌联名出新品等方式展示产品，倾向于增加品牌曝光度。

(3) 合作模式：开箱展示模式、情景剧情模式、生活 Vlog 模式、专业测评模式、才艺展示模式，资讯科普模式、口播种草模式。

4) 贴纸

(1) 为商户提供品牌定制贴纸、增强现实滤镜和镜头，添加到视频中。

(2) 可持续 10 天。

(3) 可与挑战赛等多种广告产品组合，提升用户参与。

5) 超级首位

(1) 自动在"为你推荐"栏以开屏广告的形式出现。

(2) 时长最高达 60 秒。

(3) 支持点击广告跳转至广告主自定义的落地页。

(4) 支持点赞、收藏、评论、分享，实现与用户的有效互动。

(5) 信息流广告+开屏广告的融合升级版，获取大量新的潜在目标用户、提升品牌知名度与辨识度、增加互动提升品牌人气。

6) 品牌挑战赛

(1) 广告可持续 6 天。

(2) 广告主创建官方视频广告，鼓励用户参与挑战。

(3) 激发潜在用户与广告主共同创作主题内容，引发海量互动，提升品牌曝光度及传播效率。

10.2.3 短视频营销策略

1．短视频营销流程

1) 短视频平台选择

不同短视频平台的调性和用户画像有所区别，企业在策划短视频营销之前首先需要选择合适的短视频平台。不同客单价的品牌应该选择不同平台，重销售重孵化的企业可以选择 Facebook 进行种草营销。

2) 短视频内容设计

短视频的内容决定了完播率，直接影响到平台对视频的推荐。对于企业而言，视频内容可以为产品直拍、真人教学、剧情脚本等。在短视频内容设计的时候一定要坚持"有趣"或"有用"原则，真正贴合用户，而不能只是企业闭门造车。

除此之外，如果内容是知识教学类，建议将知识以总分的形式体现，进行一二三分点叙述，同时在画面下方打上字幕并且提炼关键词进行突出强调，便于观众更快掌握到重点。如果内容是剧情脚本类，可以适当使用音效进行氛围营造，背景音乐的选择也需要符合剧情节奏，或舒缓或紧张，需要在平时做好背景音乐库的积累。

3) 网红合作产品植入

与网红合作是一种成本较高的短视频营销方法，更需要运营团队对网红带货能力与过往数据有更全面整体的评估。另外，网红带货视频脚本不可太过刻意，避免引起用户反感。

4）短视频发布时间

短视频发布时间根据内容差异以及不同国家的网民习惯有区分。如在国内，建议把知识教学类短视频安排在中午 12:00—13:30，将带货类、商品介绍类短视频安排在晚上 8:00—10:00。这是由于大多数人在工作日中午都愿意学习新的工作技能，而晚上一般用来放松娱乐或者购物，有很多人会在晚上冲动购物。

5）标题与封面设计

短视频封面设计需要让观众第一时间抓到重点，标题可以以设问句的形式吸引观众的注意，如果有真人出镜，也可以在封面图上放上人像，拉近与观众的距离。

2. 短视频营销策略

随着流量红利的逐渐消失，公域流量成本攀升成为短视频营销不得不关注的问题。而通过粉丝管理、社群运营等形式沉淀下来的私域流量，在人群精准度和再营销效率上有着得天独厚的优势，私域流量管理也因此成为短视频全链路营销的重要环节之一。如 TikTok 支持流量跳转到亚马逊、速卖通和独立站，这些流量将成为优质的私域流量。

从引流到运营到变现是短视频营销的常规流程，如图 10.5 所示。

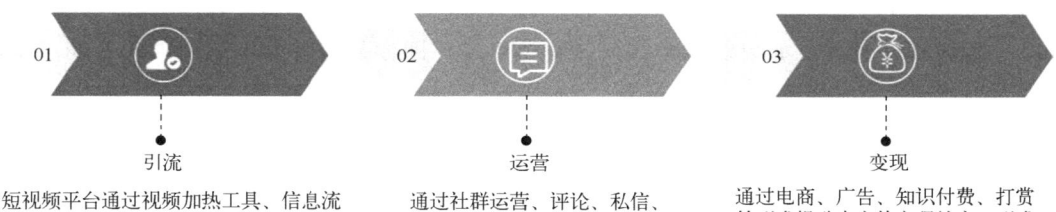

01 引流
短视频平台通过视频加热工具、信息流广告等付费推广以及活动营销、挑战赛的形式提升内容曝光度，帮助广告主引流。

02 运营
通过社群运营、评论、私信、粉丝管理等形式与粉丝进行互动并建立长期联系。

03 变现
通过电商、广告、知识付费、打赏等形式提升内容的变现效率，形成内容、营销、变现的良性生态。

图 10.5　短视频营销常规流程图

对应短视频营销的原理，2019 年抖音提出短视频营销的"TRUST 模型"，阐述了短视频平台从聚焦用户、建立强关系、创新营销、传播扩散到占领用户心智、完成转化等全流程的营销策略。TRUST 模型包含以下内容。

(1) Target：锁定用户碎片化时间和多元消费场景，利用垂直内容聚焦细分人群和场景，精准触达目标人群。

(2) Relation：通过精品化内容链接用户，与用户进行有效沟通，增强用户的信任感。

(3) Upgrade：AI 赋能内容创新，打造与环境共生，能够引起用户共鸣的原生内容，从而实现与用户的深度沟通。

(4) Share：明星达人引领分享，激发用户全面参与内容共创，实现品牌声誉知名度的提升。

(5) Transform：建立转化生态，激励用户口碑传播与用户行为的转化。

3. 短视频营销的关键

1) 重视内容创意

短视频内容创作要富有价值并专注垂直领域，横跨多个差异较大的领域不容易实现流量变现；在内容创作上要选最适合的而不是盲目选择最热门的领域，内容要保持真实，尽量保持短小精悍，时长可以控制在 15～30 秒，多发利于吸收的精简内容。

在 TikTok 中，视频创作内容主要可以分为以下几类：时尚穿搭、食品&饮料、美妆护理、家居用品、电子&科技、美食&烹饪、金融、游戏、机械&设备、汽车运输、公众人物、公共管理、房地产、其他、餐厅&酒吧、购物&零售、咨询&服务、健康、艺术、生活、互联网&软件、品牌、旅游、宠物、教育、运动、婴幼儿、媒体、Vlog、娱乐。

2) 精准账号定位、注重人设打造

在创造视频内容时，需尽量确保内容风格统一，要全面剖析面向受众的用户画像、账号人格、创意内容以及团队设置。并打造个人 IP(专属人设)，直击用户内心。因为在短视频平台创作作品日益同质化的今天，个人或企业想要在短视频平台持续走红，首先必须打造账号垂直度，打造短视频人设可以帮助创作者确立内容创作方向，为作品贴上专属标签，并保持稳定输出内容。

3) 融入音乐元素

融入音乐可以在一定程度上增加用户观看短视频的时间。当制作的短视频内容吸引力不够大时，配上一段与之相配的音乐，整个视频内容就会得到质的提升。另外，用户在观看这段短视频的时候，如果对这个音乐比较感兴趣，即便是内容并不是用户想看的，也可能会因为这段音乐停留，如图 10.6 所示。

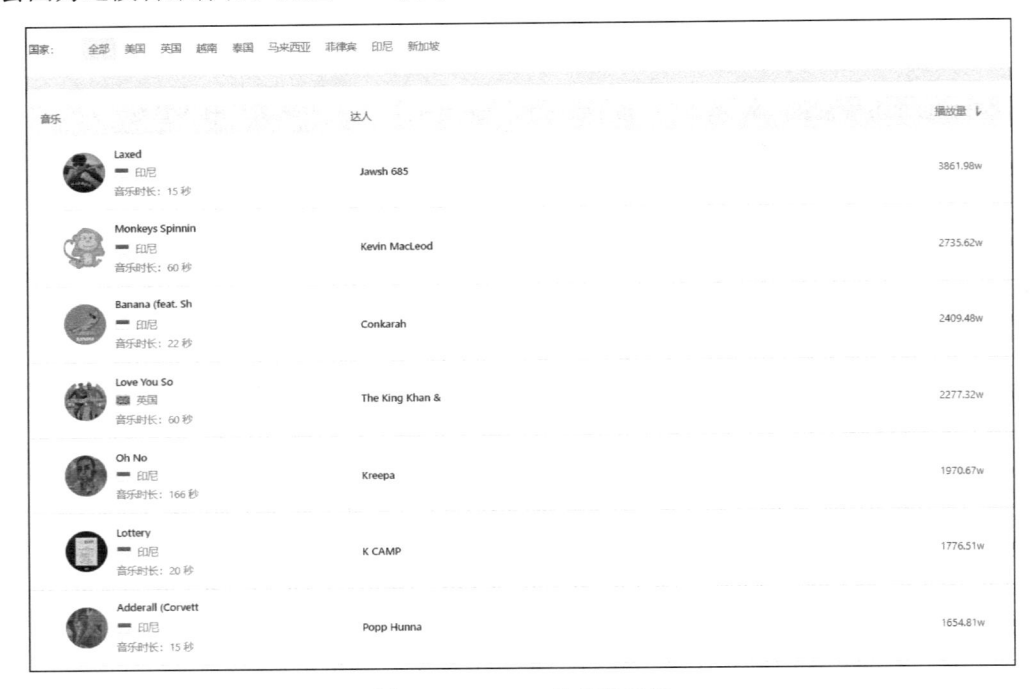

图 10.6 TikTok 热门音乐榜

4）融入场景营销

移动互联时代，人们的社交需求也在不断发生转变，人们的视觉习惯已经从传统的界面浏览转向短视频浏览。当前的短视频营销中，越来越多的企业开始结合场景打造视频，结合用户视觉习惯来进行产品展示与植入，与传统直白的植入性营销相比产生了质的飞跃。

5）观众互动

TikTok 的评论区是一个很好的展示窗口，企业可以在评论中与用户对话交流，或者做一些解释说明。创作者的回应会被加上"作者"的标志，与用户互动很容易激发他们的关注热情。

6）坚持创作

坚持发布内容可以保持账号活跃度，由于平台每时每刻都在不断地出现新视频，因此坚持提供新内容才能更好地运营账号。

10.3 网红营销

网红营销，也称为 Influncer Marketing，主要是依靠有影响力的网红传递产品和品牌信息，吸引潜在受众，获得转化。网红营销是众多数字营销手段中的一种，它同社交营销和内容营销有着极为密切的关系。

10.3.1 网红营销的优劣势

1. 海外网红营销市场

根据中信证券研究部统计，2020 年海外网红营销市场为 97 亿美元，TikTok 与 Shopify 打通、Facebook 推出 Shops、亚马逊推出直播电商，这些将成为海外网红经济的未来增长点。

结合艾瑞咨询的报告，2020 年，中国出海企业广告支出约 200 亿美元。2021 年预计达到 320 亿美元，按照国内 2019 年网红营销占比 5.65% 计算，中国出海企业海外网红营销市场约 18 亿美元。

2. 网红营销的优势

（1）高质量流量：网红拥有稳定且明确的粉丝群体。品牌方可以通过筛选，精准触达目标群体，提高品牌知名度。社交媒体的网红营销相较于大众媒体营销的优点之一是拥有明确的标签化的受众群体，粉丝群体拥有共同属性，品牌方可以实现精准营销，提高销售转化率。网红以自身作背书，将自己的个性融入产品中，使产品更具人格化，更容易被粉丝接受。如速卖通平台的 Trendyol 女装的推广，在 11 个国家选取了 15 名网红博主拍摄视频，充分讲解和展示当季热销产品，引导销售。这个举措效果显著，覆盖了 633 万名粉丝，产品总曝光量达到 166 万次。

(2) 用户忠诚度高：一般在没有重大负面新闻的影响下，网红的粉丝忠诚度要高于一般店铺的用户忠诚度，有较高的用户黏性。通过网红营销将这些粉丝转换成用户的概率要远远大于陌生人，一定程度上降低了商家的用户培养成本。

(3) 变现能力强：网红具有高效转换变现能力，网红以自身在该领域的知名度、专业度和与粉丝建立的稳定关系进行品牌背书，能提高粉丝对品牌的信任度，从而帮助品牌方高效地实现从信息接收到产品购买的转化。出于对网红的信任，用户会更加果断、冲动性地购买其推荐的商品，而新技术赋能进一步实现了信息和商品的同步分发、通路一体化，即看即买。

3．网红营销的劣势

(1) 具有不确定性：网红保证不了品牌的传播效果，并且企业对网红营销的把控力相对较低，因此容易引发负面的口碑，会对该品牌的声誉造成不可估计的损失。在利益的驱使下，各平台存在靠刷评论、买假粉丝和水军等方式进行"数据造假"的问题，浪费企业预算。网红营销的传播效果目前还缺乏较科学的评估体系，其带来的品牌和销售效果难以测量。

(2) 不适用于长期营销策略：网红营销不利于长期的品牌塑造，网红营销易于实现短时期的销售转化，但对于长期的品牌塑造却后劲不足，持续性欠佳。用户的品牌心智不是一天形成的，品牌方要持续进行营销投入、开展连贯的营销活动，才能在目标用户心中占据一席之地。

10.3.2　开展网红营销

1．寻找和匹配优质网红

1) 网红营销变现阶段

种草：通过产品测试视频、直播、线下探厂、真人秀、原创内容视频、粉丝见面会等多种方式将消费理念与品牌关联；

养草：通过关注、推荐、收藏、加购、互动等不断强化激发用户兴趣，使用户对产品形成认同感；

拔草：通过互动和各类促销手段，促成用户购买，并对品牌形成忠诚感。

在种草、养草和拔草的过程中，网红逐渐成为意见领袖，因此企业如何寻找到与品牌匹配的网红是开展网红营销的关键。

2) 网红数据分析

一些企业或第三方开发了网红大数据决策平台来帮助企业寻找合适的网红。平台包含三大类数据。

网红数据：博主国家、粉丝数量、粉丝互动率、平均播放数量、视频词云、市场定价；

受众数据：受众国家、年龄、性别、使用设备、使用系统等；

商业数据：历史提及品牌、以往推销产品、关键词词云等。

此外，许多MCN可以帮助企业选择和培养网红达人。MCN为达人提供服务，签约或孵化 KOL，为其提供策划、定位、创作指导、推广、招商、IP 开发等服务，从而积累海量的红人资源。MCN 帮助跨境商家对接到 KOL（头部红人）或 KOC（长尾红人），帮助 KOL 持续输出优质内容，实现商业价值。

2．网红营销步骤

网红营销可以帮助企业在社媒上获取到大批的关注量，吸引潜在用户下单购买。各企业可以通过以下六个步骤开展网红营销活动。

1）确定活动目标

首先需要制定合作活动目标，通过这次与网红的合作希望达到什么样的效果，最基本的如提高品牌曝光度、提高商品销售等。确定了活动目标后，还需要量化目标，如品牌粉丝专页增加多少粉丝、商品能提高多少百分数的销量等，以便最后评估这档活动是否能真正达成期望目标。

2）定义该次活动的受众

在制定网红营销策略时，除了利用现有对潜在用户的已知资讯外，还需要将自己品牌的潜在用户结合目标分成更小的人群。例如，品牌想推广小尺寸的平底锅，平常锁定的用户是家庭主妇或经常做饭的人，但因为小尺寸的平底锅并不适合准备一家人的饭菜，这时就可以将目标用户转为单身、上班族，寻找的网红也就可以锁定为内容专供上班族带便当、一人份餐点，及提供食谱分享的网红。

3）设置预算寻找匹配网红

确定目标和受众人群后，需要根据现有的活动预算和受众人群特征，尽可能找到既在预算范围内，人群定位又与其粉丝特征高度相似的网红。一般预算的高低除了可以决定能合作的网红对象，也会影响能够创制的内容。如想做品牌曝光且拥有高预算时，可以考虑寻找一名知名网红；品牌新创期想先培养忠实顾客且预算不高时，可以考虑寻找多名底部网红合作。

4）与网红讨论合作方式

选定合作网红后，可以查看网红是否有公布经纪人或合作资讯，并向网红提出合作邀约。在合作洽谈的过程中，可以先了解这名网红一般是如何与品牌合作的，明确此次合作案的预期形式，并告知网红希望通过这次合作达成的目标。有时候并不一定是网红本人出面与品牌洽谈，但双方最好都能留下合约，清楚记录合作期间形式、资源、付款等重要资讯，以此确保双方的权益。

5）执行营销活动

做好准备工作后，除了被动等待网红发布内容、宣布合作，卖家可以在自己的品牌页面晒出合作资讯，或是善用合作时的素材进行广告投放，把效益放到最大。如在活动上线前发布预热信息、活动期间大力宣传网红活动、活动倒数时投放广告等。但这些内容最好能先和网红沟通好，并在合约中清楚注明避免争议。

6）活动效果评估

基于活动目标和活动成果对比量化的指标数据，其中的关键指标可以是网红发布内容的粉丝参与度、有多少用户实际接触了品牌、最后订立的目标指标达成率有多少，以此评估活动的整体效果。如果此次营销活动涉及了多位网红，还可以通过对比不同网红的完成度评估网红的带货能力，作为日后网红营销活动的参照数据。

10.4 营销案例

1. 速卖通平台直播流程

第1步：开通速卖通直播功能

直播权限都必须经过卖家申请，金银牌速卖通卖家已经在2019年10月9日统一开通直播权限(除有成人用品的店铺外)，非金银牌的商家在链接里填写申请信息，会在3～5个工作日开通直播权限(金银牌商家仍没有直播权限的也可申请直播权限)。

卖家可以进入直播创建链接，检查自己能否正常访问直播创建链接判断账号是否获得直播权限。

第2步：创建速卖通直播

获得直播权限后登录速卖通App，在速卖通App单击底部第二个Tab"FEED"按钮，接着点击"LIVE"按钮，可以在右下角看到"创建直播"入口。

填写基本信息：直播标题、直播内容简要介绍、直播开始的日期和时间、直播时的语言、直播目标国家，上传相关封面，添加直播间商品，并同步直播到店铺首页。

如果需要更多流量，请务必不要创建直播间后马上开播，LIVE频道展示直播需要5个工作日审核通过。

粉丝推送流量的条件有以下几点。

(1) 开播前，务必提前10天创建好直播间，认真选择直播语种(官方只为语言与直播语种匹配的用户发推送)；

(2) 申请更多流量，大约一周会产生审核结果；

(3) 开播。开播后，会自动给粉丝发送推送提醒其来观看。

第3步：开始直播

可以选择以下几种直播推流方式开始直播。

(1) OBS：点击速卖通直播的"使用OBS直播"按钮，在弹出的提示框中可以看到服务器地址和密钥，打开OBS软件，依次选择"设置"→"串流"选项。服务选择"自定义"，将速卖通直播间的用户器地址和密钥复制到OBS的"服务器"和"串流密钥"框中，点击"确认"按钮。横屏直播分辨率设置为1920×1080，竖屏直播分辨率设置为1080×1920(依次选择"设置"→"视频"→"修改基础分辨率"选项)。点击OBS软件上的"开始推流"按钮后，画面将通过OBS推送到速卖通直播中控台的监播上。确认在中控台监播里看到画面后，点击中控台的"正式开播"按钮，用户就能看到直播画面了。

(2) 手机直播：点击"用手机直播"按钮，弹出推流二维码。该二维码就是推流地址，主播使用最新版iOS速卖通客户端扫描二维码，预览画面。看到画面后，点击屏幕上的红色按钮，提示变Started则开始推流。确认能在中控台监播里看到画面后，点击中控台的"正式开播"按钮，用户就能看到直播画面了。

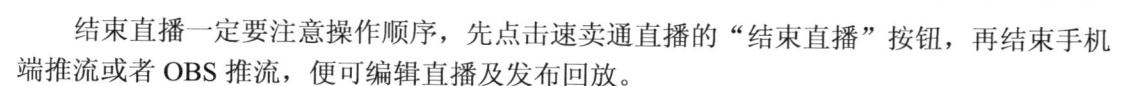

结束直播一定要注意操作顺序，先点击速卖通直播的"结束直播"按钮，再结束手机端推流或者 OBS 推流，便可编辑直播及发布回放。

速卖通直播的其他相关问题如下。

1）直播审核

直播间创建好之后，不需要经过审核，到了直播时间按时推流直播即可。阿里集团安全团队会进行直播的实时监控审核，直播中不得出现涉黄涉政的内容，一经发现将进行封店处理。

申请进入精选直播频道：若直播有安排直播脚本，有权益、赠品、互动环节，或者有邀请达人网红做直播等，可以申请成为精品直播。点击直播后台的"申请"按钮即可，每天上午 10 点前和下午 5 点前安全团队会审核申请（并不是所有的申请都会被通过）。

除周末外，安全团队每天会处理未来五天内的直播申请（例如：1 月 1 日处理 1 月 6 日 0 点前的直播，1 月 2 日处理 1 月 7 日 0 点前的直播）。

2）直播的类型

商家直播：商家可以在申请直播权限后在直播后台创建直播间，需要根据选择的目标国用对应的语言直播。

达人直播：商家如果没有外语直播的能力，可以在任务平台上发起直播任务，招募有外语能力的达人，但需要给海外达人寄样。

合作网红：如果有经常在站外合作的网红，可以将网红引入 AliExpress connect 平台注册为速卖通的达人，平台可以给达人开通直播权限，这样网红既能在站外直播，又能在速卖通平台直播。

3）直播封面

具体要求有以下几点。

（1）800×450 的封面：①封面尽量包含主播或者商品，突出直播内容；②色彩鲜亮但不要太过花哨（尽量不用白色作为背景色），元素体现直播或者直播内容；③封面中包含时间、利益点等内容。

（2）正方形的封面：①可以是主播的近照，可以是商品的特写照；②不要出现大量的文字信息，可以有少量的商品亮点、折扣信息等关键词。每场直播必须有自己单独的封面，重复封面的直播会被驳回。

（3）同步店铺：达人直播不支持直接同步到店铺，可以通过添加图文板块链接到直播间。当达人直播间有多个店铺的多个商品时，可以将该直播间同步到店铺；如果是商家直播，不建议将同一直播间同步到不同店铺。

（4）直播频道观看：直播可以同步到自己店铺，用户点击到店铺就可以看到直播相关信息。有资质的优质直播可以加入 App 端的 FEED 频道，用户在该频道内的 Live Channel 可以看到回放、直播中、即将开始的直播列表。

速卖通卖家直播时长尽量做满 45 分钟，直播尽量小于 12 小时，超过 12 小时将无法生成回放。

2. TikTok 直播

根据 FastData 平台数据，TikTok 访问者覆盖美国、英国、越南、泰国、马来西亚、菲律宾、印度尼西亚、新加坡等国家，视频达人也涉及各个领域。在 2022 年 10 月 10 日 TikTok 的一段短视频点赞数达到 6.52 万次，播放量达到 37.89 万次，同天一位泰国达人在 TikTok 带货直播榜中排第一，如图 10.7 所示。

图 10.7　TikTok 泰国带货直播排行榜

TikTok Shop 自从在 2021 年 4 月开放了印度尼西亚、英国市场，以及 2022 年 4—6 月开通泰国、越南、菲律宾、马来西亚市场之后，TikTok 达人带货直播数量持续稳定增长。如图 10.8 所示，从 2022 年 6 月统计的数据来看，TikTok 直播场次数量的日均增长率在 10%左右。从市场分布情况来看，目前 TikTok 达人带货直播主要集中在印度尼西亚和越南，其中印度尼西亚占比最大。

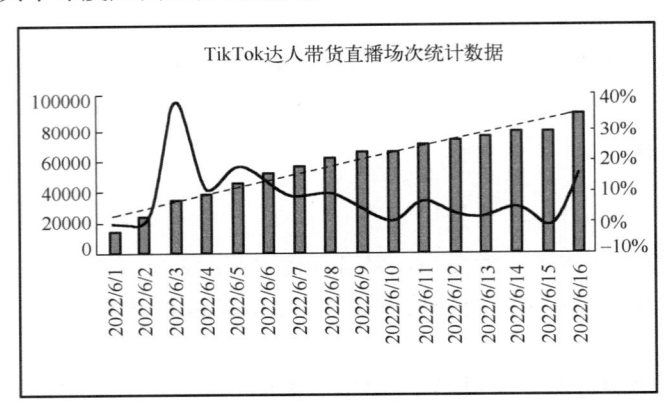

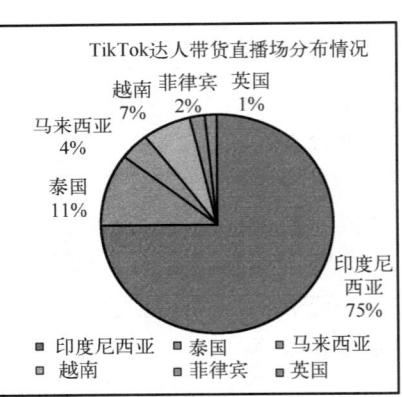

图 10.8　TikTok 达人带货直播场次数量稳步增长走势图

女装&内衣、穆斯林时尚两个类目销售量前十名的直播达人主要集中在印度尼西亚，如图 10.9 所示。

TikTok 2022 年 5—7 月商品销量主要由印度尼西亚贡献。TikTok 电商在 2022 年上半年的 GMV（商品交易总额）已超 10 亿美元，而印度尼西亚作为目前 TikTok 电商的绝对主力市场销售额远高于其他区域，如图 10.10 所示，2022 年 5—7 月 90%的商品销售量均来自印度尼西亚市场。

TikTok 2022 年上半年印度尼西亚市场最热销的商品类目全部为美妆个护，从客单价看，珠宝首饰成为客单价最高的类目，达到 177 万卢比，爱好&收藏以 2.9 万卢比成为最低客单价类目，如图 10.11 所示。

如图 10.12 所示，从销量来看，TikTok 印度尼西亚销量最多的 10 类商品与 TikTok 一致,只是部分品类排名略有变动。销售额排名与销量排名基本一致,但也存在部分商品由于价格影响出现波动,如鞋靴、手机数码的销售额排名高于销量排名。

美妆个护类目 TikTok 达人直播带货销量 TOP10				女装&内衣类目 TikTok 达人直播带货销量 TOP10			
排名	达人账号	国家	带货销量(件)	排名	达人账号	国家	带货销量(件)
1	deaputfi	印度尼西亚	1142	1	cdcmodels.official	印度尼西亚	378
2	karellasafikiansy	印度尼西亚	466	2	enbe_store	印度尼西亚	329
3	alhaalfaofficial	马来西亚	442	3	cdcmodels.official	印度尼西亚	318
4	youbeauty_id	印度尼西亚	374	4	bigbossmomelca	印度尼西亚	184
5	focallure.beauty	印度尼西亚	334	5	sweaterpolos.id	印度尼西亚	162
6	salsacosmetic	印度尼西亚	218	6	luxedlabel	印度尼西亚	152
7	prettyangeishoppe	菲律宾	209	7	momelca.id	印度尼西亚	130
8	lely_beautyy	印度尼西亚	204	8	dailyshopjakarta	印度尼西亚	109
9	skin1004_vietnam	越南	193	9	aijostoreid	印度尼西亚	106
10	scarlett_whitening	印度尼西亚	186	10	finefashion92	印度尼西亚	103

居家日用类目 TikTok 达人直播带货销量 TOP10				穆斯林时尚类目 TikTok 达人直播带货销量 TOP10			
排名	达人账号	国家	带货销量(件)	排名	达人账号	国家	带货销量(件)
1	winnerol	菲律宾	143	1	hijabbyaidaofficial	印度尼西亚	289
2	est.cia	印度尼西亚	136	2	by_lfaz	印度尼西亚	289
3	i_ladawadee	泰国	94	3	syiraaswardrobe	印度尼西亚	266
4	medsaiireview	泰国	75	4	avucitrahijab	印度尼西亚	235
5	chris000029	菲律宾	53	5	hijabstore99	印度尼西亚	119
6	cfgodangpanian	泰国	49	6	Storebycici	印度尼西亚	76
7	phitthayat	泰国	29	7	edochaniago1988	印度尼西亚	74
8	giovannilorenzogr aphics	菲律宾	28	8	adhita.yulia	印度尼西亚	69
9	mai_pit	泰国	25	9	ayashahijab	印度尼西亚	65
10	cckim.8	菲律宾	20	10	fitrahramlii	马来西亚	65

图 10.9 TikTok 美妆个护类、女装&内衣、居家日用类目和穆斯林时尚类目达人直播带货销量排行榜

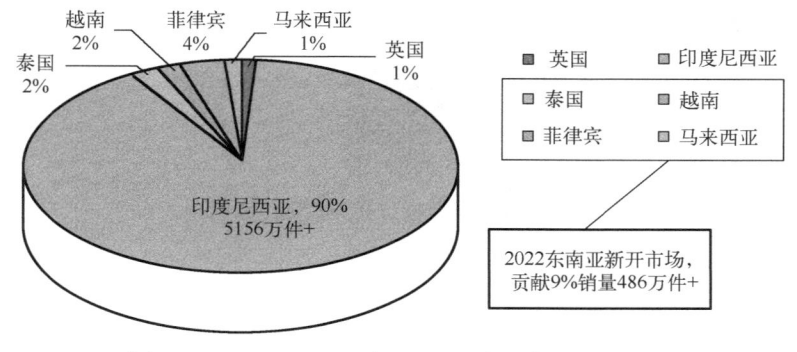

图 10.10 TikTok 2002 年 5—7 月各国市场销售分布

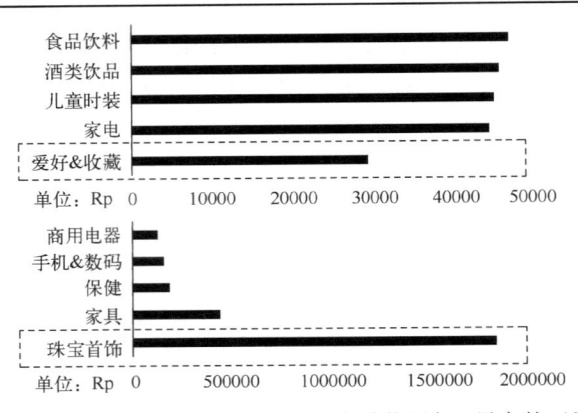

图 10.11　2022 年 TikTok 印度尼西亚客单价最低&最高的五类商品

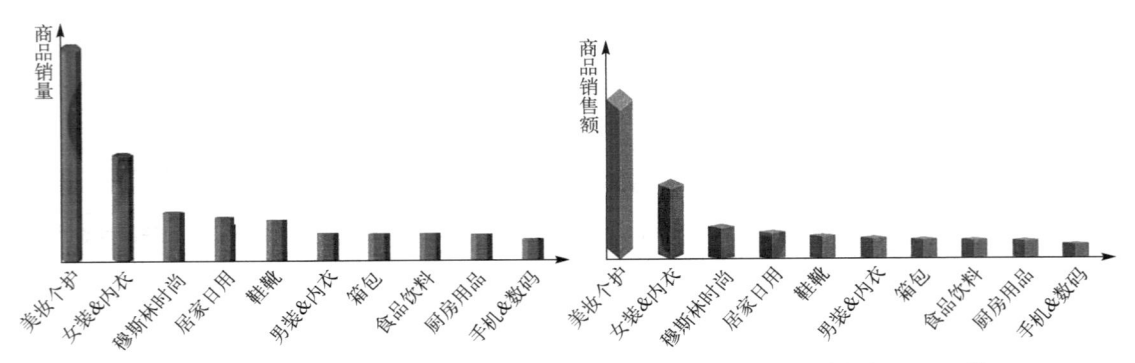

图 10.12　TikTok 印度尼西亚市场 2022 年 5—7 月商品销量与商品销售额 Top10 类目

【课后任务】

1．思考直播营销、短视频营销、网红营销三者之间可以有哪些结合模式。

2．判断网红营销活动成效的评价分别可以用哪些指标。

3．基于速卖通平台和指定的服装类目做好直播前的准备，如提前了解速卖通开通直播的条件、服装类目的直播间布局设计等。

4．基于自身特点与兴趣爱好，设计个人 IP。

【实践操作】

跨境电商直播虚拟仿真实验操作示例

Chapter 11

第 11 章　许可电子邮件营销

【学习目标】

虽然国内消费者的邮箱使用率越来越低,但海外电子邮件依旧是学习、生活的主要通信方式之一。通过本章的学习,了解邮件营销现状与电商以及跨境电商 EDM 代理机构,掌握许可电子邮件及其法律问题,学会掌握许可电子邮件的营销步骤以及对营销成效分析方式。

【引例】

从美国注册会计师协会旗下的经营性门户网站 CPA2Biz 的营销部高级主管 Melissa Rothchild 了解到,该公司在成立 15 周年之际通过电子邮件给客户发送了 15 周年庆的电子贺卡,其中含有对会计师打折业务的促销信息。该电子贺卡邮件的开信率高达 50%(行业的一般开信率是 30%左右),邮件中促销链接的点击率高达 24%,CPA2Biz 这次邮件营销活动直接带来 6.6 万美元销售收入。RothchiId 在总结此次邮件营销活动时,归纳了邮件营销成功的关键因素是给客户以意外之喜。尽管从 Rothchild 的分析以及有关案例背景资料中没有该电子贺卡的详细资料,不过可以肯定 CPA2Biz 这次邮件营销活动,从电子贺卡的创意到电子邮件发送和效果跟踪的整个过程都是经过精心策划的。新竞争力网络营销管理顾问分析认为,CPA2Biz 所采用的邮件营销成功案例带给网络营销人员的启示在于,即使是常规的网络营销方法,只要操作水平专业同样可以获得显著的效果。

11.1　邮件营销

11.1.1　邮件营销现状

自 20 世纪 70 年代初第一条电子邮件信息通过计算机发送以来,电子邮件不仅连接了全球数百万人,同时也成为个人日常和职业生活的重要组成部分。电子邮件是利用计算机网络进行信息传输的一种现代化通信方式,是互联网最早的应用。相比于传统邮件,电子邮件拥有速度快、价格低以及可同时传送文本、图像、声音、动画等多种信息的特点，因此很快电子邮件就成为组织部门、公司等用于通信、组织和营销最广泛的工具之一。

随着电子通信工具的不断创新，电子邮件逐渐被手机短信、微信、社交圈取代，邮件营销也被一些企业逐渐忽略。但事实上，截至 2020 年，电子邮件依然是美国最受欢迎的通信工具之一。2021 年电子邮件防病毒激活的分布情况如图 11.1 所示。

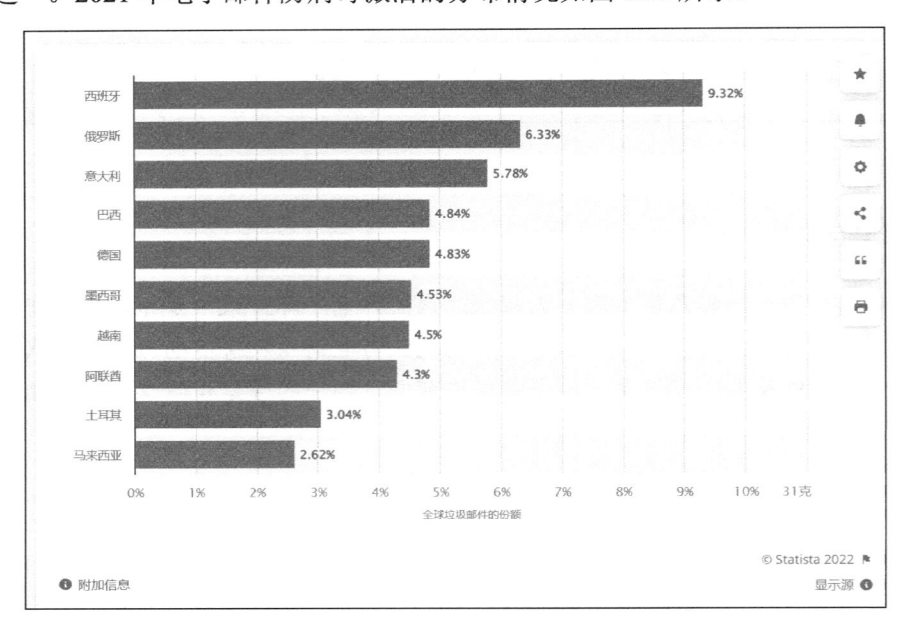

图 11.1 2021 年电子邮件防病毒激活的分布情况

下面的一组数据可以说明近几年邮件营销的发展情况。
- 15～64 岁人群中，超过 90%的用户定期使用电子邮件(Statista，2019)。
- 2021 年全球有 40 亿名电子邮件用户(Statista，2020)。
- 99%的用户每天检查他们的电子邮件(Optinmonster，2020)。
- 超过一半的用户更喜欢通过电子邮件与他们进行联系的品牌(Statista，2019)。
- 2020 年，全球每天发送和接收的电子邮件超过 3060 亿封(Statista，2020)。
- 85%的 B2B 公司将邮件营销用作其内容营销策略的关键部分(Content Marketing Institute，2020 年)。
- 31%的 B2B 营销人员使用电子邮件来发送时事通讯，以吸引潜在用户(Content Marketing Institute，2020 年)。
- 30%的营销人员使用邮件营销来推动转化(Gartner，2020)。
- 20%的 B2C 营销人员使用邮件营销来提高用户留存率(Gartner，2020)。
- 电子邮件的全行业开信率为 30.7%(Statista，2019)。
- 电子邮件在各行各业的点击率为 2.9%(Statista，2019)。
- 电子邮件营销的平均转化率为 3.71%(Optinmonster，2020)。

目前，全球电子邮件用户数量达到创纪录的 40.3 亿人，到 2024 年，这一数字预计将达到 44.8 亿人。超过 90%的互联网用户出于私人或商业目的持有电子邮件账户，主要使用 Gmail 或 Apple 等手机的电子邮件客户端。

11.1.2 邮件营销与电子商务

在北美，电子邮件通信是 B2B 和 B2C 营销人员使用的三种主要营销策略之一，电子邮件实现了数字营销人员与老用户的互动交流，并以快速且经济高效的方式吸引了大量潜在用户。电子邮件营销在电商中的作用如下。

(1) B2B 组织用于协助内容营销的前两大技术是分析工具(86%)和电子邮件营销软件(85%)，如图 11.2 所示。

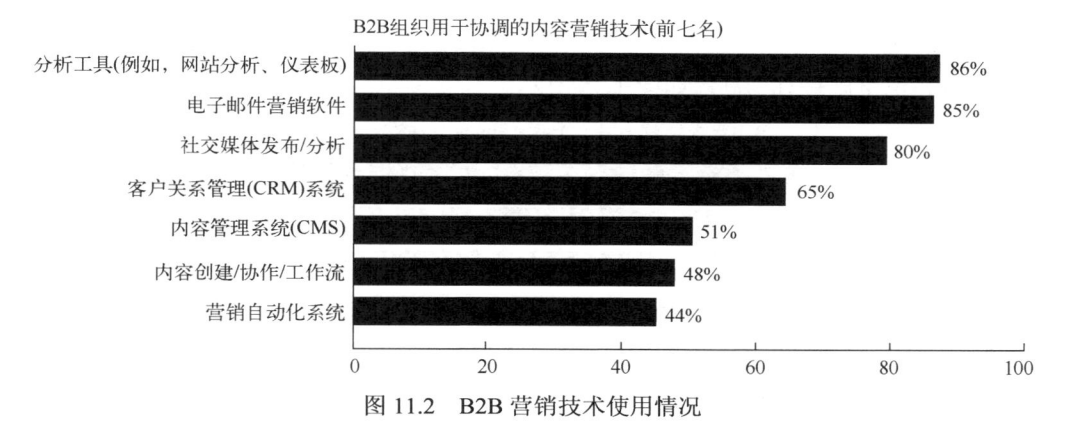

图 11.2 B2B 营销技术使用情况

(2) B2B 营销人员使用的前三类内容是社交媒体内容(95%)、博客帖子/短文(89%)和电子邮件时事通讯(81%)，如图 11.3 所示。

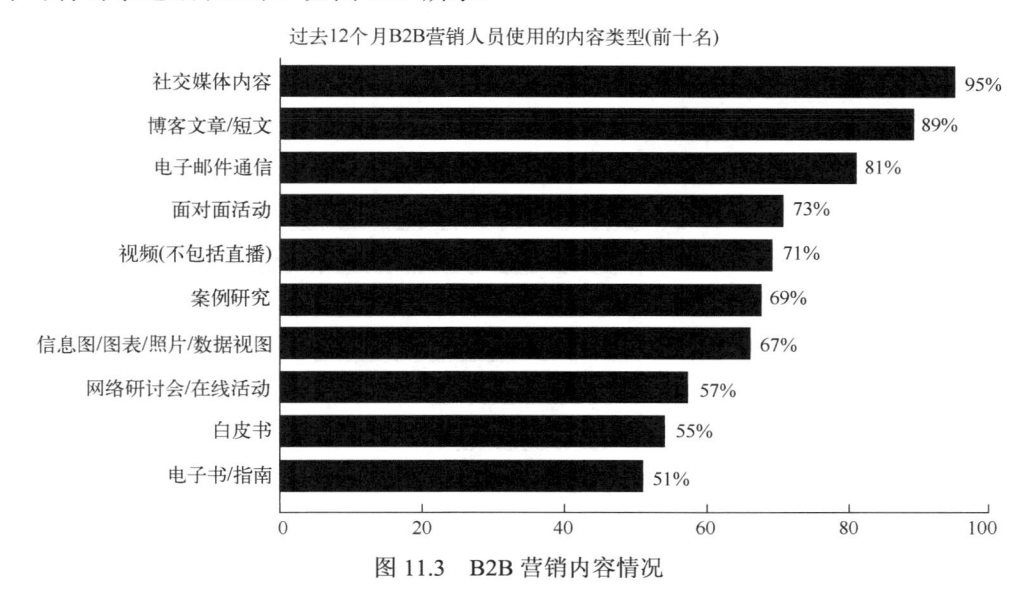

图 11.3 B2B 营销内容情况

(3) 在建立品牌知名度、获取潜在客户、培育潜在客户和转化潜在客户方面，邮件列表的作用不可忽略，如图 11.4 所示。

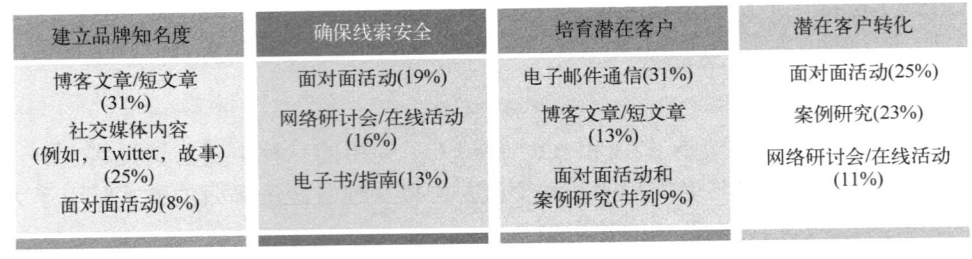

建立品牌知名度	确保线索安全	培育潜在客户	潜在客户转化
博客文章/短文章(31%)	面对面活动(19%)	电子邮件通信(31%)	面对面活动(25%)
社交媒体内容(例如，Twitter，故事)(25%)	网络研讨会/在线活动(16%)	博客文章/短文章(13%)	案例研究(23%)
面对面活动(8%)	电子书/指南(13%)	面对面活动和案例研究(并列9%)	网络研讨会/在线活动(11%)

Base: B2B content marketers whose organization used more than one content type for content marketing purposes in the last 12 months.
2020 B2B Content Marketing Benchmarks, North America: Content Marketing Institute/MarketingProfs

图 11.4　营销作用调研

(4) B2B 营销人员使用的前三大免费内容分销渠道是社交媒体(91%)、自己组织的网站/博客(89%)和电子邮件(87%)，如图 11.5 所示。

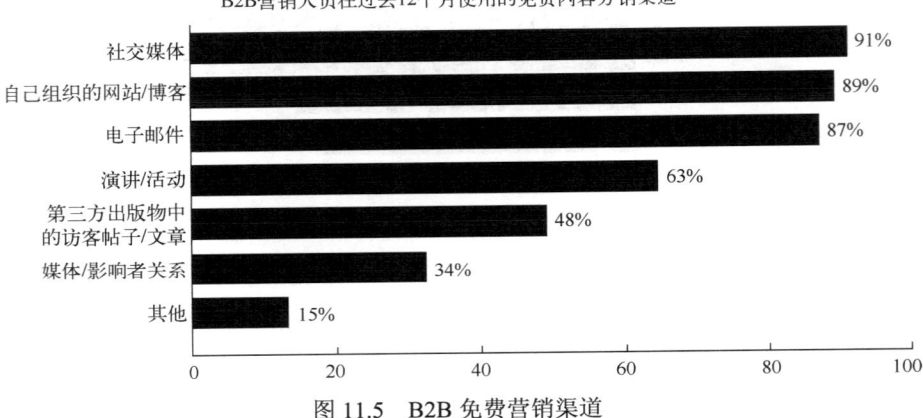

B2B营销人员在过去12个月使用的免费内容分销渠道

- 社交媒体　91%
- 自己组织的网站/博客　89%
- 电子邮件　87%
- 演讲/活动　63%
- 第三方出版物中的访客帖子/文章　48%
- 媒体/影响者关系　34%
- 其他　15%

图 11.5　B2B 免费营销渠道

(5) 84%的 B2B 营销人员使用付费分销渠道进行内容营销；在这一群体中，72%的人使用付费社交媒体/促销帖子，如图 11.6 所示。

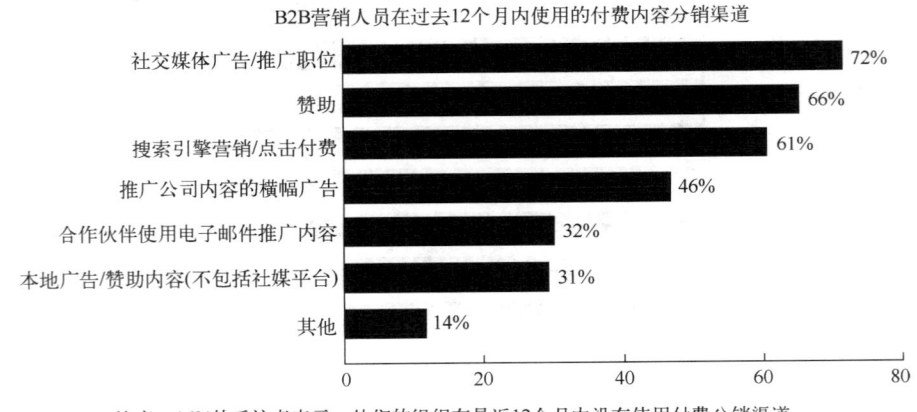

B2B营销人员在过去12个月内使用的付费内容分销渠道

- 社交媒体广告/推广职位　72%
- 赞助　66%
- 搜索引擎营销/点击付费　61%
- 推广公司内容的横幅广告　46%
- 合作伙伴使用电子邮件推广内容　32%
- 本地广告/赞助内容(不包括社媒平台)　31%
- 其他　14%

注意：16%的受访者表示，他们的组织在最近12个月内没有使用付费分销渠道

图 11.6　B2B 付费分销渠道

(6) B2B 营销人员跟踪测量内容性能的前五个指标是电子邮件参与度(90%)、网站流量(88%)、网站参与度(86%)、社交媒体分析(83%)和转化率(78%)，如图 11.7 所示。

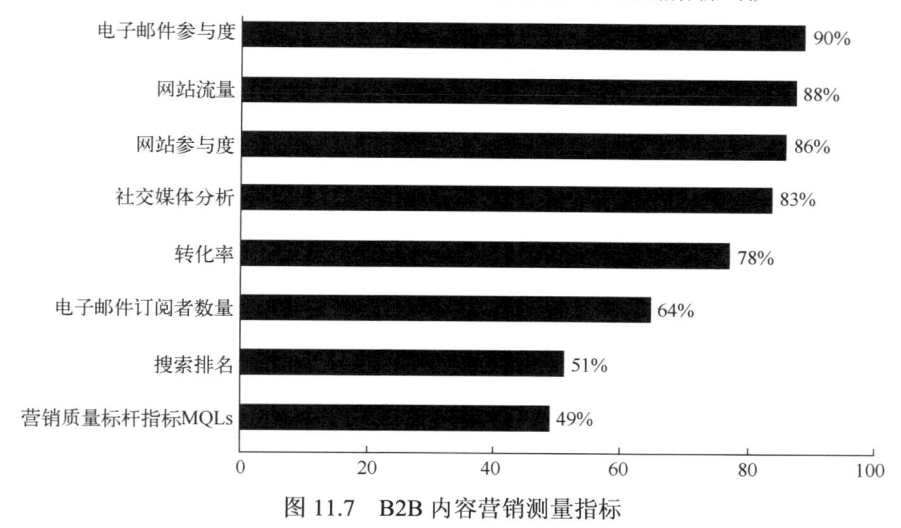

B2B市场营销人员在过去12个月内衡量内容营销表现的测量指标(第8名)

- 电子邮件参与度 90%
- 网站流量 88%
- 网站参与度 86%
- 社交媒体分析 83%
- 转化率 78%
- 电子邮件订阅者数量 64%
- 搜索排名 51%
- 营销质量标杆指标MQLs 49%

图 11.7 B2B 内容营销测量指标

案例

Burger King 的 Subservient Chicken 提出了"让它成为你的方式"的口号，一个打扮成家鸡的人执行客户在网站键入的命令，形式非常有趣，所以几千人愿意将网站推荐给朋友，以此创造了 Burger King Tender Crisp 鸡肉三明治销售的奇迹。此网站在建立不到一年的时间里，已经拥有了 1400 万名的访客。自 Tender Crisp 三明治创立以来，Burger King 宣布其销售量每周有 9% 的增长，三明治销量呈现两位数增长，并且鸡肉三明治销量极大增加。

11.1.3 跨境电商 EDM 代理机构

由于电子邮件营销的成效很好，市场上出现了许多 EDM 代理机构，十家国内知名的 EDM 服务提供商如下：Webpower；Focussend；思齐软件；亿邻商邮；脉展软件；绿邮网；华思邮件营销；COMM100；亿业科技；Radica system。在跨境电商领域，海外有以下几个较为有名的 EDM 代理机构。

1) 邮件猩猩

MailChimp，翻译成中文就是"邮件猩猩"，意思是说这套发送器简单到连猩猩都会用。最初的 MailChimp 只是一家为客户制作网站的小型项目公司，他们服务的客户都不太会操作电脑。因此，为了避免繁琐的操作步骤，MailChimp 将一切程序都做得非常简单，极其容易使用。MailChimp 发展至今，已经是非常成熟的电子邮件发送工具，拥有非常丰富的功能，也是众多 B 端用户首选的电子邮件营销工具。目前，MailChimp 占据

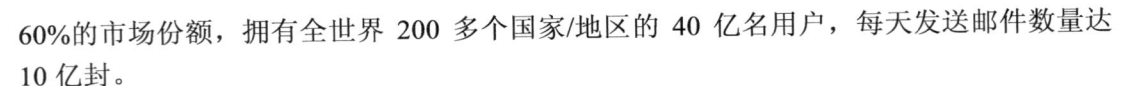

60%的市场份额，拥有全世界 200 多个国家/地区的 40 亿名用户，每天发送邮件数量达10 亿封。

2) Adobe Marketo Engage

Adobe Marketo Engage 旨在通过营销自动化为营销人员提供完整的工具包，同时提供基于客户的制胜营销策略，涵盖从客户获取到宣传的各个方面。其优势是可以使用复杂的营销自动化和技术集成来寻找和培养潜在客户，定位和吸引高价值客户，并更快地完成交易。

3) SendGrid

SendGrid 是一个邮件营销交易和沟通平台，可以帮助市场营销人员跟踪他们的电子邮件统计数据，致力于帮助公司管理事务性邮件，包括航运通知、简报和注册确认等。

4) HubSpot Marketing Hub

除营销自动化外，HubSpot Marketing Hub 还是邮件营销综述中的重要一环，它通过强大的营销功能增加列表中的销售额和客户。尽管电子邮件模板受到限制，它们仍可以以一种有效的方式完成电子邮件的创建过程。HubSpot 还具有可靠的联系人管理功能，并与各种社交媒体工具集成。

5) Constant Contact

Constant Contact是国外备受信任的邮件营销服务商之一，致力于为客户提供专业的电子邮件服务。其通过创建大量的模板，借助模板工具免费创建品牌广告，其涵盖的服务面非常全面，客户可通过其定制的模板设计满足自我需求的邮件模板。

此外还有 Netcore Customer Engagement & Experience、Adobe Campaign、Campaign Monitor、Salesforce Marketing Cloud、Emma、Zeta、销售营销云、Zoho 营销自动化、马罗波斯特邮件营销平台等，不再一一介绍。

11.2　许可电子邮件营销

11.2.1　许可电子邮件营销

1. 许可电子邮件营销定义和特点

1) 许可电子邮件营销定义

"许可营销"理论最早由营销专家 Seth Godin 在《许可营销》一书中进行系统的研究，这一概念一经提出就受到网络营销人员的普遍关注并得到广泛应用。简单来说，利用电子邮件实现的网络营销信息传递就是许可电子邮件营销。但为了避免大量垃圾邮件给网络环境带来的负面影响，逐渐形成了行业规范。

可以如此定义许可电子邮件营销："电子邮件营销是在客户事先许可的前提下，通过电子邮件的方式向目标客户传递有价值信息的一种网络营销手段。"电子邮件营销定义强调了三个基本因素：基于客户许可、通过电子邮件传递信息、信息对客户是有价值的。

2) 许可电子邮件营销有以下几个特点。

(1) 精准高效：精确筛选发送对象，将特定的推广信息投递到特定的目标社群；

(2) 个性化：根据发送对象的不同制定个性化内容，确保客户收到符合需求的信息；

(3) 信息丰富：文本，图片，动画，音频，视频，超级链接都可以在 EDM 中体现；

(4) 可追踪分析：根据客户的行为，统计开信率、点击数，并加以分析获取销售线索；

(5) 格式灵活：既可以采用 HTML 格式，又可以采用纯文本邮件；

(6) 应用范围广：广告的内容不受限制，适合各行各业、信息量大、保存期长，具有长期的宣传效果，而且收藏和传阅非常简单方便；

(7) 成本低廉：低成本，所有的费用支出就是上网费，成本比传统广告形式要低得多。

2．许可电子邮件的法律问题

1) 个人隐私

许可电子邮件营销需要尊重个人隐私，为此需要在邮件中附上个人隐私保护声明。声明或复杂或简短，有时客户甚至很难全部看完那些冗长的声明，这主要是由于业务的需要，网站搜集个人信息的范围和应用方式不同，以及网站经营者的偏好等因素。无论何种形式、内容如何，其核心思想都是为了向客户说明搜集个人信息的目的，使其放心地提供必要的个人信息。

> **案例**
>
> 美国电子邮件营销专业服务商 PostMasterDirect 的个人信息保护政策如下。
>
> (1) 注册 PostMasterDirect.com 的邮件列表，你收到的将是自己选择的最感兴趣的商业信息。我们的工作人员会对每条信息进行检查，以确保发出的信息与邮件列表主题相关。
>
> (2) 只要你愿意，随时可以退出我们的邮件列表，PostMasterDirect.com 发送的每条信息在页眉和页脚上都有允许退出列表的代码，我们也提供订阅状况查询服务，以便你退出某个列表，并且更新你的个人信息。
>
> (3) 为了提供更好的服务，有时会将你的信息与我们的附属公司和特选的营销合作伙伴共享，这些公司可能会通过在线和非在线的方式向你发送信息，但我们并不会将你的电子邮件地址添加到其他邮件列表中去。
>
> (4) 如果我们的个人信息保护政策有所改变，我们将会给你提醒。我们有可能修改个人信息政策，不过在新的信息政策实施之前，我们也会提供给你退出列表的机会。

2) 许可/双重许可

许可电子邮件营销的基本前提是客户许可，因此在 EDM 软件中，收件人列表有三种设置："许可式"，指收件人选择加入列表并允许给他们发信息；"双重许可"，指收件人给了两次许可(通常通过电子邮件中的确认链接)；除此之外所有的列表都被认为是潜在客户列表(通常通过购买和租借得到)。未得到客户许可的邮件基本会被作为垃圾邮件处理，可能因此陷入一些法律纠纷。

3) CAN-SPAM

2003年之前，人们对充斥收件箱的垃圾邮件深恶痛绝。2003年11月25日美国国会通过了"反垃圾电子邮件法案"（CAN-SPAM Act Controlling the Assault of Non-Solicited Pornographt and Marketing Act of 2003,《控制非自愿色情和促销攻击法案》），并于2004年1月1日生效，这是自互联网出现以来美国首次通过对影响很多民众日常生活的垃圾邮件问题的管制法案。它规定了发送邮件时必须遵守的一系列条款，包括真实的发件地址、真实明确的邮件主题、真实存在的物理地址等，若违反了这些条款，就会被纳入垃圾邮件发送者的行列，并面临罚款的潜在处罚，单人罚款最高可达16000美元。

4) 退订/反订阅

退订/反订阅是指收件人从收件人列表中自行退出的权利，包含两种方式：完全退订（收件人要求退出公司所有的收件人列表，不再收到由公司发出的任何邮件）和针对某一列表的退订（收件人要求退出公司的某一收件人列表，不再收到由公司发给这个列表的任何邮件），如收件人不想收到折扣优惠的信息，但仍乐意接收每周新闻。

5) 垃圾邮件

对垃圾邮件的界定并未有完全一致的说明，但核心要素基本是一致认可的，主要包括：未经客户许可发送；同时发送给大量客户；影响正常网络通信；含有恶意的、虚假的、伪装的邮件发信人等信息。

在《中国互联网协会反垃圾邮件规范》中对垃圾邮件有以下定义。

(1) 收件人事先没有提出要求或者同意接收的广告、电子刊物、各种形式的宣传品等宣传性的电子邮件；

(2) 收件人无法拒收的电子邮件；

(3) 隐藏发件人身份、地址、标题等信息的电子邮件；

(4) 含有虚假的信息源、发件人、路由等信息的电子邮件。

3. 病毒性营销原理

病毒性营销并非真的以传播病毒的方式开展营销，而是通过客户的口碑进行宣传，信息像病毒一样传播和扩散，利用快速复制的方式传向数以千计甚至数以百万计的受众。病毒性营销已经成为网络营销最为独特的手段，被越来越多的网站成功使用。

病毒性营销是一种常用的网络信息传播模式，常用于进行网站推广、品牌宣传等，并不仅仅依赖于某种网络营销工具，更多的是结合多种网络营销思想和方法。

(1) 病毒性营销的目标是：用扩大和鼓吹的方式与利益相关者分享明确的目的，并鼓励他们为这件事自愿进行推广和宣传。

(2) 病毒性营销具有以下特点：①有吸引力的产品或信息；②几何倍数的传播速度；③高效率的接收；④更新速度快。

(3) 病毒性营销的根本思想：通过提供有价值的信息，利用客户之间的主动传播来实现网络营销信息传递的目的；其背后的含义是充分利用外部网络资源（特别是免费资源）扩大网络营销信息传递渠道。

(4) 病毒性营销的一般规律如下：①有一定的"病毒范围"，超过这个界限就适得其反；

②六要素，即有价值、无须努力就可传播、从小规模到大规模扩散信息、利用公共行为、利用现有通信网络、利用他人资源传播；③实施过程无须付费。

> **案例**
>
> 1996 年，Sabeer Bhatia 和 Jack Smith 率先创建了一个基于 Web 的免费邮件服务，即现在为微软公司所拥有的著名的 Hotmail。许多伟大的构思或产品并不一定能产生征服性的效果，有时在快速发展阶段就夭折了，而 Hotmail 之所以获得爆炸式的发展，就是被称为"病毒性营销"的催化作用。
>
> 当时，Hotmail 提出的病毒性营销方法是颇具争议性的，为了给自己的免费邮件做推广，Hotmail 在邮件的结尾处附上："P.S. Get your free E-mail at Hotmail"。因为这种自动附加的信息也许会影响用户的个人邮件信息，后来 Hotmail 将"P.S."和强行插入的具有广告含义的文字去掉，不过邮件接收者仍然可以看出发件人是 Hotmail 的用户，每一个用户都成了 Hotmail 的推广者，于是这种信息迅速在网络用户中自然扩散。

11.2.2 许可电子邮件营销步骤

1. 总体步骤

许可电子邮件营销步骤如图 11.8 所示。

(1) 确定发送对象。首先利用内部资源，在公司本身拥有足够的客户电子邮件地址资源的条件下进行，或者决定是否利用外部列表投放电子邮件广告，需要选择合适的外部列表服务商。

(2) 针对内部和外部电子邮件列表分别设计内容。最好进行客户细分，如区分老客户和潜在客户，区分价格敏感性客户等，针对不同类型的客户设计不同的邮件。

(3) 根据设计向潜在客户发送电子邮件信息。发送时使用专用的邮箱更能将精心制作的 EDM 准确发送到客户手中；选择合适的发送时间也是吸引客户看 EDM 的好方法。如京东大部分集中在"11—13 点"和"7—9 点"2 个时间段发送信息，这是上班族打开电脑或者想要放松的时间。

(4) 对电子邮件营销活动的效果进行分析和总结。对电子邮件的后续数据进行监测，通过掌握电子邮件的到达率、开信率、点击率等各方面的数据，来判断这份 EDM 设计的好坏，为下一次设计积累经验。与店铺的转化率结合查看，判断是否带来转化率的提高。

2. 标题的撰写

(1) 不使用易被误认为是垃圾邮件的标题。最好的标题能告诉订阅者邮件里面的内容是什么，而最差的标题是试图卖邮件里包含的产品；在标题中不要用到姓和名，不然很容易被认为是垃圾邮件处理；避免重复使用相同的标题，如果需要频繁发送邮件，却不停地使用相同的标题，会使收件者对邮件产生疲劳感。

(2) 标题明确并具有吸引力。很多人收到邮件，一看标题无亮点或不感兴趣，就会忽略或删除邮件。一个突出的明确的标题是收件人愿意点击邮件查看的关键一步,标题可以采用多种形式,如问题形式、公告形式、轶事形式等。

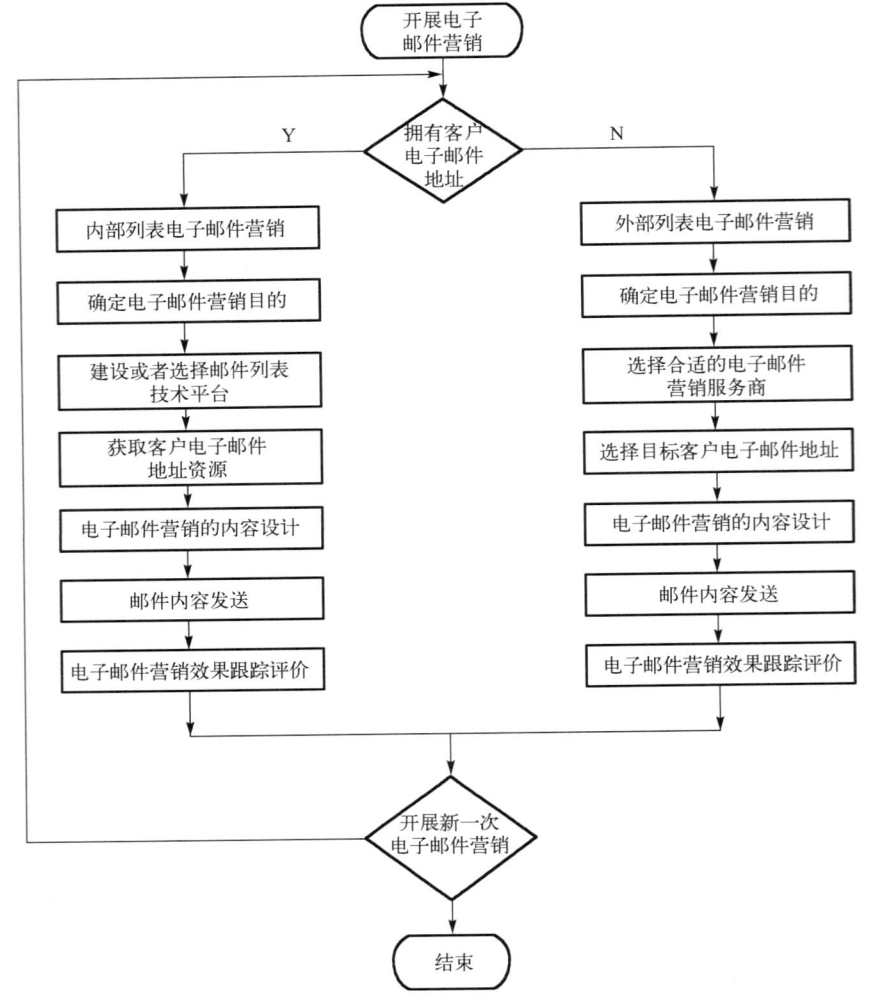

图 11.8　许可电子邮件营销步骤

(3)标题应容易被识别。在标题中用公司的名称可能会增加客户开信率,这在一定程度上取决于公司的声誉和之前邮件质量。营销人员可以将每个标题发给计划之中的跨部门的几千个订阅者,看看哪个标题效果最好,并在实践后存档和记录结果。

3. 邮件内容撰写

(1)内容精简。主要是从客户需求层面寻找其关注的内容(根据客户的浏览轨迹)、店铺最近热卖商品、节假日、季节类活动公告等,可以在邮件中附上一张有一定截止日期的且仍有时间使用的活动优惠券,版面尽量简洁,突出重点内容,以激发客户点击欲望。

(2)回避敏感词汇。不使用类似如下敏感及带促销类的文字:免费、优惠、特惠、特价、低价、便宜、廉价、视频、赚钱、群发、发财、致富、代开、薪水、交友、支付、商机、法宝、宝典、秘密、情报、机密、保密、绝密、神秘、秘诀等。以及避免英文敏感关键词：acne，adipex，adult，advertisement，advertising，advicer，allergies，auto loan，baccarat，beat stress，booker，burn fat，buy online，came up a winner，career opportunity，casinos，click here，click to win，credit card，cyclen 等。

(3)邮件格式灵活。既可以采用 HTML 格式，又可以采用纯文本邮件；图片不能太大，一般小于 15KB，数量也不能太多，要少于 8 张；图片地址要采用网络空间；图片名称不能含有 ad 字符；回避需要使用插件打开的内容；避免使用易被过滤和识别的标签；谨慎使用链接，这都是为了避免邮件打开受阻；发送数量有节制，单个用户推送频率小于每周 3 封；发送超过 20 万封邮件，要使用新的主题内容。

(4)邮件中必要内容。在信尾可撰写次要却有必要的内容，如取消订阅、公司资讯、网站链接、联络方式、版权声明、隐私权声明等。

4．触发电子邮件设置

建立并发送有针对性的邮件会消耗太多的时间和精力，触发电子邮件使这一过程自动化，帮助营销者集中精力于实际的营销，专心致力于测试、内容调整以及正确答复这样的创意性工作。触发电子邮件并不是建立程序、设计电子邮件，而是自动化的通信，它能够让营销者从繁琐的执行过程中解脱出来，进而更专注于重要的营销工作。

触发电子邮件的类型有以下几种。

(1)事件处理触发——如何处理对客户来说重要的事件的邮件。

(2)事前触发——如果你知道客户正要开始一次旅行，那么一封"一路顺风"的电子邮件通常会获得 80%的开信率。

(3)事件触发——多为提醒客户即将乘坐的航班、预定的在线研讨会、网上现场教学以及其他的公众活动。

(4)交易事件后调查触发——在任何一次事件或购买后，发送给客户满意度调查问卷。

(5)操作性触发——双向确认通知、密码通知、档案更新、软件更新、信用卡过期通知、运输通知以及客户服务回应，其他功能还包括新客户的欢迎信息。

(6)提醒触发——以关键日期或是客户档案为依据，包括生日提醒、纪念日提醒、婚礼提醒以及朋友生日通知等。

(7)销售循环触发——以产品开头，可以是跟进信息、产品通知或信息请求，这些电子邮件与销售过程和客户的需求有关。

(8)票据跟踪触发——当票价符合客户的要求时，站点就可以追踪客户的飞机票并发送信息给你。

(9)编目前触发——电子邮件可以特写目录的封面，可以使用这样的标题："看看你的邮箱：似曾相识的目录。"

(10)行为触发——目标是将一系列定制的通信与行为、购买、行动以及订阅者的档案相匹配。

5．客户邮箱搜集

（1）直接购买地址。通过专业第三方或者邮件服务商进行邮件地址的购买，可以根据客户性别、年龄、地区、行业、喜好等分类条件按需定购。这种性价比高的方法存在着两个弊端：一是能购买到这些地址的卖家肯定不止一家，其他需求者同样可以购买；二是被兜售邮箱地址的客户并不是自愿接受群发邮件。

（2）机器自动采集。现有一些专门进行邮件地址自动采集的工具，通过这些工具可以按设定条件获得大量的邮件地址，采集效率非常高。但图片格式显示的地址是无法被自动采集到的，并且有许多无效地址。

（3）维护老客户资源。寻找新的潜在客户邮件地址需要花费的成本精力很大，但是现有的老客户对企业或是产品已有一定的认同感，会继续信任并产生购买行为，也很乐意提供自己的邮箱地址来获取更多的信息，这使得企业更容易搜集到价值高的信息。

（4）邮件订阅搜集。此方法的精准性和价值最高，如今很多的网站都设有邮件订阅项目，客户可根据自己的需求主动填写常用邮箱进行订阅，这些客户很明确地告知企业"我许可你给我发送这类邮件，我很感兴趣"。

（5）会员注册搜集。大多网站都实行会员制来增强客户黏性，只有注册会员才能获得更多的网站权利。而客户在进行注册时，往往需要进行邮箱地址验证或推荐给好友等。但此方法客户活跃度低，且信息质量参差不齐。

（6）热门话题搜集。企业挑当前热点或与自身服务相关的讨论型话题为引线进行宣传，吸引客户多多发表自己的观点，并通过电子邮件的形式进行观点搜集。

（7）有奖活动搜集。常见的方式有两种，一是直接现场举办活动，进行邮箱地址等信息的填写即可获取奖励；二是在网络上发布一项活动，规定转发邮件的客户可获取某种奖励。

（8）固定"圈子"搜集。客户多数来自同一个社群，可以是协会、网络、校友会、俱乐部、学校、群组等，每个圈子都有互通的联系方式。企业可通过渠道加入有潜在客户群的圈子中，向他们提供各种产品或者服务优惠，并以邮件的方式进行联系。

11.2.3 电子邮件营销成效分析

电子邮件营销的成效可以用到达率、开信率、点击率、退信率、抱怨率、ROAS、忠诚度等指标来分析。其中，到达率、开信率、点击率、退信率、抱怨率、ROAS 的计算公式如下。

$$到达率 = \frac{到达人数}{寄送人数} \times 100\%$$

$$开信率 = \frac{开信人数}{到达人数} \times 100\%$$

$$点击率 = \frac{点击人数}{开信人数} \times 100\%$$

$$退信率 = \frac{退信人数}{寄送人数} \times 100\%$$

$$抱怨率 = \frac{抱怨人数}{到达人数} \times 100\%$$

$$\text{ROAS} = \frac{流量创造营收}{流量获取成本} \times 100\%$$

以下主要分析开信率、点击率和忠诚度。

1. 开信率

开信率指的是已接收并打开你所发送的电子邮件的收件人比率。它不是由发送的电子邮件数量决定的，而是由打开的电子邮件数量决定的。电子邮件的平均开信率是19%～25%，平均点击率是2.5%，平均打开点击率是20%～30%，各行业之间略有差异。电子邮件的开信率是通过在邮件中放置一个微型图片来追踪的，但是许多邮件服务商都会拦截图片，使图片无法显示。因此客户可能打开了邮件，但系统会记录他没有打开，除非他主动使邮件中的图片显示出来。

提高开信率有以下几个技巧。

(1) 细分客户以增加相关性。当所发送的电子邮件与客户的购买、需求和询价记录相关联时，平均开信率就有所提升。

(2) 提高电子邮件的可交付性。首先要确保发送的邮件被收件人接触到，电子邮件反弹是一大阻碍，这是由于接收账户出现问题或收件人服务器阻止了电子邮件，高反弹率可能造成的不良影响是不容小觑的。

(3) 验证电子邮件。通过证实域名所有权来获取电子邮件根目录上的有效信息，并在发送时使用可识别的发件人名称。

(4) 优化主题、个性化标题。邮件的主题应该简洁而有趣，主题行最好是20个字左右，这样可以快速浏览。个性化的标题指可以向潜在客户发送特定年龄段或者特定地域的产品和服务。

测试开信率有以下几种方法。

(1) 仅打开邮件一次的开信量除以传送成功的邮件量(大约50%的邮件营销者采用)。

(2) 总的开信量除以传送成功的邮件量(大约8%的邮件营销者采用)。

(3) 仅打开一次邮件的开信量除以发送出去的邮件量(大约15%的邮件营销者采用)。

(4) 总的开信量除以发送出去的邮件量(大约5%的邮件营销者采用)。

2. 点击率

点击率指点击数除以邮件打开数得到的百分比，但不是发信总数。不同的公司以不同的方式来衡量点击率。电子邮件营销的全部目的就是吸引客户访问着陆页或网站。根据Statista数据显示，2021年电子邮件的全行业开信率为21.5%、点击率为2.3%。相比邮件的开信率，点击率可以更好地评估邮件营销的表现，帮助营销人员评估营销活动是否帮助推动销售、培养潜在客户或提升品牌知名度等。

为了更有效地提高点击率，有以下几个技巧。

(1) 添加邮件摘要。摘要是对邮件内容的简短描述，它结合邮件主题，用以吸引订阅者打开邮件。24%的客户在打开邮件之前，会先阅读邮件摘要，再决定是否打开。将邮件的重要内容添加进摘要中，有助于提升点击率。

(2) 移动设备友好。移动端时代，50%以上的营销邮件是在移动端阅读的。营销人员应使用响应式的邮件模板，确保邮件无论在何种设备上都可以做到自适应。使用这种方法，营销人员也可集中精力于内容优化，不需花费大量时间在格式转换上。

(3) 细分邮件发送列表。基于CDP (Customer Data Patform，客户数据平台)中客户的行为、人口统计数据、互动情况创建客户细分，再创建个性化的邮件营销活动，可以大大提高邮件的点击率。也可以做不同的测试，优先考虑不同客户间最小的变化。

(4) 个性化、自动化邮件。个性化邮件内容，并设置流程自动化发送营销邮件。同时，客户对品牌的营销邮件做出的开信、点击、下载等操作也会记录到CDP中，可丰富客户信息，为下一次精准的营销活动提供实时信息。

3. 忠诚度

客户忠诚度是客户在较长的一段时间内，对于特定品牌所保持的选择偏好和重复性购买行为。与其他客户相比，忠诚的客户有以下特点。

(1) 保留率更高。
(2) 消费率更高。
(3) 转化率更高。
(4) 生命周期价值更高。
(5) 服务费用更低。
(6) 购买更高价位的产品。

客户的忠诚度是可以进行测量的。最普通的测量指标是保留率：购买产品的人占去年购买产品人数的百分比。如表11.1所示是老客户的保留率，即数据库中客户忠诚度的信息。

表11.1 老客户的保留率

客户年限	1	2	3	4	5
购物一年后的客户保留率	40%	50%	60%	70%	80%

> **案例**
>
> **Webpower 如何提高邮件营销会员忠诚度**
>
> (1) 加入邮件：当客户订阅你的品牌邮件或加入你的会员忠诚度计划时，是发展新会员的很好机会。
>
> 首先，我们会通过一系列邮件告诉客户详细的奖励计划、库存补充计划或其他计划。
>
> 其次，对于通过购买产品、奖励计划或其他活动加入你的数据库或邮件营销计划的

客户，发送一封邮件提醒他们拥有的权益，目前所处状态，以及如何充分利用权益等信息。这一步会让客户深刻感受到自己得到重视。

最后，对于没有加入你的会员忠诚度计划的新客户，发送一封邮件告诉他们你的计划是什么，有什么好处以及不加入会错失什么权益。

(2) 售后邮件：使用售后邮件去销售或推销你的奖励计划、库存补充计划或相似活动计划，提醒非会员客户他们错失的权益。并且及时告诉已有会员他们目前所处的奖励级别，提醒他们目前享有的会员权益，并告知他们怎么做可以获得更高级别的奖励。

(3) 续约邮件：对于要求交纳年度会员费用的忠诚度计划。建议在开始的几个月里，给会员发送一系列包含折扣、早期续约价格优惠以及折扣优惠倒计时等信息内容的邮件。

(4) 行为基础：以客户行为为基础的邮件营销活动是不可多得的机会。

① 设想一下，如果参与了 Amazon Prime 服务计划的客户在几个月内并没有采取任何购买行为或浏览行为，营销人员该怎么做呢？完全可以主动地发送关于相似付费计划的邮件，以激活那些非活跃的客户。

② 对于那些非会员的活跃客户，如果想留住他们，建议给其发送充满"惊喜愉悦"的邮件，如享受一次会员额外优惠，并在邮件中告知他们目前或者曾经错过的权益，以鼓励他们加入会员忠诚度计划。

③ 找出那些对奖励计划或俱乐部计划已经了解，但并未正式加入的客户，把他们列入浏览丢弃邮件营销计划，用邮件告诉他们各种会员忠诚度计划的价值所在。

11.3 许可电子邮件营销案例

案例一：微软公司利用电子邮件改善 Office 2010 软件的客户体验

为了改善 Office 2010 软件的使用体验，微软公司从注册客户数据库中选择部分客户，开展了为期 5 个月的电子邮件营销活动。

第 1 个月，微软总共向客户发出了 3 封邮件。邮件内容主要针对 Office 2010 软件的使用方法设计，包括怎么开始使用 Office 2010 软件、怎么打印和保存以及 Office 2010 软件中的特色功能。

在接下来的几个月中，微软开始设计特定主题或内容的电子邮件。利用前期电子邮件营销活动获得的客户数据资料来判断一个客户对哪一款办公软件最感兴趣，以便发送相关的邮件。如果无法判断客户的偏好，邮件内容则是如何更好地使用 Excel 软件。

这项电子邮件营销活动的最终分析数据显示，邮件开信率达到 50%，视频完整播放率为 63%，远高于行业平均统计数据。而对于精确定位某些特定软件的客户发送的电子邮件反应更为显著。微软公司这项针对 Office 2010 软件客户的推广活动取得了显著的效果，在活动结束后针对新客户的抽样调查表明：66%的客户反映学习到了新东西，超过50%的客户试用了新功能。

而针对客户感兴趣的具体产品定位的邮件内容，客户反馈更好：80%的客户反映学习到了新东西，超过66%的客户试用了新功能。

案例二：缩短邮件正文内容提高点击率的实验

在电子邮件内容策略中，邮件标题一般有最合理的字数范围，但邮件正文内容的多少同样会对客户的反馈产生影响。

为此，MarketingSherpa针对邮件正文内容长短两个版本的对比实验表明，邮件内容长短对用户点击率会产生显著影响。这项实验的结论是：短邮件的综合点击率更高。

邮件内容主题是"Responsys公司赞助的第七届MarketingSherpa年度电子邮件营销奖"。初期的邮件内容相当长，试图将活动所有的细节问题都呈现出来，从会议概况到交通、费用等一应俱全，最后是提交电子邮件营销活动案例的链接。

后来，该公司的专业人员对邮件内容进行压缩优化，设置了一个链接"And so much more..."将更多的细节介绍链接到网站页面，而不是全部呈现在邮件内容中。工作人员对于这个缩短后的邮件内容会产生的效果一点把握也没有，他们在邮件发出后的几天都忐忑不安。不过，最终的实验结果表明短邮件内容的点击率比原来的长邮件提高了100%。

这个案例告诉我们，影响电子邮件营销效果的细节问题很多，有些甚至没有一般的规律，但只要站在客户的角度上思考，并不断进行优化，总能发现解决问题的方法。

案例三：思科公司的一对一电子邮件营销案例

垃圾邮件泛滥不止，客户也早已厌倦了邮箱中出现各种公司发来的邮件，往往看也不看就将邮件删除，这其中可能包括订阅的某公司的新闻邮件或认识的人发来的重要信息。如何避免这种情况发生？专家认为，发件人如果是客户认识的人，邮件被武断删除的可能性会显著下降。如当客户联系某公司时，往往更愿意联系具体的某个人而非一个笼统的营销部门整体。成功的B2B营销需要在销售人员与客户之间建立起有效的一对一联系关系。电子邮件营销中利用这种一对一关系，可以大大提升营销效果。全球领先的互联网设备供应商思科公司，在这方面提供了一个很好的营销案例。

一直以来，思科公司的现有客户和潜在客户都对公司的销售人员颇为信任，称之为"可信赖的顾问"。公司决定利用这一优势，以销售人员的名义而不是公司名义向客户和联系中的潜在客户进行电子邮件沟通。

思科公司的销售人员通过一个网络服务应用工具，在24种邮件模板中选择一个符合自己业务特色的模板，每个模板中都包含固定元素：思科公司图标，可选内容如一个3D的产品模型以及其他可以手动改变的内容，包括发件人姓名。值得一提的是，每条信息邮件都可以针对不同收件人的电脑环境(如操作系统媒体播放器和带宽等条件的不同)进行发送调整，以确保邮件在每个收件人的邮箱里都能获得充分展示，可谓将"一对一"功夫做到了家。这样，客户就可以收到来自思科公司某个熟识的销售人员的特色邮件，而不是思科公司发出的笼统的一对多邮件。与此同时，思科公司的销售人员还可以对已发邮件情况进行实时跟踪，包括邮件的开信率、回复率、收件人对 3D 模型的访问情况，及所点击过的链接等。

根据思科公司的报告，采用这种方式后，公司的邮件开信率和回复率比过去增加了近 11 倍！思科公司进一步将这一应用扩展到公司在北美和欧洲的业务中。

【课后任务】

1. 结合跨境电商交易流程，思考在哪些环节企业可以采用许可电子邮件营销。
2. 为企业促销、售后服务、纠纷争议等环节准备许可电子邮件模板。

【实践操作】

邮件设计虚拟仿真实验操作示例

参 考 文 献

[1] 陈岩，李飞. 跨境电子商务[M]. 北京：清华大学出版社，2019.
[2] 科特勒，凯勒. 营销管理[M]. 5版. 汪涛，译. 北京：中国人民大学出版社，2012.
[3] 科特勒. 营销管理[M]. 上海：上海人民出版社，2012.
[4] 刘新燕，陈志浩. 网络营销[M]. 武汉：华中科技大学出版社，2020.
[5] 杨雪雁. 跨境电子商务实践[M]. 北京：电子工业出版社，2019.
[6] 吴长顺. 营销学[M]. 北京：经济管理出版社，2001.
[7] 邓少灵. 网络营销学[M]. 广州：中山大学出版社，2009.
[8] 萧浩辉，唐凯麟，陆魁宏. 决策科学辞典[M]. 北京：人民出版社，1995.
[9] 程瑶，张慎成，邬烈炎. 广告效果评估[M]. 合肥：合肥工业大学出版，2009.
[10] 冯英健. 网络营销基础与实践[M]. 北京：清华大学出版社，2007.
[11] 胡文君，吕勇明. 现代商业企业管理（高级）[M]. 上海：上海辞书出版社，2009.
[12] 陈岩，李飞. 跨境电子商务[M]. 北京：清华大学出版社，2019.
[13] 李世杰. 市场营销与策划[M]. 北京：清华大学出版社，2006.
[14] 海德. 网络社交媒体营销[M]. 上海：东方出版社，2011.
[15] 毛从任，张红雨，孙欢，等. E-mail营销：网商成功之道[M]. 北京：电子工业出版社，2010.
[16] 冯英健. E-mail营销[M]. 北京：机械工业出版社，2003.
[17] 毛从任，张红雨. 海外营销：网商成功之道[M]. 北京：电子工业出版社，2011.
[18] 刘向晖. 网络营销导论[M]. 北京：清华大学出版社，2014.
[19] 特班，斯特劳斯. 社交电商：营销、技术与管理[M]. 朱镇，王晓川，江毅，池毛毛，译. 北京：机械工业出版社，2018.
[20] 陈国民，邹逸伦. 注册制下影响IPO定价因素研究[J]. 时代经贸，2020(3)：10-13.
[21] 韩俊华，干胜道. 成本加成定价法评介[J]. 财会月刊，2012(22)：74-75.
[22] 孙晓娥. 扎根理论在深度访谈研究中的实例探析[J]. 西安交通大学学报（社会科学版），2011，31(6)：87-92.
[23] 封军川. 渠道层级设计的几点实践理论[J]. 中小企业管理与科技（上旬刊），2009(10)：40.
[24] 刘林陇，唐鸿，史文俊. 多渠道战略下的渠道整合研究[J]. 技术与市场，2007(11)：85-87.
[25] 唐晓波，李诗轩，谭明亮，杨达森. 国内外政务社交媒体研究评述及展望[J]. 现代情报，2020，40(1)：159-169.
[26] 庞雪雪. 跨境电商对中国企业出口贸易成本的影响研究[D]. 吉林大学, 2021.
[27] 宋佳权. 西部矿业集团财务有限公司贷款利率基于成本加成定价法的应用研究[D]. 兰州：兰州大学，2018.
[28] 黄璐. 美妆品牌与网络代购的渠道冲突管理[D]. 北京：北京外国语大学，2022.